Johann Newald

Geschichte von Gutenstein in Niederösterreich und seiner Umgebung

Erster Teil

Johann Newald

Geschichte von Gutenstein in Niederösterreich und seiner Umgebung
Erster Teil

ISBN/EAN: 9783743364349

Hergestellt in Europa, USA, Kanada, Australien, Japan

Cover: Foto ©ninafisch / pixelio.de

Manufactured and distributed by brebook publishing software (www.brebook.com)

Johann Newald

Geschichte von Gutenstein in Niederösterreich und seiner Umgebung

GESCHICHTE

VON

GUTENSTEIN

IN NIEDER-OESTERREICH

UND

SEINER UMGEBUNG

VON

JOHANN NEWALD

GRAEFLICH VON HOYOS-SPRINZENSTEIN'SCHER FORSTDIRECTOR.

Erster Theil.

―――――――

WIEN, 1870.
WILHELM BRAUMÜLLER
k. k. Hof- und Universitäts-Buchhändler

SEINER HOCHWOHLGEBOREN

DEM

HERRN

ANDREAS von MEILLER,

DOCTOR DER RECHTE UND EHRENDOCTOR DER PHILOSOPHIE AN DER UNIVERSITAET ZU WIEN
K. K. TRUCHSESS, REGIERUNGSRATH IM K. K. GEHEIMEN HAUS-, HOF- UND STAATS-
ARCHIVE etc. etc.

hochachtungsvoll gewidmet.

Euere Hochwohlgeboren!

Die zuvorkommende Güte, mit welcher Sie meine geschichtlichen Studien über Gutenstein und das mit demselben in Verbindung stehende Gebiet unterstützten und förderten, hält in mir den lebhaften Wunsch nach einer Gelegenheit aufrecht, um Euerer Hochwohlgeboren öffentlich meine Hochachtung und Verehrung, zugleich aber auch den wärmsten Dank für Ihre Bemühungen auszusprechen.

Wenn ich es nun wage, Euerer Hochwohlgeboren diese kleine Schrift zuzueignen, so huldige ich dadurch einem Forscher auf dem Boden der österreichischen Geschichte, dessen Bemühungen jeden Vaterlandsfreund nur zur wärmsten Anerkennung bestimmen können.

Wollen Euere Hochwohlgeboren meine Arbeit als eine bescheidene Pflanze betrachten, welche zunächst der durch Ihre beiden Regestenwerke so überreich ausgestreuten Saat entsprossen ist.

Gutenstein, den 30. November 1869.

Johann Newald.

Vorwort.

Die Vertretung der Gemeinde Gutenstein hat in einer Ausschusssitzung den Beschluss gefasst, dass alle diese Gemeinde betreffenden Vorfälle in einem Gedenkbuche zusammengetragen und somit eine Chronik gebildet werde, die sich, soweit diesfalls Behelfe zu Gebote stehen, an eine Darstellung jener Ereignisse anschliessen möge, welche Gutenstein bisher getroffen haben, und gleichsam seine Geschichte bilden.

Nachdem der Verfasser der vorliegenden Zusammenstellungen den zweiten Theil dieses Ausschussbeschlusses zur Durchführung übernommen hatte, erscheint somit Veranlassung und Zweck dieses Buches gekennzeichnet.

Mit Rücksicht auf den Kreis meiner Leser, welche ich bei meiner Arbeit vorzüglich im Auge zu behalten hatte, dürfte es gerechtfertigt erscheinen, dass meine Darstellungen mehrfach über die mir gestellte engere Grenze übergreifen.

Um jenen Einfluss nach Thunlichkeit klar zu machen, welchen die Ereignisse im Allgemeinen, und namentlich jene, die unser engeres Vaterland getroffen haben, auf Gutenstein und seine Umgebung nahmen, erschien es unvermeidlich, die Geschichte Oesterreichs in ihren wichtigsten Momenten zu berühren. Das Einzelne und Kleine lässt sich der Strömung, welcher das grosse Ganze folgt, niemalen ganz entrücken. Jene Kräfte, die dem Letztern Bewegung und Richtung vorzeichnen, lassen sich selbst im Kleinen, wenn auch nicht so klar wahrnehmbar, beobachten.

Allein noch ein anderer Umstand bestimmte mich, bei meinen, namentlich das frühere Mittelalter betreffenden Erörterungen, die Grenzen des Gutensteiner Gemeindegebietes zu überschreiten und meine Darstellungen auf einen, bezüglich der südlichen Hälfte des Kreises Unter dem Wiener Walde erweiterten Boden auszudehnen. Diese Letztere enthält mehrere Ortschaften und Schlösser, über welche eingehende geschichtliche Nachweisungen nur mit dem grössten Danke aufzunehmen wären. Indem ich nur die Orte Neunkirchen und Gloggnitz, die Schlösser Starhemberg, Hörnstein, Stixenstein und Klamm nenne, spreche ich zugleich die Hoffnung und den Wunsch aus, dass sich recht bald Forscher finden mögen, welche das, die Geschicke dieser Orte noch vielfach einhüllende Dunkel aufklären, und somit allmälig eine urkundlich belegte Geschichte unseres Gebietes zusammengestellt werde. Für derartige Monographien würden sich in den vorliegenden Nachweisungen mehrfache Anknüpfungspuncte ergeben.

Als ich an die Durchführung der von mir übernommenen und mir ganz unerwartet zugefallenen Aufgabe schritt, war ich nicht in der Lage, den Umfang jener Schwierigkeiten beurtheilen zu können, die zu überwältigen sein werden. An geschichtlich topographischen Monographien über Gutenstein fand ich nur die in der Darstellung des Erzherzogthums Oesterreich unter der Enns von R. v. Schweickhardt, V. U. W. W. 2. Band und im 5. Bande der kirchlichen Topographie befindlichen Zusammenstellungen vor. Beide jedoch zeigten sich nur zu bald als im hohen Grade unklar und unzuverlässig.

Ein besonderer Uebelstand ergab sich aus der Wahrnehmung, dass es bei vielen Nachrichten oder Notizen zweifelhaft war, ob sie sich auf das österreichische oder auf das in Kärnthen bei Bleiburg gelegene Gutenstein beziehen.

Um Irrthümer zu vermeiden, sah ich mich somit genöthiget, nach Thunlichkeit die Quellen aufzusuchen, aus denen die einzelnen Nachrichten, welche für meine Aufgabe von Interesse waren, stammten; damit steigerten sich jedoch die für mich bestehenden Schwierigkeiten. Da ich meinen Wohnsitz in Gutenstein habe, konnte ich nur zeitweilig, je nachdem dieses durch meine anderweitigen Berufsgeschäfte gestattet war, meinen Quellenstudien nachgehen.

Die hohen k. k. Ministerien des Aeussern und der Finanzen gestatteten bereitwilligst die Forschungen im k. k. geheimen Haus-, Hof- und Staats-Archive und im k. k. Hofkammer-Archive.

Für die Beiträge, welche mir mit Erlaubniss Seiner Hochgeboren des Herrn Grafen Ernst von Hoyos-Sprinzenstein aus dem Archive zu Horn zukamen, bin ich meinem theuren Freunde Herrn Doctor Carl Leeder, und für jene aus dem Archive und der Bibliothek der Stadt Wien, dem Herrn Archivar Carl Weiss zu warmem Danke verpflichtet.

Für den ersten Band meiner Arbeit, den ich somit der Oeffentlichkeit vorlege, ergab sich in der Erwerbung der Herrschaft Gutenstein durch Ludwig Gomez Freiherr von Hoyos ein besonders geeigneter Abschlusspunct.

Bei der Beurtheilung meiner Leistung mögen Veranlassung und Zweck im Auge behalten werden. Der, im Eingange erwähnte Beschluss der Gutensteiner Gemeindevertretung, welcher sicherlich allgemeine Nachahmung verdient, stellte mich unerwartet auf das Feld der Geschichtsforschung, auf dem ich stets nur ein Laie und Fremdling bleiben kann.

INHALT.

I. Abschnitt.

ten bis zum Aussterben des Hauses Babenberg.

		Seite
I.	Einleitung	1
II.	Die Zeiten der Ausbreitung des Christenthums	6
III.	Die Zeiten Carls des Grossen	11
IV.	Die kirchliche Zutheilung der südlichen Hälfte des Kreises Unter dem Wiener Walde	15
V.	Wiederholte Colonisation nach den Ungarn-Einfällen	24
VI.	Die Zeiten der Colonisation des Gutensteiner Gebietes durch das Geschlecht der Herren von Traisma	29
VII.	Das Münzrecht von Neunkirchen	43
VIII.	Adalram von Waldeck-Feistriz	49
IX.	Stiftung der Probstei Seckau	52
X.	Das Gutensteiner Gebiet im Besitze der Traungauischen Markgrafen von Steiermark	62
XI.	Erbauung des Schlosses Gutenstein unter Leopold dem Glorreichen	65
XII.	Die Stiftung der beiden Pfarren Gutenstein und Schwarzau	71
XIII.	Friedrich der Streitbare als Herr von Gutenstein	73
XIV.	Die Grenzen des Gutensteiner Gebietes nach dem Fürstenbuche von Oesterreich	77

II. Abschnitt.

Die Zeiten vom Aussterben des Hauses Babenberg bis zum Tode des Kaisers Maximilian I.

I.	Gutenstein gelangt an König Przemysl Ottokar II. und fällt an Oesterreich	84
II.	Rückfall von Gutenstein an die Steiermark	94
III.	Gutenstein fällt an Rudolph von Habsburg	99

	Seite
IV. Albrecht I.	107
V. Friedrich der Schöne	110
VI. Albrecht II. der Weise	122
VII. Rudolph IV. der Stifter	128
VIII. Albrecht III. mit dem Zopfe	135
IX. Gemeinschaftliche Verwaltung unter den Herzogen Wilhelm und Albrecht IV.	146
X. Die Zeiten Herzog Albrechts V.	153
XI. Ladislaus Posthumus	174
XII. Kaiser Friedrich III.	185
XIII. Gutenstein zur Zeit der Kriege mit König Mathias von Ungarn	191
XIV. Maximilian I.	195

III. Abschnitt.

Verpfändung der Herrschaft Gutenstein bis zum Ankaufe derselben durch Ludwig Gomez Freiherr von Hoyos.

I. Ferdinand I.	200
II. Maximilian II.	213
III. Rudolph II.	225
IV. Verkauf von Gutenstein an Ludwig Gomez Freiherr von Hoyos	233

I. Abschnitt.

Die ältesten Zeiten bis zum Aussterben des Hauses Babenberg.

1. Einleitung.

Wenn wir nach dem Culturzustande forschen, der in ältester Zeit auf jenem Flächengebiete, welches wir heute den Kreis „Unter dem Wiener Walde" nennen — namentlich auf der südlichen Hälfte desselben — bestanden hat, so bieten sich dermalen nur geringe Anhaltspuncte für eine ausreichende Beurtheilung desselben dar.

Den Römern, welche, in vielen Beziehungen mit Recht, als die Gründer einer höheren Cultur auf diesem Boden bezeichnet werden, ging jedoch eine Culturperiode voraus, deren Wesen volle Beachtung in Anspruch nimmt. Nach den Ergebnissen eines verfeinerten Luxus und nach Schöpfungen einer gesteigerten und entwickelten Kunstthätigkeit wird man dabei allerdings weniger fragen dürfen.

Zwei der wichtigsten und ausgebreitetsten Stämme der Kelten, die Boier und Taurisker, hatten das weite Ländergebiet von Baiern über Oesterreich und das westliche Ungarn als ihren Wohnsitz eingenommen. Die Römer fanden, als sie erobernd in das Keltenland eindrangen, wohlgepflegte Felder, gebahnte Strassen und gute Wege, ziemlich tief in die Alpenthäler reichend.

Ein Volk, welches Staaten bildet, die Jahrhunderte überdauern, enthält nothwendiger Weise in sich viele Elemente einer festen Gliederung und Organisation; die Bedingungen ebenso sehr wie die Folgen eines erhöhten Culturlebens, ohne welche die Dauer und der Bestand von Staatenbildungen heute ebenso wenig wie in jenen Tagen einer längst vergangenen Zeitperiode denkbar ist.

Schon zur Zeit der Kelten ging ein lebhafter Handelsverkehr durch die östlichen Donauländer, insonders aber durch das heutige niederösterreichische Gebiet. Die Alpen, welche von den Pyrenäen an eine schwer zu übersteigende Scheidemauer zwischen Nord- und Süd-Europa bilden, brechen plötzlich in der verlängerten Längenachse des Neustädter Steinfeldes ab, und gestatten von da an dem Handel und Verkehr zwischen dem Norden und Süden unseres Welttheiles eine freie, durch Naturhindernisse wenig gestörte Bewegung.

Zur Zeit der Kelten stand der Südosten Europa's auf einer sehr hohen Culturstufe, er war aber auch einer der wichtigsten Knotenpuncte für den Handelsverkehr der damals bekannten Welt. Dieser fand aber ohne Zweifel in jener Zeit eben so gut als in unseren Tagen seine beste Bahn durch das Landgebiet des heutigen Nieder-Oesterreich, um von da im Donauthale aufwärts nach dem Westen, und im Oderthale abwärts nach dem Norden Europa's zu verzweigen. Aus dem Südosten und Süden Europa's bezogen die keltischen Stämme höchst wahrscheinlich einen grossen Theil ihrer Metallbedürfnisse, als Waffen, Werkzeuge, Schmucksachen, ferner feinere Webestoffe, Glas u. s. w.

Dass im Bereiche unserer südlichen Kreiseshälfte einst keltische Ansiedlungen bestanden haben, wird zunächst bestätiget durch die ziemlich reichen Funde, welche in der westlich von Wiener Neustadt vorkommenden, unter dem Namen „die neue Welt" bekannten Thaleinsenkung gemacht worden sind. Wenn man in derselben durch den Ort Muthmannsdorf, an der nördlichen und durch den Kirchbiegl bei Rothengrub an der südlichen Seite Querlinien zieht, so grenzen diese ein Gebiet ab, welches bisher die Fundstätte zahlreicher Bronce- und Kupfer-, sowie einzelner Goldgegenstände war.

Obwohl die vor Verschleppung geretteten Objecte nur eine Nachlese früherer, zahlreicher, leider damals unbeachteter Fundstücke sind, so bilden sie dennoch eine wichtige Quelle für die heimatliche Urgeschichte, indem sie als sprechende Zeugen eines längst vergangenen Culturlebens, weit über schriftliche Aufzeichnungen zurückreichen; ja, wie an vielen ähnlichen Fundorten, die einzigen Anhaltspuncte sind, aus denen sich die Existenz und der Umfang desselben erweisen und beurtheilen lässt.

Möge jene Ansiedlung, welche an der bezeichneten Stelle bestand, deren Alter wahrscheinlich um einige Jahrhunderte über unsere christliche Zeitrechnung hinaufreichte, die erwähnten Metallgegenstände nun schon im Wege des Handels bezogen haben, oder waren sie Producte einer einheimischen Kunstthätigkeit — jedenfalls geben sie Zeugniss von einem gewissen Wohlstand und von einem sehr entwickelten Kunstsinn ihrer einstigen Besitzer. [1])

Bei dem Streben der Römer, ihren Einfluss und ihre Herrschaft auszubreiten, mussten sie bald mit den Keltenvölkern in Berührung kommen. Die beiderseitigen Interessen des Handelsverkehrs forderten zunächst ein friedliches Verhältniss; ein solches scheint auch durch eine lange Zeitperiode bestanden zu haben. Der Verkehr fand vorherrschend in jener Richtung statt, wo das durch die Alpen gebildete Hinderniss am leichtesten zu überwinden war. Aber auch das erste, nach den diesseitigen Ländern bestimmte römische Heer überschritt an jener Stelle diese Scheidewand. Kurz vor dem Kimbernkriege wurde ein solches von seinem Consul über die östlichen Alpen geführt, die es an ihrer niedrigsten Senkung, nach dem heutigen Laibach hin, überstieg. [2])

Der Weg, welchen, entlang dem oben angedeuteten Alpenabsturz, zuerst der Handelsverkehr zwischen dem Süden und dem Norden Europa's gefunden hatte, wurde schliesslich von Heeren betreten, denen die Aufgabe zufiel, die Keltenstämme zu überwältigen, Volksstämme, welche bereits eine grosse Geschichte hatten und es an Tapferkeit allen Völkern zuvorthaten.

Die vollständige Unterwerfung des hier vorzüglich in Betracht gezogenen Gebietes unter die Herrschaft der Römer scheint erst gegen das Ende der Republikzeit stattgefunden zu haben. Mit den norischen Kelten bestand selbst unter Julius Cäsar noch ein gutes Einvernehmen, bis sie endlich, zunächst in Folge des pannonischen Aufstandes, und zwar im Jahre 13 vor Chr., dem übermächtigen Sieger erlagen und sich ergeben mussten.

---

[1]) Sacken, „Die Funde an der langen Wand bei Wr. Neustadt" und dessen „Grabfeld von Hallstadt".
[2]) Mommsen, „Römische Geschichte". II. 163.

Für das Riesenreich der Römer war nunmehr die Donau als der wichtigste Grenzstrom nach Norden gewonnen.

Die Unabhängigkeit der diesseits der Donau wohnenden Keltenstämme, welche wohl mit Unrecht als Barbarenvölker bezeichnet werden, erlosch endlich gänzlich; jedoch erinnern an sie ausser den zahlreichen Funden [1]) noch viele Bezeichungen. Die Namen Donau, Traun, Inn, Raab, Cilly, Pettau, Tauern, Kar, Phyrn, Hall, Hallstadt, Hallein, ja selbst Vindomina oder Vindobona sind keltischen Ursprungs.

Die Römer haben unwiderlegbar Vieles für die Hebung des Culturlebens aller jener Völker gethan, welche sie im Laufe der Zeiten ihrer Herrschaft unterwarfen. Auch das Gebiet des heutigen Kreises unter dem Wiener Walde verdankt ihnen viele wichtige Schöpfungen. Carnuntum und Vindobona waren zunächst zwei wesentliche Knotenpuncte für die militärischen Vertheidigungsanstalten und für den Handelsverkehr nach Norden und längs des Donauthales. Der Umstand, dass diese beiden Orte an dem durch den Alpenabsturz gebildeten Thore zwischen dem Norden und Süden Europa's lagen, verlieh ihnen ebenso gut, wie dem zunächst gelegenen Landgebiete eine erhöhte Bedeutung.

Die Strassen, welche die Römer von Carnuntum und Vindobona nach verschiedenen Richtungen in der höchsten technischen Vollendung erbauten, hatten jedoch zunächst den Zweck, die Sicherheit des Reiches und die Centralisation der Vertheidigungsanstalten zu erhöhen und zu vermitteln.

Für unser Gebiet war namentlich jene Hauptmilitärstrasse, welche die nächste Verbindung mit Italien herstellte, von Wichtigkeit. Sie führte von Aquilea über Aemona (Laibach), Celeja (Cilli), Poetovio (Pettau), Sabaria (Steinamanger) nach Scarabantia (Oedenburg). Von hier verzweigte sie sich in zwei Linien an die Donau, die eine über Aquae (Baden) nach Vindobona, die andere in nordöstlicher Richtung in das Hauptlager Carnuntum.

Eine Nebenstrasse scheint von Baden aus nächst oder über die heutigen Orte Steinabrückl, Fischau, Schwarzau bei Neun-

---

[1]) Sacken, „Das Grabfeld von Hallstadt".

kirchen, Scheiblingkirchen, Aspang, Hartberg zur Hauptmilitärstrasse geführt zu haben. [1])

In der dem Gutensteiner Thal zunächst gelegenen Strecke lassen sich die Spuren dieser Strasse noch heute verfolgen, so von Steinabrückl in gerader Richtung durch das sogenannte Leberfeld nach Fischau, und von da längs des Windbaches bis Brunn am Steinfelde.

Dass zur Römerzeit bereits ein Seitenweg in das Gutensteiner Thal führte, ergibt sich aus den mehrfachen Ausgrabungen von Römermünzen, welche bei Gelegenheit des Baues der Felixdorf-Gutensteiner Strasse (1803—1805) thalaufwärts bis in die Gegend von Waldeck stattfanden. [2])

Am linken Ufer der Donau sassen kräftige, das Römerreich fort und fort mit Einfällen bedrohende Volksstämme. Die Bevölkerung des rechten Ufers war mit denselben theilweise stammverwandt. Die letztere verlangte demnach eine stete sorgfältige Ueberwachung; ihre Treue und Unterwürfigkeit musste durch geeignete Mittel sichergestellt werden. Die pannonischen Aufstände forderten zunächst zur grössten Vorsicht auf.

In dieser Beziehung lag es im Interesse der Römer, die Stammbevölkerung des Landes an keinem Orte, sei es hinsichtlich einer wesentlichen Kräftigung einzelner Ansiedlungen, sei es in Bezug auf die Entstehung volkreicher Ortschaften zu einer besonderen Entwicklung gelangen zu lassen. Um die Ueberwachung zu erleichtern, wurden die Provincialen mit Vorliebe in der Nähe römischer Stationen zusammengehalten, und es kam der Grundsatz in Anwendung, sich ihrer Treue durch Recrutenstellung für möglichst entfernte Garnisonen zu versichern. Auch wurde die Finanzverwaltung und das Abgabe-System derart geordnet, dass durch selbe der freien Entwicklung des Verkehrswesens die mannigfachsten Hindernisse in den Weg gelegt wurden.

Aus der gleichen, dem Misstrauen gegen die Stammbevölkerung des Landes gepaart mit Habsucht entsprungenen Ursache, wurden derselben die äusserst ergiebigen Goldbergwerke der alten norischen Gebirgslande, die berühmten Eisengruben, die

---

[1]) Vergl. Meiller, „Babenberger Regesten", Seite 249, Note 318.
[2]) Aus den Bauacten. Einige dieser Münzen, sämmtlich der früheren Kaiserzeit angehörig, sind in meinen Besitz übergegangen.

Marmorbrüche, das Salinenwesen etc. etc. allmälig abgenommen und in Staatsmonopole umgewandelt.¹)

Wenn es einerseits nicht in Abrede gestellt werden kann, dass die Römerherrschaft ein früher gar nicht gekanntes Cultur- und Kunstleben in die Donauländer brachte, so ist es doch andererseits ebenso richtig, dass in jenen Landstrichen, welche für die Landesvertheidigung von Wichtigkeit waren, wozu der heutige Kreis unter dem Wiener Walde obenan gehörte, die Verhältnisse der Eingebornen wenig gepflegt und gehoben erscheinen.

Unsere südliche Kreiseshälfte besitzt bei Kettlach und Pottschach nächst Gloggnitz Fundstätten, welche auf den Bestand von Ansiedlungen auf jenem Boden aus der letzten Zeit des Heidenthums hinweisen.²) Wie ärmlich erscheinen die Fundstücke derselben gegen jene aus der neuen Welt. Wie zurückgekommen im Wohlstande mag die Bevölkerung dieser Colonien im Vergleiche mit jener an dem letztgenannten Ort gewesen sein. In einem ähnlichen Zustande mögen sich damals auch die Bewohner des Gutensteiner Thales, falls überhaupt in demselben eine stabile Bevölkerung vorhanden war, befunden haben.³)

II. Die Zeiten der Ausbreitung des Christenthums.

Während der Römerherrschaft von den nordwärts der Donau ansässigen Völkerstämmen fortwährend gesteigerte Gefahren drohten, hatte sich die christliche Religion, diese grosse Erzieherin und Trösterin des Menschengeschlechtes, in Ober-Pannonien und Noricum mehr und mehr ausgebreitet. Die Einführung und Vermittlung christlicher Lehre scheint eben so sehr von Aquileja aus, sowie aus den Ländern griechischer Zunge statt-

---

¹) Büdinger, „Oesterr. Geschichte". I. 23.
²) Sacken, „Das Grabfeld von Hallstadt". Seite 144.
³) Die im zweiten Jahrgang des „Jahrbuches für Landeskunde von Niederösterreich", Seite 212 unter Berufung auf Hormayr's „Archiv für Geographie", Jahrgang 1826, Nr. 19, vorkommende Bezeichnung von Perniz als Fundstätte von Grabresten und Bruchstücken von Denkmälern stammt aus einer höchst zweifelhaften Quelle. Im Orte Perniz ist von dergleichen Römerresten nichts bekannt. In neuester Zeit wurde dort eine Lanzenspitze aus Bronce aufgefunden, welche jedoch an die gleichartigen Fundstücke aus der neuen Welt anzureihen ist.

gefunden zu haben. Nachdem dieselbe zunächst bei den unteren Volksclassen Eingang fand, wurde sie eine neue Veranlassung zu wiederholten Bedrückungen und Verfolgungen derselben.

Im römischen Staatswesen hatte sich allmälig eine weitgehende Umbildung vollzogen. An die Stelle der freien militärischen Verfassung trat die Geschlossenheit einer Beamten-Hierarchie. Diese konnte weder, noch wollte sie neben sich eine andere, von ihr unabhängige, das ganze Reich umfassende Organisation, wie die der christlichen Kirche, dulden. Dieser Umstand in Verbindung mit der Feindschaft der altheidnischen Priester, auch persönliche Leidenschaften waren die Hauptveranlassungsursachen zu dem Versuche, das Christenthum zu unterdrücken und auszurotten.

Die erste allgemeine Christenverfolgung fand in Noricum und Pannonien unter Decius in den Jahren 249 und 250 statt. Aus der zweiten Verfolgung (257 bis 260) unter Valerianus ist der erste österreichische Märtyrer, der heilige Maximilianus, bekannt. Die vorzüglichsten, gegen das Christenthum, seine Bekenner und Anhänger gerichteten Verfügungen waren jedoch die Edicte vom Jahre 303. Unter den vielen österreichischen Märtyrern dieser Periode kommt besonders der heilige Florian zu erwähnen (303 oder 304).[1] Das Stift St. Florian bewahrt seinen Namen und sein Grab. Mit der Regierung Constantins des Grossen beginnt endlich auch für das Christenthum eine neue Epoche. Obwohl es zunächst politische Gründe waren, welche den Kaiser zur schonenden Berücksichtigung der neuen Lehre bestimmten, so musste dennoch jede Erleichterung des bisherigen Druckes auf die lebhafte Verbreitung derselben hinwirken. Auf dem ersten allgemeinen Concilium zu Nicea, 325, erschien auch der Patriarch Domnus aus Pannonien, wohl ein Zeichen, dass die christliche Bevölkerung des Landes bereits sehr zahlreich war. Der Kampf zwischen der katholischen und arianischen Lehre bewegte damals die Geister, der sich schliesslich mit dem Siege der Ersteren abschloss.

Dem höheren Culturleben, welches die Römer in die Donauländer gebracht hatten, sowie jenen Regungen milderer Sitten,

---

[1] H. Petz Script. rer. Aust. I. Seite 38. Wattenbach, „Deutschlands Geschichtsquellen im Mittelalter". 2. Ausg. Seite 38.

wie sich dieselben als eine Folge des sich mehr und mehr ausbreitenden Christenthumes ergaben, machte die hereinbrechende Sturmesnacht der Völkerwanderung ein Ende.

Vindobona und Carnuntum waren jene Puncte, in denen die Strassen aus den südlichen und östlichen Provinzen zusammentrafen, sie waren daher auch den Barbaren besonders gut gelegen für Einbrüche und Züge sowohl nach Italien, als nach den Ländern griechischer Zunge. Der Boden Niederösterreichs dürfte damals, wie wenig ein anderes Gebiet, der Schauplatz zahlreicher Völkerzüge gewesen sein, Carnuntum brach für immer zusammen. Der Name Vindomina und Vindobona erhielt sich durch längere Zeit, bis auch er endlich aus dem Bewusstsein der Geschichte verschwand.

In Ufer-Noricum wurde das Christenthum für einige Zeit durch das Auftreten des heiligen Severin auf diesem Boden wieder hergestellt [1]), wahrlich von Wichtigkeit in einer Periode, wo alles weltliche Regiment mehr der Zerstörung diente, als der Erbauung oder der Erhaltung.

Severins Thätigkeit begann hier um das Jahr 454 bei dem Orte Asturis (Zeiselmauer). Durch eine Reihe von Jahren ist ein Mann, klein, abgemagert, bärtig, im geringen Gewande, in der grössten Kälte ohne Fussbekleidung, die Stütze der Bedrängten, ohne andere Gewalt als die Macht des göttlichen Wortes, ohne andere Waffen als das Kreuz in seiner Hand zu besitzen. So tritt er mit dem Gewicht und dem einzigen Anspruche einer mächtigen Persönlichkeit in die Stelle ein, welche in dem allgemeinen Ruin von den römischen Beamten verlassen worden war.

Von Severin geführt, siedelten die vereinigten Bewohner von Passau und Lorch nach Faviana über, dort starb er in seinem Kloster, den 8. Jänner 482.

Seine Neigung stand bis an sein Ende auf Seite des zusammenbrechenden Römerthumes. Mit seinem Tode verschwanden in Ufer-Noricum die letzten Reste des hier von den Römern ausgegangenen höheren Culturlebens. Roms Herrschaft hatte um sechs Jahre früher (476) ein ihrer vielen Grossthaten unwürdiges Ende gefunden.

---

[1]) „Vita S. Severini", bei H. Petz. Script. I. 64. Wattenbach „Deutschlands Geschichtsquellen", Seite 34.

Unter Odoakers und später dessen grossen Gegners und Ueberwinders Theodorichs Herrschaft erfreuten sich unsere Donauländer, wenigstens für eine kurze Periode, einiger Ruhe und geordneter Verhältnisse. Die Ostgothen, ein germanischer Volksstamm, hatten von denselben Besitz genommen, allein die Zeit war einer ruhigen Entwicklung noch lange nicht günstig.

Theodorich starb im Jahre 526. Das ostgothische Reich seiner Schöpfung sank mit dem Gründer, da nur er es verstanden hatte, die widerstrebenden Elemente zweier Nationen, der Römer und Germanen, und zweier christlicher Bekenntnisse, des katholischen und arianischen, durch das Gewicht seiner Herrschergabe an einander zu binden. [1])

Hatten schon die Zeiten der eigentlichen Völkerwanderungen über die Donauländer, namentlich aber über das heutige niederösterreichische Gebiet, weil es einen der wichtigsten Knotenpuncte des Verkehrs zwischen Nord- und Süd-Europa in sich fasst, unsägliches Elend gebracht; so hüllt die nunmehr hereinbrechende Avarenherrschaft die Geschicke dieses Landstriches in ein kaum zu erleuchtendes Dunkel. In der That, alle auf uns gekommenen Aufzeichnungen und historischen Angaben über diese Epoche dienen doch nur dazu, um einzelne Momente jenes Völker-Dramas spärlich zu erhellen, eine Geschichte jener langen, mehr als zwei Jahrhunderte umfassenden Zeitperiode (circa 568 bis 791) können dieselben nicht genannt werden. Die Tage der Avarenherrschaft sind für unser Gebiet Zeiten einer offenen Gruft.

Von den Avaren gedrängt, ihnen vorhergehend oder gleichzeitig mit denselben, treten nunmehr slavische Volksstämme in den Kreis der Völkerbewegung auf dem Boden Oesterreichs auf.

Gegen das Ende des sechsten Jahrhunderts begann sich der slovenische Zweig der Slaven in den Ländern südlich der Donau bis zur oberen Drau festzusetzen. Andere Slavenstämme breiteten sich über Böhmen und die Elbeländer aus. Sie sind im Besitze eines grossen Theiles dieser Länder bis auf den heutigen Tag geblieben. Im Donaugebiete wurde die germanische Bevölkerung von den Slaven bis an die Enns, vielleicht bis an

---

[1]) Becker, I. Band der „Oesterr. Geschichte", Seite 236.

den Inn zurückgedrängt, so dass die Länder slavischer Stämme, vom adriatischen Meere beginnend, bis tief an die Elbe hinab, in einen weiten Körper zusammengeflossen sind.

In West-Europa traten die Avaren zuerst in den mittleren Elbegegenden auf.[1]) Was sie veranlasste dahin zu ziehen, ist unbekannt. Von da aus wendeten sie sich nach Thüringen. Ihr vorzüglichster Druck nach dem Westen und Süden Europas fand jedoch von der pannonischen Ebene aus statt. Auf ihrem Wege lag der bereits von so vielen Völkern durchtobte Boden von Nieder-Oesterreich.

So weit sich die Geschichte der Avaren verfolgen lässt, hatten sich dieselben von ihrem wilden Reiter- und Nomadenleben zu einer ackerbauenden Thätigkeit nicht erhoben. In den verödeten Landschaften, welche sie in Besitz nahmen, bedurften sie demnach solcher Unterthanen, welche jenen Fleiss besassen, der ihnen mangelte, zugleich aber noch nicht auf einer solchen Stufe staatlicher Ausbildung standen, um als ein geschlossenes Ganzes fremde Herrschaft mit Erfolg ablehnen zu können. Beiden Bedingungen entsprachen die Slaven. Ihr rasches Vordringen in die mitteleuropäischen Ländergruppen dürfte in diesem Umstand eine wesentliche Erklärung finden.

Das Avarenreich hatte eine feste, wohlgegliederte, militärische Organisation; nur daraus lässt sich die verhältnissmässig lange Dauer seiner Herrschaft erklären. Dieselbe fand eine wesentliche Stütze in den von diesem Volke errichteten Gehegen oder Ringen, ausgedehnte Festungsanlagen, welche eben so gut zur Sicherung der eingebrachten Beute als zur Niederhaltung der unterworfenen Völkerschaften dienten. Von derartigen Avarenringen sind nur sehr wenige Spuren auf unsere Zeit gekommen.[2]) In Nieder-Oesterreich will man solche bei Grafenegg erkannt haben.[3])

---

[1]) Büdinger, „Oesterr. Geschichte", I. 63.
[2]) Palacky, „Geschichte von Böhmen", I. 75.
[3]) Suess, „Boden der Stadt Wien", S. 82.

III. Die Zeiten Carls des Grossen.

Die Stürme der Völkerwanderungen liessen in Mittel-Europa vorzüglich zwei Völker zurück, welche andere Stämme entweder in sich aufgenommen oder in Botmässigkeit unterjocht hatten. Es waren dies die Franken im Westen und die Avaren im Osten.

Ihr Zusammenstoss war unvermeidlich geworden.

Der Ausgang des neuen Kampfes musste bedeutungsvoll für das Culturleben und die Entwicklung Europa's werden. Die Vorsehung hatte in diesem entscheidenden Momente an die Spitze der Franken eine gewaltige Persönlichkeit gestellt, wie deren die Geschichte Europa's in gleicher Grösse nur wenige kennt. Die Avarenherrschaft erlag — wahrlich zum Heile der Menschheit; Carl der Grosse hat durch die Ueberwältigung derselben nicht nur das Christenthum, er hat mit diesem das Culturleben Europa's gerettet.

Man mag immerhin, und mit Recht, hervorheben, dass dem Avarenreiche die Bedingungen einer langen Dauer fehlten, allein es mochte sich, wie später das in gleicher Weise auf militärischen Despotismus gestützte Osmanenreich, während einer längeren Zeitperiode erhalten, und dann hätten sich die Geschicke Mittel-Europa's wohl in einer ganz geänderten Weise erfüllt.

Als Carl der Grosse nach der Besiegung des Baiernherzogs Tassilo, welcher die verabscheuten Avaren zu Hilfe gerufen hatte, und nach dem kurzen Kriege in Istrien gegen die Griechen, wodurch von dieser Seite eine Diversion in Ober-Italien vereitelt wurde, das Baiernland seinem grossen Frankenreich einverleibt hatte (788), kam nunmehr die Macht des grossen Herrschers, vom Nordufer des adriatischen Meeres bis an die böhmischen Gebirge, mit den Avaren in vielfache Berührung. Im Jahre 790 trat bei Gelegenheit der Verhandlungen über eine Grenzregulirung die Verschiedenheit der Forderungen hervor, und brachte den lange nicht mehr zweifelhaften Krieg zum Ausbruch.

Dass König Carl die Macht und die kriegerischen Eigenschaften der Avaren und deren Verbündeten nicht gering schätzte, beweisen die grossen und umfassenden Vorkehrungen, die er zur

Bekämpfung derselben traf, aus denen sich allerdings die Ueberwältigung der Gegner mit grosser Zuversicht erwarten liess. Nach Ostern 791 rückten drei Heere gegen die Avaren vor.

Mit einem derselben drang König Pipin von Italien aus über die julischen Alpen, wohl denselben Weg über Laibach nehmend, den einst jener römische Consul eingeschlagen hatte, welcher vor achthundert Jahren das erste Römerheer in diese Alpengegenden geführt hatte. Der erste Sieg über die Avaren wurde von diesem italienischen Heere am 23. August 791 errungen. [1])

König Carl erhielt von diesem Erfolge noch an der Grenze des Avarenreiches, an der Enns, Nachricht. Mit den beiderseits der Donau gesammelten zwei grossen Heeren drang auch er nunmehr vorwärts. Hier wurden die Feinde zuerst am Kamp, das zweite Mal bei Königstetten (Comagenac) geschlagen. König Carl drang verheerend bis an die Raabmündungen. [2])

Die Fortsetzung und Befestigung des Sieges wurde im nächsten Jahre verhindert durch eine Erhebung der Sachsen und einen Einfall der Sarazenen in das südliche Gallien. Das Land im Osten von der Enns konnte demnach keineswegs als bleibend erobert betrachtet werden.

Der Hauptschlag gegen die Feinde geschah durch den Markgrafen Erich von Friaul, welcher in einem Winterfeldzuge über die Donau drang und durch die Erstürmung des Hauptringes dem Avarenreich ein Ende machte. Ungeheuere Schätze, welche Erich dort aufgehäuft fand, sandte derselbe seinem Könige nach Aachen.

Allerdings fanden noch durch eine Reihe von Jahren vereinzelte Kämpfe mit sich auflehnenden Avaren statt, allein diese konnten nicht mehr verhindern, dass Carl der Grosse das Landgebiet zwischen der Enns und der Raab dem grossen Frankenreiche einverleibte und für die öffentliche Verwaltung desselben, ebenso wie für die kirchliche Zutheilung Vorsorge traf.

Im eroberten Lande fand sich eine zahlreiche Slavenbevölkerung vor, welche nunmehr unter fränkischer Hoheit politische

---

[1]) Büdinger, „Oesterr. Geschichte", I. 131.

[2]) „Chron. Cremif." Rauch Script., I. 165, setzt diese Ereignisse zum Jahre 790.

Gemeinwesen bildete. In Bezug auf das Donauthal kann wohl kein Zweifel bestehen, dass die wiederholten Kämpfe und damit verbundenen Verheerungen nur eine spärliche Bevölkerung zurückgelassen hatten, und demnach für eine Colonisation desselben Sorge getragen werden musste. Naturgemäss waren es vorherrschend Baiern, welche sich auf dem neuerworbenen Boden niederliessen.

Im Vergleiche mit dem Culturstande zur Zeit der Römerherrschaft hatte das Land einen ausserordentlichen Rückschritt gemacht. Von militärischen und administrativen Einrichtungen, wie sie die Römer mit so grosser Vollkommenheit ausgebildet hatten, konnte im Frankenreiche an sich schon keine Rede sein; noch viel weniger waren sie daher für den neuen Länderzuwachs zu gewärtigen.

Das eroberte Land wurde zunächst als ein Eigenthum des Königs in Anspruch genommen. Carl der Grosse hatte die Obsorge für dasselbe seinem Sohne Pipin übertragen, welcher vom Jahre 796 an durch mehrere Jahre hier thätig gewesen zu sein scheint.

In Bezug auf Grund und Boden fanden entweder Vergabungen oder Besitzergreifungen durch Colonisten statt. Letzteres war wohl die erste und allgemeinste Art der Ansiedlung, und es erschien durch sie insoferne auch ein Besitzrecht begründet, als der frühere Inhaber den Vorzug vor dem späteren gewann. Viele dürften kaum einen anderen Rechtstitel aufzuweisen gehabt haben als den factischen Besitz, dieser letztere war jedoch insolange unsicher, als ihm die Bestätigung des Königs mangelte. Allein selbst die vom Könige ertheilte Erlaubniss zur Besitzergreifung schloss noch immer kein Eigenthumsrecht in sich, es war dies nur eine Art Pachtverhältniss, aus welchem sich später das Lehenwesen entwickelte.

Dass alles vom Könige nicht ausdrücklich verschenkte Land noch fortwährend als ein Eigenthum desselben betrachtet wurde, geht überzeugend aus den vielen nachträglichen Bestätigungen von Besitzergreifungen hervor.

Ein hohes Verdienst um den Anbau und die Wiedercultur des Landes fällt den Klöstern zu. Mit eigener Hand waren die Mönche thätig, selbst dort, wo die Eroberung noch lange nicht gesichert war, und es wurde demnach mit Recht ihrem Fleisse und ihrer Ausdauer besondere Berücksichtigung zugewendet.

Unter den geistlichen Körperschaften, welche auf solche Weise begünstiget wurden, stand obenan das baierische Kloster Niederaltaich, welches mit Carls des Grossen Erlaubniss, sowohl während des Avarenkrieges, als gleich nach der Beendigung desselben in der Wachau und in Ober-Pannonien Güter in Besitz nahm. Die königliche Bestätigung derselben erfolgte erst durch Ludwig den Deutschen viel später. [1]

Eine andere Gebietsverschenkung an eine geistliche Congregation, und zwar ohne Zweifel auf dem Boden unserer südlichen Kreiseshälfte, fand durch Kaiser Ludwig den Deutschen (starb 28. August 876) an das Kloster Kremsmünster statt. Diese Schenkung, über welche Kaiser Ludwig keine schriftliche Aufzeichnung hinterlassen hatte, wurde durch dessen Sohn König Carlmann mittelst Urkunde ddto. Rantesdorf, 28. Juni 877 (878) bestätiget. [2]

Ein Theil der Ortsbezeichnungen derselben ist für meine Erörterungen von Wichtigkeit, er lautet: „Tradimus ad prefatum monasterium per hoc presens preceptum nostrum territorium quoddam iuxta fluvium, qui dicitur Spraza, quod a capite ab eo loco incipit, ubi unus fons in loco, qui Benninwanch dicitur, intrat in Sprazam, et sic inter duas Sprazas usque in eum locum, ubi ipse due Spraze simul unum cursum confaciunt."

Ohne vorläufig in eine Untersuchung dieser Grenzbeschreibung einzugehen, lässt sich dennoch mit Bestimmtheit angeben, dass der an das Kloster Kremsmünster geschenkte Grundbesitz auf jenem Gebiet vorkam, welches sich vom Zusammenflusspunct der kleinen Fischa mit der Schwarza aus, aufwärts zwischen diesen beiden Wässern ausbreitet [3], somit auch den Standort der heutigen Stadt Wiener Neustadt in sich fasste.

Bei dem Umstande, dass das ganze Landgebiet ostwärts vom Wiener Walde bald darauf unter die Herrschaft der Ungarn fiel, bleibt es höchst zweifelhaft, ob das Kloster Kremsmünster jemals in den factischen Besitz dieser Schenkung gelangte.

Die Colonisation des in Folge der siegreich ausgekämpften Avarenkriege gewonnenen, ostwärts dem Wiener Wald-Gebirge gelegenen Gebietes, des Landstriches „ultra montes Comagenos" gewann überaus langsam an Umfang.

---

[1] Mon. Boic. XI. 120—122.
[2] Loc. cit. XXXI. I. 103.
[3] Vergl. Meiller, „Diöcesan-Grenzregulirung" im XLVII. Band der Sitz.-B. der kais. Akademie der Wissenschaften.

Die Greuel der Avarenherrschaft waren in lebhafter Erinnerung; darum erscheinen die ersten Ansiedlungserfolge wie schüchterne Versuche eines Vordringens über den Bisamberg und das Wiener Wald-Gebirge auf den unbekannten östlichen Boden. Mit Vorsicht wurden als Wohnsitze gebirgige, für Pferde weniger gut zugängliche Oertlichkeiten gewählt, denn es war noch in Aller Gedächtniss, wie überraschend schnell die Einbrüche der gefürchteten Avaren auf ihren wilden Pferden erfolgten.

In unsere südliche Kreiseshälfte drangen zunächst Ansiedler aus den jenseits der Alpen gelegenen Gebieten, über den Hartberg kommend, vor. Von dort aus war der Krieg gegen die Avaren mit besonderer Lebhaftigkeit ausgekämpft worden, und man war nunmehr bemüht, den im Donauthale sehr langsam vorschreitenden Colonisationserfolgen unterstützend die Hand zu reichen. Salzburgs Bischöfe entwickelten dabei eine beachtenswerthe Thätigkeit. Eine Bestätigungsurkunde von König Ludwig dem Deutschen, ddto. Matahhova, 20. November 861 für das Bisthum Salzburg ertheilt [1]), bezeichnet als dessen Besitzungen unter mehreren anderen Orten auch: Ecclesiam Anzonis (Lanzenkirchen?), Ellodis ecclesia (Edlitz), Minigonis ecclesia (Minigkirchen am Wechsel) und Ternberg bei Edlitz.

IV. Die kirchliche Zutheilung der südlichen Hälfte des Kreises Unter dem Wiener Walde.

Sowie der Colonisation und der Anbahnung einer politischen Verwaltung wendete Carl der Grosse auch der kirchlichen Zutheilung des eroberten Bodens seine volle Aufmerksamkeit zu. Die erste Einführung des Christenthums auf demselben hatte einstens zum Theil aus den Ländern griechischer Zunge, zum Theil von Aquileja aus stattgefunden. Darum betrachtete sich auch das Patriarchat von Aquileja als die alte Metropole für Noricum und Ober-Pannonien. [2])

Diese Ansprüche geriethen aber in Collision mit dem jungen Bischofsitz von Salzburg, der zur Mainzer Erzdiöcese

---

[1]) Kleimayrn, „Juvavia" Anhang 95.
[2]) A. J. Caesar, „Annales Styriae", I. 95.

gehörig, durch seine Missionen und Bekehrungsbemühungen bereits grosse Bedeutung in diesen Ländern gewonnen hatte.

Carls des Grossen mächtiger Einfluss sowohl in weltlichen als kirchlichen Angelegenheiten schuf auch hier bald Ordnung. Auf das ausdrückliche Ansuchen der baierischen Bischöfe, welche lange schon den kirchlichen Abschluss ihres Landes anstrebten, und über Antrag Carls des Grossen wurde der Salzburger Bischofsitz im Jahre 798 vom Papste Leo III. zum Erzbisthum erhoben.[1]) Es wurde die Drau als Grenze zwischen dem neuen Metropolitansprengel und jenem von Aquileja festgesetzt[2]) und dem Bisthum Passau ein weites Landgebiet nordwärts der Alpen zur Bekehrung und Seelsorge zugewiesen.

Die Grenze zwischen der Erzdiöcese Salzburg und dem Suffragansprengel von Passau berührt das Gutensteiner Gebiet unmittelbar und verlangt demnach, wenigstens in jenem Theile, der den heutigen Kreis unter dem Wiener Walde durchschneidet, eine eingehende Erörterung.

König Pippin, welcher von seinem Vater mit der Obsorge über die den Avaren abgenommenen Ländergebiete betraut war, hatte schon im Jahre 796 Anordnungen über die kirchliche Zutheilung dieses Landes getroffen. Dieselben wurden im Jahre 803 von Kaiser Carl ungeändert gutgeheissen und genehmiget. — „qui (Pippinus) partem Pannoniae inferioris circa lacum Pelissa, ultra fluvium, qui dicitur Hrapa, et sic usque ad Dravum fluvium et eo usque, ubi Dravus fluit in Danubium, prout potestatem habuit, praenominavit Arnoni Juvavensium episcopo cum doctrina et ecclesiastico officio procurare populum, qui remansit de Hunis et Sclavis in illis partibus, usque ad praesentiam genitoris sui Karoli imperatoris"[3]) lautet die diesfalls auf uns gekommene Nachricht.

Das Gebiet, welches dem Salzburger Diöcesansprengel neu zuwuchs, lag demnach zwischen dem See „Polissa", der Raab und der Drau. Im Süden war die Grenze des Zuwachses durch den Lauf der Drau scharf bezeichnet, allein auch in Bezug auf die nördliche Ausbreitung dürfte der Ausdruck „ultra fluvium,

---

[1]) Kleimayrn „Juvavia", Anhang 51 und 52.
[2]) Loc. cit. Seite 146.
[3]) Meiller, Grenz-Reg. 14. Mon. Germ. S. XIII. 9.

qui dicitur Hrapa", keine grössere Ausdehnung, als bis an die Wasserscheide der Raab gegeben werden können, womit sich die erweiterte Grenze zwischen den beiden Diöcesen Salzburg und Passau an jene natürliche Scheidungslinie angeschlossen hatte, welche vom Dachstein ab, in der Richtung von West nach Ost, beinahe fortwährend durch den Rücken der Alpen gebildet wurde.

Ein Recht zum Uebergreifen auf die nördliche Seite der Alpen konnte sich für Salzburg selbst aus der weitgehendsten Deutung der allerdings sehr unbestimmten Grenzscheidung nicht ableiten lassen.

Nun dürfte es keinem Zweifel unterzogen werden können, dass die ersten deutschen Colonisten, über den Hartberg kommend, in unsere südliche Kreiseshälfte eindrangen. Sie brachten naturgemäss aus dem Salzburger Diöcesangebiete Seelsorge und kirchliche Jurisdiction mit. Ob bewusst oder unabsichtlich, erweiterte sich somit der Salzburger Diöcesan-Einfluss über einen Boden, wohin, soweit dieses aus den zu Gebote stehenden Behelfen beurtheilt werden kann, sein Recht nicht reichte. Eine Collision mit dem Bisthum Passau war die natürliche Folge derartiger Zustände. Der Streit, welcher sohin entbrannte, wurde durch den Erzbischof Adalram von Salzburg (521—836) und seinen Suffragan, den Bischof Reginhar von Passau (818—838) vor den König Ludwig den Baiern gebracht, und dieser um eine endgiltige Entscheidung angerufen.

König Ludwig brachte die Differenz mittelst Urkunde ddto Regansburch, 18. November 829 zum Abschluss.[1]) Diese constatirt, dass ein lebhafter Streit entstanden sei: „super parrochia, quae jacet ultra Comagenos montes" und sagt ferner: „Nam adalrammus archiepiscopus dicebat Arnonem antecessorem suum ipsam parrochiam habuisse et ibi predicasse atque predicasse. Reginharius episcopus dicebat ipsam parrochiam ad dyocesim patauiensium pertinere debere." Während sich somit Erzbischof Adalram auf den factischen Besitz einer Diöcesangewalt auf dem fraglichen Gebiet seit seinem Vorgänger Arno berief, stellte dieser Angabe Bischof Reginhar in energischer Weise das Recht seiner Diöcese darauf entgegen. Dass Salzburg die Diöcesangrenze,

---

[1]) Mon. Boic. XXXI. I. 56.

welche sich aus der Bestimmung: „circa lacum Polissa et ultra fluvium, qui dicitur Hrapa" ableiten lässt, überschritten hatte, kann nicht zweifelhaft sein.

In Bezug auf die Austragung des Streites sagt die Urkunde, König Ludwig habe: „audita atque discussa eorum quaestione, predictam parrochiam" auf die Weise zwischen beiden Diöcesen getheilt: „ut Reginharius episcopus habeat ad Dyocesim suam de ista occidentali parte fluvii qui uocatur Spraza, ubi ipsa exoritur et in aliam Sprazam cadit, et ipsa in Rapam fluit. Adalrammus vero Archiepiscopus ex occidentali ripa supradictarum aquarum in Orientali et in Australi parte ad dyocesim Juuauensem. Et ita inantea sicut Arno antecessor eius habuit, pleniter habeat.

Die Theilung stützte sich auf zwei in der Urkunde mit „Spraza" bezeichnete Flüsse. Dass unter einem derselben nur die heutige Schwarza verstanden werden kann, unterliegt keinem Zweifel.[1]) Nachdem die in Rede stehende Entscheidung die älteste bekannte Urkunde ist, in welcher der Name dieses Flusses genannt wird, ist es für meine Erörterungen vollständig gleichgiltig, ob man denselben damals Spraza nannte, ob bei der Ausfertigung der Urkunde durch die königliche Kanzlei ein Schreibfehler unterlaufen war, oder ob später eine absichtliche Fälschung des Wortes Suarza in Spraza stattfand; für die Feststellung der fraglichen Diöcesangrenze ist es von Wichtigkeit, jenen Seitenbach der Schwarza aufzufinden, welchen die Urkunde ebenfalls Spraza nennt, mit dem sowohl die leider sehr unvollständigen Andeutungen der königlichen Entscheidung einerseits, andererseits aber auch die **thatsächliche** Entwickelung der in Rede stehenden Diöcesan-Grenze auf dem bezüglichen Boden, in Uebereinstimmung steht.

Aus der Urkunde des Königs Ludwig des Baiern ist zu entnehmen, dass der Lauf des einen mit Spraza bezeichneten Flusses von West nach Osten stattfindet, bis er sich mit der zweiten Spraza vereinigt. Daraus folgt zunächst, dass sich die Bestimmungen der genannten Grenzentscheidung nur auf ein an der linken Seite, das heisst im westlichen Flussgebiet der Schwarza vorkommendes Seitengewässer beziehen können.

---

[1]) Meiller. „Diöcesan-Grenz-Reg." 16.

Auf jenem Flächengebiet, welches hier in Betracht kommen kann, bestehen nur zwei Seitenbäche der Schwarza, welche von solcher Bedeutung sind, dass auf sie die Bezeichnung der Urkunde als Fluss — fluvius — angewendet werden kann; es sind dies der aus dem Buchberger Thal hervortretende Sirningbach und die kleine Fischa, welche letztere bei dem Orte Unter-Eggendorf in die Schwarza einmündet. Unterhalb derselben fliesst von der Westseite kein grösseres Gewässer dem dort bereits mit Leitha bezeichneten Hauptfluss des Gebietes zu.

In der oben Seite 14 erwähnten Bestätigungs-Urkunde des Königs Carlmann für Kremsmünster, vom 28. Juni 877 (878) werden ebenfalls die beiden Sprazaflüsse genannt, die Localbezeichnung erscheint dort jedoch durch den Beisatz vervollständiget, dass noch: „unus fons in loco, qui Benninwanch dicitur", und in die Spraza einmündet, aufgezählt wird.

Wenn eine in einen Seitenfluss einmündende Quelle als Vervollständigung einer Local-Bezeichnung verwendet wird, muss vorausgesetzt werden, dass dieselbe an jener Stelle eine hervorragende Erscheinung ist. Nun tritt zufällig dieser Umstand sowohl beim Sirningbach, als auch bei der kleinen Fischa in beachtenswerther Weise ein, indem in den ersteren die Stixensteiner Quelle, in die zweite jene warme Quelle im Orte Fischau einmündet, welche derart stark aus dem Boden hervortritt, dass sie sofort eine Mühle treibt.

Nachdem die Localbezeichnung „Benninwanch", sei es nun schon als Wohnort, als Ried- oder Feldmarkbenennung, trotz der sorgfältigsten Forschungen nicht mehr als noch bestehend constatirt werden konnte, fällt auch dieser Anhaltspunct für die schliessliche Beantwortung der Frage, welcher von diesen beiden Seitenbächen als der in den beiden Urkunden mit „Spraza" bezeichnete Wasserlauf zu nehmen ist, hinweg.

Auf dem Boden unserer südlichen Kreiseshälfte schloss sich die **thatsächliche** Feststellung der in Rede stehenden Diöcesan-Grenze an die durch die kleine Fischa gebildeten Marken an, besonders war der Einmündungspunct in die Schwarza bei Unter-Eggendorf ein wichtiger Schlusspunct derselben.

Bei der völligen Unzulänglichkeit der topographischen Kenntnisse des fraglichen Gebietes, konnte im Jahre 829 nur eine in den allgemeinsten Andeutungen gehaltene Grenzscheidung zwischen den beiden streitenden Diöcesen gegeben werden. Mit Bezug auf die beiden Sprazaflüsse sollte an Passau der westliche und nördliche, an Salzburg der östliche und südliche Boden jenes Gebietes fallen, welches Gegenstand des Streites war. Aus der mehrgenannten Grenzregulirung ergab sich somit lediglich eine Scheidungslinie für die Zukunft, die ihre volle Bedeutung erst in dem Masse gewann, als die Bevölkerung zunahm, die Localseelsorge stabil geordnet wurde, und sich die Ausdehnung der einzelnen Pfarrsprengel somit feststellte, welche letztere wieder wesentlich von der Entwickelung und dem Abschlusse der politischen Grenzmarken der einzelnen Gemeinden abhängig war.

In unserer südlichen Kreiseshälfte schritt später der Salzburger Diöcesansprengel bis an den Pistingbach vor. Die Stiftung der Pfarre Waldeck war die Brücke zu dieser Gebietserweiterung.

Die Grenze, welche sich zwischen den beiden streitenden Kirchensprengeln in dem Masse feststellte, als sich die beiderseits anstossenden Pfarrbezirke abschlossen, nahm im Bereiche des heutigen Kreises unter dem Wiener Walde folgenden Verlauf:

Vom Gamseck, einem etwa eine halbe Wegstunde vom Scheitelpunct der Raxalpe westwärts entfernten Höhenpunct, brach sich dieselbe unter einem scharfen Winkel nach Norden, ging über das Haberfeld und durch das grosse Höllenthal in die Schwarza hinab, stieg von da über den Thurnstein auf den hohen Schneeberg, wendete sich etwas nach links, fiel über die Fadenwände auf die Mamauwiese herab, stieg auf den Schober, lief auf dem Rücken desselben über den Ochler und Katharcinwald zur Wasserscheide zwischen dem Waidmannsbach und dem Lengapistingthal, stieg auf den Neukogel empor und senkte sich nunmehr zu dem in Katzenfurth befindlichen Grenzpunct zwischen den beiden Gemeinden Neusiedl und Gutenstein. Von hier an bildete der Pistingbach die Grenze derart, dass an seinem rechten Ufer fort und fort der Boden der Salzburger, auf seinem linken Ufer jener der Passauer Diöcese lag. Die Grenze verliess diesen Wasserlauf erst unmittelbar vor dem heutigen Ort Solenau und wendete sich, die alten Marken der Passauischen Pfarren Wöllersdorf und Ebenfurth einhaltend, über das Steinfeld nach Osten, bis zu jenem Punct, wo bei dem Dorfe Unter-Eggendorf die kleine Fischa in die Schwarza oder Leitha einmündet.

Durch diese Diöcesan-Begrenzung fiel das Gutensteiner Gebiet in den Kirchensprengel des Bisthums Passau, und blieb demselben durch nahe ein volles Jahrtausend angehörend.

Aus dem eben beschriebenen Grenzzuge tritt die auffallende Erscheinung hervor, dass, während sich die Diöcesangrenze vom Dachstein ab, in der Richtung von West nach Ost beinahe fortwährend an die durch die Alpen gebildete natürliche Scheidungslinie anschloss, welche auch die Marken zwischen Oesterreich und Steiermark bildet, von dem zum Raxalpenstock gehörigen Gamseck beginnend, dieselbe plötzlich diesen natürlichen Grenzkamm zwischen dem Norden und Süden des betreffenden Alpenzuges verliess, und nunmehr in einem schwer zu verfolgenden Zuge das Gebiet des heutigen Kreises unter dem Wiener Walde in einem weiten Bogen durchschnitt, und somit auf der Nordseite der Alpen einen nicht unwesentlichen Flächentheil dem Salzburger Diöcesansprengel zutheilte.[1]

Die eigentliche Veranlassungsursache für diese auffallende Grenzscheidung wird wohl niemals ermittelt werden können, unzweifelhaft ist jedoch, dass sie sich auf die Urkunde Königs Ludwig des Baiern, vom 18. November 829 stützte, und in dieser ihren Ausgangspunct fand. Eine wesentliche Umformung fand während der langen Dauer ihres Bestandes nicht statt, sie erhielt sich, einige unbedeutende Abänderungen abgerechnet, welche durch örtliche Veränderungen in der weltlichen Jurisdiction hervorgerufen worden waren, durch die ganze Zeit aufrecht, während welcher von Seite der beiden Bischofsitze zu Salzburg und Passau, auf dem Boden Nieder-Oesterreichs irgend eine Diöcesangewalt ausgeübt worden ist. Diese Gewalt reichte bis zu den Jahren 1783 und 1784 herab.

Es möge gestattet sein, diesfalls, der Zeit allerdings weit vorauseilend, jedoch des Zusammenhanges wegen von Wichtigkeit, die nachfolgende Darstellung einzuschalten.

In dem auf der Nordseite der Alpen gelegenen Salzburger Diöcesan-Gebiet „ultra montes Comagaenos", u. z. gegen die westliche Grenze desselben, finden wir Flatz 1158 [2]). Waldeck

---

[1]) Meiller, „Diöces. Grenzreg. S. 4.
[2]) Meiller, „Salzburger Regesten", S. 81, Nr. 129.

1136 [1]), Fischau 1170 [2]), Wiener Neustadt 1242 [3]) entweder als Pfarrsitze genannt, oder doch als in kirchlicher Beziehung der erzbischöflichen Jurisdiction unmittelbar untergeordnete Ortschaften bezeichnet.

Auf Seite des Passauer Kirchensprengels lehnten sich an den in Rede stehenden Diöcesan-Grenzzug die Pfarrbezirke von Schwarzau im Gebirge, Gutenstein, Hernstein, Wöllersdorf und Ebenfurt an. Alle diese Orte erscheinen bereits in einem unter Bischof Otto von Lonsdorf (Bischof von Passau in der Zeit vom Jahre 1254 bis 1265) verfassten Verzeichniss über die Pfarren der Passauer Diöcese angeführt. [4])

Dieselbe räumliche Abgrenzung der beiden bischöflichen Jurisdictionen sehen wir auch in zwei, um etwa zwei Jahrhunderte später verfassten Pfarrverzeichnissen derselben eingehalten.

In dem ersten dieser Verzeichnisse, welches eine Aufzählung der Pfarrkirchen, Kapellen und Altäre der ganzen Salzburger Diöcese enthält und zwischen den Jahren 1415 und 1469 verfasst worden ist [5]), bemerken wir die oben angeführte geringe Zahl von Pfarren, welche sich im Bereiche des Kreises unter dem Wiener Walde an die Diöcesan-Grenze anlehnten, in eine wesentlich vermehrte Zahl von Sprengeln aufgelöst. Die Diöcesan-Grenzpfarren waren damals: Preiu, Pnierbach, Buchberg, Grünbach, Scheuchenstein, Weinmannsfeld, Dreistätten cum beneficio in Waldegg, Piesting und Wiener Neustadt.

Das zweite, im Archive des Schottenklosters in Wien verwahrte Original-Verzeichniss über die zum Bisthum Passau gehörigen Pfarren, Kapellen und Altäre, vom Jahre 1476, erwähnt als zum Decanat Mautern gehörig, die Pfarre Schwarzau im Gebirge, und zählt unter den Pfarren des Wiener Decanates [6]) jene von Gutenstein, Perniz, Herrantstein, Entzesueld, Salchenaw

---

[1]) Meiller, „Salzburger Regesten", S. 29, 166.
[2]) S. 121. 31.
[3]) S. 299. 606.
[4]) Mon. Boic. XXVIII II. 481. Meiller, „Diöcesan-Grenzreg." 9.
[5]) „Archiv für Kunde österr. Gesch.-Quellen." Notizblatt 1852. Jahrg. 2. Seite 265.
[6]) Hormayr, Wien. I. „Urkundenbuch" S. LXIII, jedoch nur das Wiener Decanat.

und Ebenfurt auf, womit genau wieder die alte Diöcesan-Grenze, wie sie oben dargestellt worden ist, festgehalten erscheint.

Schon im sechzehnten Jahrhundert waren Versuche gemacht worden, die kirchliche Zutheilung Oesterreichs in eine den geänderten Verhältnissen zusagendere Anordnung zu bringen. Damals errangen diese Versuche nur einen sehr ungenügenden Erfolg.

Als sich endlich mit dem Heranreifen einer systematischer organisirten politischen Verwaltung in Oesterreich, das Bedürfniss einer mit derselben im Einklange stehenden kirchlichen Administration unabweislich herausstellte, fanden die diesfälligen Bestrebungen bezüglich Salzburgs ihren Abschluss in dem vom Papste Pius VI. mit Bulle vom 15. Februar 1783 genehmigten Abtretungsacte des Erzbischofs Hieronymus Grafen von Colloredo, vom 11. October 1782 [1]); bezüglich des zur Passauer Diöcese gehörenden Gebietes, durch die vom Papste mittelst Bulle ddto. V. Cal. Februarii (28. Jänner) 1784 erfolgte Bestätigung des Bisthums St. Pölten, worauf schliesslich Bischof Joseph Franz Fürst Auersperg mittelst Verzichts-Urkunde vom 4. Juli 1784 dem Diöcesanrechte in ganz Oesterreich entsagte.

Sämmtliche, auf dem Boden des Kreises unter dem Wiener Walde vorhandenen ehemaligen Passauer und Salzburger Pfarren, somit auch jene von Gutenstein, wurden dem Erzbisthume Wien zugewiesen.

Aus dem, den Salzburger Abtretungsacten vom Jahre 1782 beiliegenden Verzeichniss über die 42 Pfarren im Viertel unter dem Wiener Walde, welche im Schema der Salzburger Diöcese den Namen „Wiener Neustädter Bezirk" führten [2]), lässt sich mit aller Bestimmtheit entnehmen, dass auch im Laufe der letzten drei Jahrhunderte des Bestandes ihrer kirchlichen Jurisdiction, die Grenzen der beiden Diöcesen Salzburg und Passau nicht abgeändert worden sind.

Dieselben hatten sich somit durch nahe zehn Jahrhunderte aufrecht erhalten.

---

[1]) Kleimayrn, „Juvavia" 184 und 302.
[2]) Meiller, „Diöcesan-Grenz-Reg." 6.

V. Wiederholte Colonisation nach den Ungarn-Einfällen.

Was Carls des Grossen Kriegsglück, seine Einsicht und seine Herrschermacht auf dem Boden zwischen der Enns und der Leitha gestiftet und geordnet hatte, sehen wir nach seinem Tode nur zu bald den mannigfaltigsten Erschütterungen preisgegeben.

Es ist oben nachgewiesen worden, dass das in Folge der siegreich ausgekämpften Avarenkriege, dem grossen Frankenreiche zugewachsene Ländergebiet, damals zum grössten Theil eine slavische Stammbevölkerung hatte. Kann es wohl befremden, wenn diese Völker, nachdem sie sich vom Drucke der Avarenherrschaft befreit sahen, ihr Streben und ihre Bemühungen auf den Versuch zur Bildung selbstständiger slavischer Staaten richteten?

Für eine Zeit errangen diese Bestrebungen in dem durch Svatopluk und die beiden Slaven-Apostel Cyrill und Methodius gestifteten grossmährischen Reiche einen überraschenden Erfolg; allein dieser Erfolg und die damit verbundenen Kämpfe mussten in den Ostmarken dem von Carl dem Grossen dahin übertragenen deutschen Wesen umsomehr zum Nachtheil gereichen, je weniger die Nachfolger desselben ihrem Vorfahren an Kraft und Einsicht ähnlich waren.

Der Kampf mit Svatopluk sollte zunächst Veranlassung zu einem Ereignisse werden, dessen spätere Folgen nicht nur für Deutschland, sondern für beinahe ganz West-Europa, namentlich aber für den Boden Nieder-Oesterreichs und seine kaum werdende Colonisation und Cultur für nahe ein volles Jahrhundert wahrhaft verhängnissvoll und unselig sein sollten.

Als Ludwig des Deutschen Enkel Arnulf, dem Kärnten und Pannonien als Herzogsgebiete zugewiesen waren, am 10. December 887 an Stelle des ganz unfähigen Kaisers Carl des Dicken zum Könige erwählt worden war, suchte er den entscheidenden Kampf mit seinem alten Widersacher Svatopluk zum Abschluss zu bringen. Bei dem Kriege, welchen König Arnulf im Jahre 892 gegen das Mährenreich unternahm, bot sich ihm eine willkommene Hilfe von dem aus fernem Osten gekommenen Volke der Ungarn, deren Name etwa dreissig Jahre früher zum ersten

Male im Frankenreiche gehört worden war. Arnulf stand einem sehr mächtigen Gegner gegenüber, musste ihm da die Unterstützung kriegerischer Stämme nicht höchst willkommen erscheinen? Er rief die Ungarn zu Hilfe und hat somit die Aufmerksamkeit dieses Volkes nach dem Westen Europa's hingeleitet. Die Ereignisse, welche in Folge dieses verhängnissvollen Rufes eintraten, konnte der König unmöglich voraussehen, sie lagen wohl ganz ausserhalb menschlicher Berechnung. Schon zu den Jahren 893 und 894 erzählen die Chroniken von einem Kriege zwischen den Baiern und Ungarn [1]), allein grössere Unternehmungen scheinen die Letzteren, insolange König Arnulf lebte, gegen das ostfränkische Reich nicht gewagt zu haben. Diesem gewaltigen Herrscher, der bis zu seinem letzten Hauche den Bau der Carolingermacht, in Deutschland wenigstens vor dem Einsturze sicherte, gelang es noch, hier den alten Carolingischen Reichsboden in seinem vollen Umfange aufrecht zu erhalten.

Der Ungarn erster grosser Verheerungszug nach dem Westen traf im Jahr 899 Italien. Als jedoch in derselben Zeit König Arnulf starb, und sein Sohn Ludwig in einem Alter von noch nicht sieben Jahren am 21. Jänner 900 zum Könige gewählt worden war, brach nunmehr der magyarische Gräuel der Verwüstungen auch über Deutschland herein.

Noch in demselben Jahre drangen die Ungarn auf beiden Seiten der Donau in die Ostmark ein, ihre Verheerungen reichten bis über die Enns, wo seit den Avarenkriegen kein Feind gesehen worden war. Als ferner am 5. und 6. Juli 907 ein baierisches Heer nahezu ganz vernichtet wurde [2]), zeigte sich durch eine lange Zeit der Widerstand, welcher den Magyaren entgegengesetzt wurde, allerorts als unzugänglich. Unter der Regierung eines

---

[1]) Dr. And. v. Meiller gibt in der für die vaterländische Geschichte des X. Jahrhunderts überaus wichtigen Abhandlung über das Melker Breve - Chronicon Austriacum, im Anhang S. 60, einen Auszug aus sämmtlichen bisher erschienenen 17 Bänden Script. der „Monumenta Germaniae", über alle Einfälle der Ungarn behandelnden Stellen, der darin mitgetheilten Annalen und Chroniken.

[2]) v. Meiller bezeichnet in seiner Abhandlung, Seite 65, auf wichtige Gründe gestützt, die Umgebung von Raab als den Ort dieser verhängnissvollen Unglücksschlacht.

Kindes war ein Zusammenwirken in Deutschland zur Abwendung der ungeheueren Gefahr nicht denkbar.

Die Einbrüche der Ungarn erfolgten beinahe alljährlich, und in immer entferntere Gegenden trugen sie Verheerung und Vernichtung. Im Jahre 908 durchzogen sie die Länder an der mittleren Elbe und plünderten Sachsen und Thüringen, 909 Alamannien, im Jahre 910 die Länder im Westen vom Böhmerwalde, und so beinahe mit jedem Jahre Nieder- oder Ober-Deutschland oder Italien. Im Jahre 915 drangen sie durch Thüringen und Sachsen bis nach Bremen, im Jahre 917 überschritten sie den Rhein, zerstörten Basel und wütheten bis Lothringen; im Jahre 919 plünderten sie abermals in diesem Lande; am 12. März 924 verbrannten die Ungarn das glänzende Pavia, gelangten über die Alpenpässe in das burgundische Reich, von da bis nach Guyenne. Etwa zwei Jahre später plünderten sie das Gebiet von Rom, sie gelangten 937 bis Capua und Benevent.

In trauriger Einsilbigkeit wissen die Chroniken und Annalen jener überaus trüben Zeit wenig Anderes als von diesen verheerenden Raubzügen zu erzählen. In der That, die drei Hauptländer der Monarchie Carls des Grossen schienen den barbarischen Verheerungen der Ungarn, von den Chronisten häufig mit den Hunnen verwechselt, rettungslos preisgegeben.

Wieder war es der bereits von so vielen Völkern durchtobte Boden Nieder-Oesterreichs, welcher auch durch die Einbrüche der Magyaren am meisten zu leiden hatte. Ihre Züge nach dem Westen fanden immer durch das Donauthal statt; kann daher ein Zweifel bestehen, dass auf diesem Boden endlich alles Leben gänzlich verschwand.

Auch der Druck der Avarenherrschaft lastete einst schwer auf dem Landgebiete zwischen der Enns und der Leitha; allein dieses Volk wollte das genannte Gebiet bleibend seinem Reiche einverleiben, und musste daher, schon der Erhaltung wegen, wenigstens jene Cultur schonen, welche von den slavischen Hilfsstämmen ausgegangen war. Ganz anders stand dieses zur Zeit der Ungarn-Einbrüche.

Nach der Vernichtung des baierischen Heeres in der Unglücksschlacht vom 5. und 6. Juli 907, in welcher neben einer grossen Zahl verschiedener Würdenträger auch der Markgraf Liutpold der Ostmark fiel, war an einen ausreichenden Schutz der an der Ostseite des Wiener Waldes (der comagenischen Gebirgskette) vorhandenen Ansiedlungen nicht mehr zu denken, sie mussten aufgegeben werden. Was nicht den Tod fand oder in die Gefangenschaft der Ungarn fiel, musste den Boden, namentlich der Ebene, ganz räumen und Schutz entweder in entlegenen Gebirgsorten suchen oder sich in gesicherte Gebiete des Landes zurückziehen. Die Umwandlung der deutschen Grenzlande, wozu auch der Kreis „Unter dem Wiener Walde" gehörte, in eine menschenleere Wüste lag in einer wichtigen Beziehung im Interesse der Ungarn, indem sie dadurch ein meilenweites Bollwerk bildeten, welches eben so sehr ihre unversehenen Durchbrüche und Ueberfälle der westlichen Länder begünstigte, als auch schnellen Rückzug gefahrloser machte.

Dem welthistorischen Tage der Lechfeldschlacht (10. August 955) war es vorbehalten, deutschem Leben, deutscher Cultur und deutschem Geiste eine neue Richtung nach dem Osten zu geben.[1] War ja doch die wichtigste Folge jenes mit Strömen deutschen Blutes erkauften Sieges das wiedererweckte und gekräftigte Selbstbewusstsein Deutschlands über seine Lebensaufgabe, „nach Osten hin den Weg zu bahnen für christlichen Glauben und christliche Bildung."[2]

Otto I. scheint die Vortheile seines glorreichen Sieges mit grosser Umsicht und Kraft rasch benützt und neue Unternehmungen gegen Osten, namentlich im Donauthale abwärts, eingeleitet zu haben. Grosse Anstrengungen wurden gemacht, um sowohl an der Donau als in den Alpen, den verlornen Carolingischen Reichsboden, wieder zu gewinnen. Von den früheren Colonisations-Erfolgen hatten sich nur dürftige Reste an geschützten Gebirgsorten erhalten, denn zu lange hatten die Einfälle der Ungarn gedauert und zu oft hatten sie sich wiederholt. Im Ganzen musste das Werk der Colonisation von Neuem begonnen werden.

Die Lechfeldschlacht hatte allerdings die Uebermacht der Ungarn gebrochen, für keinen Fall jedoch ihre Macht vernichtet. Unter vieljährigen, mit abwechselndem Glücke geführten Kämpfen

---

[1] „Oesterr. Blätter für Literatur und Kunst", Jahrgang 1855, Nr. 32.
[2] v. Meiller, „Babenh. Reg.", Einleit. S. 1.

erfolgte die neue Colonisation des entvölkerten Landes, und diesmal viel langsamer als einst nach der Vertreibung der Avaren von dem österreichischen Boden. Die Gelegenheit zur Erwerbung von Besitz zog Einwanderer aus allen Gauen Deutschlands herbei. Hastig suchte man wohl zuerst jene Orte auf, von deren früherem Bestande durch heimatliche Ueberlieferungen noch eine Kunde erhalten war.

Um den neuen Ansiedlungen und Colonisations-Erfolgen den erforderlichen Zusammenhang — um ihnen Unterstützung und Schutz zu geben — zugleich aber auch, um in den vor den Ungarn Einbrüchen allmälig gesicherten Landgebieten eine geordnete Verwaltung, sowohl in weltlicher wie kirchlicher Beziehung herzustellen, fand die Wiedererrichtung von Markgrafschaften statt. Zwei derselben sind es, welche für den Boden des dermaligen Kreises unter dem Wiener Walde von Bedeutung wurden.

Schon im Jahr 970 wird Marchward, im Besitze einer Grafschaft an der Mur, als Markgraf von Carantanien erwähnt.[1]) In der Ostmark wird zuerst Burchard, ein Verwandter des gegen den Kaiser empörten baierischen Herzogs Heinrich, als Markgraf genannt. Schon unter seiner Verwaltung scheint sich das gegen Einfälle gesicherte Gebiet der Ostmark bereits wieder am linken Donauufer bis an die Wachau, am rechten jedoch bis an den Rücken westlich dem Traisenflusse erstreckt zu haben.[2])

Burchards Verwaltung der Ostmark dürfte mit der Besiegung Herzog Heinrichs in den Jahren 974 und 975 ihr Ende gefunden haben, denn in der Urkunde ddto. Regensburg, 21. Juli 976, womit Kaiser Otto II. dem baierischen Kloster Meten Besitzungen restituirt, wird Leopold (et Luitpaldi marchionis) bereits als Markgraf erwähnt.[3]) Die Uebertragung der Ostmark an die Babenberger hat demnach entweder noch im Jahr 975 oder sehr bald im Jahr 976 stattgefunden. Es sei jedoch gestattet, hier die Bemerkung beizufügen, dass mit der Verleihung des Amtes, der Würde oder des Titels eines Markgrafen nicht zugleich auch eine Zuweisung oder Schenkung des Bodens der Markgrafschaft ver-

---

[1]) Büdinger, „Oesterr. Gesch." I. 267.
[2]) Mon. Boic. I. 193, 195.
[3]) v. Meiller, „Bab. Reg." S. 1, Nr. 1 und Note 1. „Oesterr. Blätter für Literatur und Kunst", Jahrg. 1854, Nr. 15.

bunden war. Der Grundsatz Carls des Grossen, dass aller Grund und Boden fortwährend Eigenthum des Königs verbleibt, insolange nicht eine urkundliche Vergebung oder Verschenkung desselben stattgefunden hatte, wurde auch jetzt noch aufrecht erhalten. Viel zu bedenkliche Erfahrungen waren in Bezug der allzurasch erweiterten Macht einzelner Fürstenhäuser gemacht worden, als dass die Könige nicht mit Sorgfalt jene Mittel gewahrt hätten, durch welche sie in der Lage blieben, sowohl geleistete Dienste ihrer Getreuen belohnen, als auch ihrer bleibenden Anhänglichkeit durch die Aussicht auf neue Erwerbungen sich versichern zu können.

VI. Die Zeiten der Colonisation des Gutensteiner Gebietes durch das Geschlecht der Herren von Traisma.

Ausser der Wiederherstellung der beiden Markgrafschaften von Carantanien und in der Ostmark wurde für das Gutensteiner Gebiet in der Folgezeit jene Schenkung eines Grundbesitzes von Bedeutung, welche durch Kaiser Otto III. mittelst Urkunde ddto. Rom, 29. April 998 stattfand.

Durch dieselbe wird an einen gewissen Engelrico ein, zwischen den beiden Gewässern Tulln und Anzbach gelegener Landstrich, sammt allen Nutzungen desselben zugewiesen.

Der Wichtigkeit und grossen Bedeutung wegen, welche diese Schenkung später für das Gutensteiner Gebiet gewann, möge die Urkunde ihrem vollen Wortlaute nach hier einen Platz finden. Sie lautet:

In nomine sancte et indiuiduae Trinitatis. Otto diuina fauente clementia romanorum imperator Augustus. Notum sit omnibus Fidelibus nostris praesentibus scilicet atque futuris, quomodo Nos ob petitionem fidelis Nostri Heinrici Ducis cuidam Engelrico dedimus, quidquid habuimus inter riuos Dullona et Amizinesbach, arcis, terris cultis et incultis, agris, pratis, campis, pascuis, silvis, venationibus, aquis aquarumve decursibus, piscationibus, molendinis, viis et inviis, exitibus et reditibus, quaesitis et inquirendis, cunctisque altis appendiciis, que adhuc dici possunt sibi in proprium tradidimus, ea videlicet ratione, ut quidquid sibi libuerit, inde faciat. Etut haec Nostrae auctoritatis donatio, praesenti ac futuro tempore firma et stabilis permaneat et semper,

hoc praeceptum inde conscriptum sigilli Nostri impensione signare jussimus, manuque propria utut infra videtur, corroboravimus.
Signum Domini Ottonis, Gloriosissimi Imperatoris Augusti. Hildibaldus Episcopus et Cancellarius vice Willigisi Archi-Episcopi subscripsi. Data III. Kl. Maij Anno Domini Incarnationis DCCCCXCVIII. Indictione XI. Anno autem Tertii Ottonis Regnantis XV. Imperi II. Actum Romae. [1])

Wird der vorstehende Gnadenbrief einer aufmerksameren Erwägung unterzogen, so lässt sich daraus ein in der Folgezeit auch für das Gutensteiner Gebiet wichtiger Umstand ableiten. Es ergibt sich nämlich aus dieser Urkunde die Schlussfolgerung, dass der durch dieselbe verschenkte Landstrich nicht dem Boden der damaligen Babenberger Ostmark angehörte, oder doch vom Kaiser nicht als dazu gehörig betrachtet wurde, damals demnach ausser den Grenzen derselben lag. In dem kaiserlichen Gnadenbrief erscheint nicht angegeben, dass das an Engelrico verliehene Gebiet im Bereiche der Babenberger Markgrafschaft vorkomme, „in marcha et in comitatu heinrici," „ac comitatu heinrici marchionis," gelegen sei. Dieser Abgang lässt sich nicht als ein blosser Zufall bezeichnen.

In der Urkunde ddto. Bruchsal, 1. November 996 [2]) bezeichnet Kaiser Otto III. bekanntlich die Ostmark das erste Mal mit dem Namen Oesterreich, „in regione uulgari uocabulo Ostarrichi in marcha et in comitatu heinrici filii liutpoldi marchionis." —

In einer vom Kaiser für seinen Neffen Heinrich von Baiern ausgestellten Schenkungsurkunde ddto. Rom, 29 April 998 [3]), welche Urkunde demnach genau dasselbe Datum wie der an Engelrich verliehene Gnadenbrief trägt, heisst es bezüglich Lage und Zugehörigkeit des betreffenden Besitzes ausdrücklich: — „in pago quoque Osterrichi uocitato ac comitatu heinrici marchionis, — situm." Jener Heinrich, welcher in dem für Engel-

---

[1]) Beglaub. Abschr. im k. k. geh. H. H. und St. Archiv, abgedruckt bei Duelli Miscell. II. 379. Vergleiche über diese Urkunde Meiller, „Salzb. Reg." S. 537, Note 105, wozu jedoch zu bemerken kommt, dass die bei Duellius vorkommende Einschaltung: et Traysmae Clausuram habeat, zu streichen ist.
[2]) Meiller, „Babenb. Reg." S. 2, Nr. 2 und Anm. 8.
[3]) Meiller, „Babenb. Reg." S. 3, Nr. 3.

rich ausgestellten Gnadenbriefe als des Letzteren Fürsprecher genannt wird, ist ohne Zweifel des Kaisers Neffe, der obengenannte Herzog Heinrich von Baiern.

Wenn nun bei zweien von derselben Person erlassenen, an demselben Tage ausgestellten und ähnliche Gegenstände behandelnden Urkunden, mit denen überdies noch dieselben dritten Personen in Beziehung stehen, in einer dieser Urkunden eine wichtige, ja entscheidende Stelle fehlt, so muss mit allem Recht geschlossen werden, dass hiezu die vollwichtigsten Gründe Veranlassung gegeben hatten.

Nachdem der für Engelrico erlassene Gnadenbrief davon nichts erwähnt, dass das demselben zugewiesene Gebiet „in regione uocabulo Ostarrichi" oder „in marcha et in comitatu heinrici" gelegen sei, darf wohl angenommen werden, dass der Kaiser selbst diesen Bezirk als ausserhalb der Grenzen der Ostmark befindlich betrachtete. Die Verleihung an Engelrich war demnach eine vollkommen selbstständige, derselbe wurde bezüglich des ihm zugewiesenen Landgebietes kein Vasalle der Babenberger, sondern er blieb als reichsfreier Ministeriale unmittelbar dem Kaiser unterstellt.

Diese durch den Gnadenbrief ddto. 29. April 998 erfolgte Besitzverleihung wurde die Basis und der Ausgangspunct zu grossen Gebietserwerbungen, welche durch Engelrich und die Nachkommen in seinem Hause, namentlich im Traisenthale aufwärts [1]) stattfanden. Engelrich wurde der Stammvater eines mächtigen, an Landbesitz reichen Geschlechtes, welches in der Geschichte jener Zeit unter dem Namen der Herren von Traisen oder von Traisma bekannt ist. [2]) Zu ihrem Grundbesitz gehörte auch das Gutensteiner Gebiet.

An den Namen dieses Hauses knüpft sich unbestreitbar die Colonisation des Letzteren nach dem Verdrängen der Ungarn von dem österreichischen Boden an.

---

[1]) Vergleiche Meiller, „Salzb. Reg." S. 537, Note 105.

[2]) Gebhardi, „Genealogische Geschichte der erblichen Reichsstände Deutschlands" (Halle 1785) III. Band, Seite 231—235, anerkennt ebenfalls die Reichsfreiheit der Edlen von Traisen. Im 3. Abschnitte, „Geschichte der Grafschaften und Edelherrschaften im Erzherzogthume Oesterreich" wird dieses Haus unmittelbar nach den Grafen als erstes und ältestes Geschlecht behandelt.

Um das Verständniss über die Verhältnisse jener aus den vorhandenen Quellen noch immer sehr schwer zu beurtheilenden Zeitperiode zu erleichtern, möge das nachfolgende Schema des Geschlechts der Herren von Traisen oder Traisma vorausgehen. [1]

1. Engelrich.
n. c. 950.
von Traisen.

2. Aribo I.
n. c. 975.

5. Walter.   3. Aribo II.   4. Hartnid I.
n. c. 1010.   n. c. 1000.   n. c. 1005—1010.
                   6. Aribo III.
                   n. c. 1025 † c. 1090
                   uxor: Chunza.

7. Ernst I.   8. Adalram I.   9. Hartnid II.   10. Raffold.   11. Bernhard.
n.c. 1055   1060. n.c.1055—1060.   n. c. 1050.   n.c. 1050—1055.   n.c. 1055—1060.
                                † c.1110—1115 † c.1125—1130.   † c. 1110.
                                uxor: Gertrud.

12. Ernest II.   13. Walter.   14. Hartwich.   15. Adalram II.
n. c. 1080—1085. n. c. 1080—1085.   n. c. 1085—1090.   n. c. 1085—1090.
† c. 1130—1135.   † c. 1155.   † c. 1155—1160.   † 26. XII vor 1158
von Traisen.   von St. Andrae.   von Rudnicha-   von Waldeck-
V. O. W. W.   V. O. W. W.   Reudling.   Feustriz.
                  Ohne Nach-   V. O. W. W.   uxor: Bertha.
                  kommen.   † c. 1125
                                                        uxor: Richinza.
                                                        † c. 1175.
                                                        Ohne Nach-
                                                        kommen.

16. Hartnid III.   17. Conrad I.   18. Hazecha.
n. c. 1105—1110.   n. c. 1105—1110.   n. c. 1120.
† c. 1145—1150.   † c. 1140—1145.   † c. 1185—1190.
                   Ohne Nachkommen: mar.: Eberhard
                                      von Reudling.

---

[1] Meiller, „Salzburger Reg." Seite 461, Note 53. Bemerkt muss noch werden, dass auch die Herren von Lengbach diesem Hause beizuzählen sind. Vergleiche diesfalls Meiller, „Salzb. Reg." Seite 537, Note 105.

10. Raffold.	11. Bernhard
n. c. 1050—1055.	n. c. 1055—1060
† c. 1125—1130.	† c. 1110

19. Adalbero.	20. N. N. Tochter	21. Penno
n. c. 1085—1090.		n. c. 1085—1090
† c. 1137—1140.		† c. 1135
von Feustriz-Eppenberg.		

Conrad II. dictus: Henno. n. c. 1115—1120. † c. 1152—1155. Ohne Nachkommen „decollati"	Adalram III. n. c. 1115—1120. † c. 1152—1155.	Ulrich. n. c. 1135. cleric. in Seckau	Hildegard. n. c. 1115. marit. Rudolph. v. Tunsberg.	Fromut. n. c. 1110. marit.: N. N. von Sibidat.

In der die Zeiten vom Ende des eilften und die erste Hälfte des zwölften Jahrhunderts umfassenden Reihe dieses Hauses, sehen wir dasselbe bereits im Besitze eines ungemein ausgedehnten Landgebietes.[1]) Dieses reichte, vom unteren Traisenthale beginnend, diesen Fluss aufwärts, den Rücken des Wienerwald-Gebirges übersteigend, einerseits in das Flussgebiet der Schwarza und der Pisting, und die Alpen überschreitend, andererseits in das Mur- und Feustriz-Gebiet hinab.[2])

Der von Kaiser Otto III. an den Ahnherrn Engelric dieses Hauses ertheilte Gnadenbrief vom 29. April 995 kann allerdings nicht als die, für dieses ganze, im Vergleiche zur ersten Besitzverleihung ausserordentlich erweiterte Gebiet, geltende Bestätigungs-Urkunde genommen werden, allein, dass die Bestätigung dieses Besitzes wahrscheinlich in verschiedenen Zeitperioden durch spätere Kaiser und Könige stattgefunden hatte, dass derselbe demnach im Hause der Herren von Traisma vollkommen rechtsgiltig war, geht schon aus der Erwägung des einen Umstandes hervor, dass dieser Besitz von kirchlichen und weltlichen Machthabern als vollkommen zu Recht bestehend beachtet, und Verfügungen über denselben seitens der Eigenthümer, anstandslos anerkannt und bestätiget worden sind.

Nachdem alle urkundlichen Behelfe fehlen, aus denen sich unmittelbar, mit grösserer Bestimmtheit erkennen liesse, zu welcher

---

[1]) Caesar Ann. styr. I. 856.
[2]) Vergl. Meiller, „Salzb. Reg." S. 470, Note 97.

Zeit und in welcher Art und Weise die Colonisation des Gutensteiner Gebietes erfolgte, bleibt kein anderer Ausweg, als dass alle diese Verhältnisse in ihrer Beziehung auf ein grösseres Gebiet erwogen werden, um sohin Schlussfolgerungen von dem Grösseren auf das Einzelne und Kleinere machen zu können.

Schon durch seine topographische Lage befindet sich das Gutensteiner Gebiet mit der südlichen Hälfte des heutigen Kreises unter dem Wiener Walde, des ehemaligen Landstriches ultra montes Comagenos, im Zusammenhang und steter Wechselwirkung. Zusammenhang und Wechselwirkung musste sich nothwendiger Weise auch auf die Entstehung von Ansiedlungen im Einzelnen, und auf die Entwicklung der Colonisation im Ganzen, nach dem allmäligen Aufhören der Ungarn-Einfälle erstrecken.

Es kann heute als eine feststehende, nicht mehr zu bezweifelnde Thatsache angenommen werden, dass die Wiederbevölkerung und Colonisation der hier speciell in Betracht gezogenen südlichen Kreiseshälfte nicht von den Donaugebieten ausgehend erfolgte, und sich allmälig in die verschiedenen Thalzüge verzweigte. Die neuen Ansiedler und Colonisten drangen unzweifelhaft, in dem westlichen Theile über den Rücken des Wienerwald-Gebirges, in den südlichen und südöstlichen Gebirgspartien, über die Alpen kommend vor, und breiteten sich endlich über die Ebene um Neunkirchen aus.

Am Schlusse des 10. Jahrhunderts waren die östlich vom Wiener Walde gelegenen Ebenen noch vollständig in der Gewalt der Ungarn, d. h. es bestand keine Macht, welche diesen Boden vor ihren Einbrüchen und Verheerungen zu schützen im Stande gewesen wäre.

Es ist daher ganz undenkbar, dass sich auf dem Letzteren eine Ansiedlung erhalten konnte, das Gebiet zwischen dem Wiener Walde, der Donau und der Leitha war in jener Zeit sicher ganz verödet und menschenleer. Neue Ansiedler, sowie die Reste der früheren Bevölkerung, falls solche etwa noch vorhanden waren, konnten sich nur in geschützten Gebirgsgegenden erhalten.

Schon ein volles Jahrhundert hatten die Einbrüche der Magyaren gedauert, es ist dieses eine Zeit, welche für den unglücklichen Boden geradezu verloren war; derselbe kann während dieser langen Periode für jede Cultur-Entwicklung, für jede geordnete Pflege und Benützung, für jede Verfügung mit demselben als nicht vorhanden betrachtet werden; aus dem zehnten Jahrhundert ist bisher keine Urkunde bekannt geworden, in welcher ein, östlich dem Wiener Walde gelegener Wohnort genannt wird.

Dass ein Vordringen der Deutschen über den Wiener Wald, sowie eine bleibende Besitzergreifung dieses Bodens und Festsetzung auf demselben, erst im Anfange des eilften Jahrhunderts erfolgte, wird urkundlich bestätiget durch den von König Heinrich II. an Markgraf Heinrich I. von Babenberg ertheilten Gnadenbrief ddto. Haselbach 1. November 1002, durch welchen Letzterem das Gebiet zwischen der dürren Liesing und der Tristing geschenkt wird. [1]

Es ist diese Urkunde die erste in der Reihe jener Gnadenbriefe, durch welche dem Hause Babenberg von den deutschen Kaisern und Königen Heinrich II., Conrad II., Heinrich III. und Heinrich IV. in verschiedenen Gegenden der Ostmark gelegene Allodial-Güter verliehen worden sind. [2] Das Gebiet zwischen der dürren Liesing und der Tristing scheint demnach die Richtung anzudeuten, in welcher zuerst die Höhen des Wiener Waldes überschritten worden sind, und in der That, es ist dieses auch die kürzeste Linie, um von der St. Pöltener Ebene aus auf die östliche Gebirgsseite, in der Richtung der heutigen Orte Mödling und Baden zu gelangen.

Durch eine andere Schenkungs- oder Bestätigungs-Urkunde, ddto. Babenberg 10. Juni 1035 [3]), welche in der Reihe der obenerwähnten Babenberger Gnadenbriefe der dritte ist, überlässt Kaiser Conrad II. über Vorbitte seiner Gemalin Gisila und seines Sohnes König Heinrich, dem Markgrafen Adalbert „in marchia Adalberti inter flumina, quorum nomen est uni biesnicka alteri triesnicka, id est in uilla bobfouua et ubicunque ipse Adalberti elegit inter fluenta predicta mansos regales L^a — — — in proprium."

Diese Urkunde hat für uns ein doppeltes Interesse. Es wurde durch sie die Grenze des, den Babenbergern in der Ostmark

---

[1] Meiller, „Babenb. Reg." S. 3, Nr. 5.
[2] l. c. S. 192, Note 14.
[3] l. c. S. 5, Nr. 8.

von Kaisern und Königen unmittelbar verliehenen Allodial-Besitzes, bis an die Pisting vorgeschoben, welchen Fluss dieser Besitz, wenigstens in der dem Gebirge angehörenden Strecke desselben, damals nicht überschritten hat, womit sohin für eine lange Zeit hinaus an dieser Stelle die Grenze der Ostmark festgesetzt worden war.

Ein weiteres Interesse bietet diese Urkunde ferner dadurch, dass durch sie der damalige Bestand des Ortes bobfouua [1]) (Bopfowa) des heutigen Wopfing constatirt wird, welches demnach die älteste urkundlich erwähnte Ansiedlung des Gutensteiner Thalgebietes ist. Dasselbe liegt am linken Ufer des Pisting baches und demnach auf Seite des damaligen Babenberger Allodial-Eigens.

Die im Gebirge gelegene Strecke des Pistingbaches im Auge gehalten, lehnte sich auf der rechten Bachseite das Besitzthum der Herren von Traisen an. Diese scheinen selbst über den Wienerwald-Rücken hinüber, auf der westlichen Gebirgsseite, Grenznachbarn der Babenberger gewesen zu sein, obwohl aus jener Zeit alle Behelfe fehlen, aus denen sich die damalige Grenze der Ostmark in jenem Gebiet nur mit einiger Sicherheit feststellen liesse.

Aus den Daten der oben eingeschalteten Geschlechtstafel des Hauses der Herren von Traisma ist zu entnehmen, in wie rascher Weise sich der Besitz desselben, von einem ganz bescheidenen Anfang ausgehend, über ein weites Gebiet ausdehnte. Die Mitglieder dieses Hauses scheinen ihre Lage wohl erwogen zu haben und dem entsprechend mit grosser Umsicht vorgegangen zu sein.

Ihre nördlichen Nachbarn strebten mit dem Aufwand verhältnissmässig grosser Mittel nach dem Osten; vom Süden her breiteten die steierischen Markgrafen ihre Macht mehr und mehr nach dem Norden aus. Wollten die Herren von Traisen ihre Zukunft nicht selbst aufgeben, so mussten sie mit dem Aufwand

---

[1]) Obwohl es in der Original-Urkunde unzweifelhaft „Villa bobfuua" heisst (siehe Meiller, „Babenb. Reg." S. 195, Note 31), so ergibt sich aus dem Zusammenhang mit anderen Urkunden, welche sich ebenfalls auf diesen Ort beziehen, dass bei der Eintragung desselben in die Original-Urkunde ein Schreibfehler unterlaufen ist und bobfuua zu lesen kommt. (Vergl. Meiller in „Jahrbuch des Vereins für Landeskunde von Nieder-Oesterr." I. Jahrg. S. 152.)

aller ihnen zur Verfügung stehenden Kräfte nach dem Osten und Südosten streben. Mochten sie nun schon durch die Ramsau, durch das Hallbachthal oder aber durch das Thal der Hohenberger Traisen nach dem Wienerwald-Rücken vordringen, der Uebergang über den Letzteren bot an keinem Orte irgend ein nennenswerthes Hinderniss. War dieser Rücken überschritten, so befanden sie sich im Flussgebiet der Schwarza und des Pistingbaches. Von beiden bot das Letztere die kürzere und weniger beschwerliche Linie, um sich der dem Gebirge östlich gelegenen Ebene zu nähern.

Ihr erstes Auftreten und Festsetzen im Gutensteiner Thalgebiet dürfte demnach in die Zeit der Jahre 1030 bis 1050 fallen. Nachdem die Babenberger ihren Allodial-Besitz durch den Gnadenbrief vom 10. Juni 1035 bis an die Pisting ausgedehnt und anerkannt wussten, kann wohl mit allem Recht geschlossen werden, dass sie nach der abermaligen Erweiterung ihres Eigens nach dem Süden und über die Pisting hinaus gestrebt hätten, falls dort ein ödes, durch Colonisten noch nicht occupirtes Terrain vorhanden gewesen wäre. Da diese ihre Bestrebungen, damals wenigstens, an der Pisting eine bleibende Grenze fanden, darf angenommen werden, dass der Boden am rechten Ufer derselben bereits anderweitig in Besitz genommen war, und dieser Besitz vom Kaiser vielleicht schon seine Bestätigung erhalten hatte.

Im Pistingthale dürfte damals Waldeck der Hauptsitz der Herren von Traisma gewesen sein. Die Oertlichkeit eignet sich besonders gut, um Feinde vom Eindringen in das oberhalb gelegene Thalgebiet abzuhalten.

Diese Feinde waren noch immer die Ungarn. Allerdings war seit der Lechfeldschlacht von ihnen kein grosser Verheerungszug in das deutsche Reich gewagt worden, ja das Magyarenreich gerieth in Folge der grossen Lechfeld-Niederlage in einen inneren Umgestaltungsprocess, welcher unter der Regierung Stephans I. sogar zu einer Art Verständigung und Bündniss mit Deutschland führte; allein die Zeit war noch lange nicht gekommen, wo Verständigung und Friede unter den Herrschern, zugleich auch dem Lande selbst, namentlich aber den Grenzen die nur zu oft höchst nothwendige Ruhe gebracht hätten. Einfluss und Macht derselben war häufig viel zu geringe, um ihre Vasallen an der Fortsetzung der Kämpfe auf eigene Faust hindern zu können.

Die Erinnerung an die reiche Beute, welche sie einst aus dem Westen Europa's heimgeschleppt hatten, veranlasste die Ungarn, trotz des Friedens der Könige, zu Einfällen und Raubzügen in die westlichen Nachbarländer.

Nicht vom Frieden unter den Herrschern war eine Abhilfe zu erwarten, sondern lediglich von dem Umfang der Macht, welche man solchen Einfällen entgegenstellen konnte.

Die neuen Colonien und Ansiedlungen bedurften jedoch einer längeren Zeit, um sich so weit zu kräftigen, auf dass sie mit Erfolg feindlichen Einfällen begegnen konnten; sie mussten in leichter zu vertheidigenden Gebirgs-Oertlichkeiten ihre Stützpuncte suchen. Ein solcher war nun jedenfalls jener Platz, welcher den Namen Waldeck trägt.

Wie dieses durch den oben erwähnten Gnadenbrief vom 10. Juni 1035 wenigstens eine theilweise Bestätigung findet, waren bis zu jener Zeit selbst die durch erhebliche Mittel unterstützten Colonisations-Erfolge der Babenberger, wenig über den Bereich der Gebirgsabhänge hinausgetreten. Die Ebene, so gut geeignet für ein Reitervolk, war noch immer in der Macht der Magyaren.

Der Krieg, welcher im Jahre 1030 zwischen Kaiser Conrad II. und dem Ungarnkönig Stephan entbrannte, endete ungünstig für die deutschen Waffen.[1] Letzterer bot den Frieden an, welchen der Kaiser schliesslich annahm. Als aber am 15. August 1038 König Stephan starb, und sein Nachfolger Peter von dem Usurpator Abo oder Avo verdrängt wurde, entbrannte der Krieg zwischen den Deutschen und Ungarn auf's Neue. Im Jahre 1042 rückte dieser Letztere mit drei Heeren gegen den Westen vor.

Das südliche, welches im Drauthale vordringen sollte, wurde von dem dortigen Markgrafen Gottfried, aus dem Hause der Grafen von Wels und Lambach [2], bei Pettau vernichtet. [3]

---

[1] Büdinger, „Oesterr. Gesch." I., 421.

[2] Moriz, „Geschichte der Grafen von Formbach, Lambach und Pütten". S. 25.

[3] Thwrocz, „Chron. Hung." cap. 36, S. 43, an. 1042. Godefridus marchio austriae, Hungaros caedit ad Pettowam.

Das nördliche Heer, welches am linken Ufer der Donau vordrang, wurde vom Markgrafen Adalbert und seinem Sohne Liutpold geschlagen. [1])

Das dritte, von Abo selbst geführte Heer scheint am rechten Ufer der Donau vorgegangen zu sein und erzielte nicht unwesentliche Erfolge. Es zerstörte Tulln und schlug um die Mitte des Monats Februar bei Traismauer ein deutsches Heer durch Ueberfall. [2])

König Heinrich III. rückte erst im Spätsommer mit neuen Truppen heran. Der Krieg hatte nunmehr, sowohl in diesem, als im Jahr 1043 für die deutschen Waffen einen höchst günstigen Erfolg. Abo musste um Frieden bitten, und dabei unter Anderem auch das Gebiet zwischen dem cetischen Gebirge und der Leitha, an König Heinrich vertragsgemäss abtreten. [3]) Dieser in den letzten Tagen des Jahres 1043 zum Abschluss gebrachte Frieden [4]) befreite das Land bis an die March und Leitha, für immer von der Herrschaft der Ungarn.

Der Umstand, dass sich König Heinrich das Gebiet zwischen dem cetischen Gebirge und der Leitha vertragsgemäss abtreten liess, deutet darauf hin, dass er bisher diesen Boden als ausser den Grenzen des deutschen Reiches gelegen betrachtete; es fanden bezüglich desselben auch bald darauf neue Vergabungen statt. Die Urkunde ddto. 7. März 1045 [5]), welche das Nummer VI der Babenberger Gnadenbriefe trägt, bezieht sich auf den Landstrich zwischen der Fischa, Leitha und March, somit auf den nördlichen Theil des Kreises unter dem Wiener Walde; während ein ausgedehnter Grundbesitz in der südlichen Kreiseshälfte, in der Geschichte jener Zeit unter dem Namen des Püttner Gebietes bekannt, als Eigen jenes Markgrafen Gottfried bezeichnet wird, der bei Pettau ein Ungarnheer geschlagen hatte.

---

[1]) Chron. Claustron. und Cremif. Rauch Script. I. 49 und 172 setzen dieses Ereigniss übereinstimmend zum Jahre 1042, desgleichen Caesar Ann. styr. I. 457.

[2]) Caesar l. c. I. 457.

[3]) Büdinger, „Oesterr. Gesch." I. 431. Caesar l. c. I. 460.

[4]) Rauch, „Oesterr. Gesch." I. 177.

[5]) Meiller, „Babenb. Reg." S. 192, Note 14 und Beilage.

Ob die Burg Pütten, Puteue, damals erst erbaut wurde, oder ob dort bereits die Reste einer ehemaligen Ansiedlung bestanden haben, ¹) bleibt zweifelhaft. Was in der um das Jahr 1205 von einem Lambacher Mönch verfassten Lebensbeschreibung des Bischofs Adalbero von Würzburg, Bruder des Markgrafen Gottfried erzählt wird, ²) vermag diese Zweifel nicht zu lösen. „Cuius (Gottfridi marchionis) ditioni cum reditibus circum jacentibus serviebat Putina, urbs inclita et famosa, quae, quasi metropolis et mater civitatum versus Pannoniam ad australem plagam, ad arcendos hostiles Pannoniorum incursus et devastationes antiquitus constituta fuit" lautet jene Stelle.

Das „urbs inclita et famosa c. c." ist wohl nichts Anderes als eine rhetorische Ausstattung; die Angabe, dass Pütten zur Hintanhaltung feindlicher Einfälle und Verwüstungen der Ungarn zu dienen hatte, kann doch nur auf die Zeit nach deren Verdrängung von dem benachbarten Boden bezogen werden, und dass es zu diesem Zweck von Alters her begründet war, konnte im Jahre 1205 der Chronist anstandslos erzählen, denn die Burg Pütten hatte bis dahin bereits, in rascher Folge mannigfaltige Schicksale erlebt.

Die Wiederherstellung oder, was richtiger sein dürfte, der Neubau der Burg Pütten durch den Markgrafen Gottfried fällt in die Zeit von 1044 bis zum Jahr 1048, als dem muthmasslichen Todesjahr desselben.

Nach dessen Tod gelangte diese Burg, sowie das dazugehörige ausgedehnte Herrschaftsgebiet, als ein Allodial-Eigen an seine Erbtochter Mathilde, und durch diese an deren Gemal, den Grafen Ekbert I. von Formbach und Neuburg am Inn. ³)

Nach dem Frieden vom Jahre 1043 gewannen die Colonisations-Bemühungen auf der Ebene zwischen dem Wiener Walde und der Leitha wesentlichen Schutz und liessen demnach auch raschere Erfolge erzielen.

---

¹) Inwieferne das Witanesberc der Urkunde vom 20. November 861 (Kleimayern, „Juvavia", Anhang Seite 95) mit Püttenberg und Pütten identisch ist, ist schwer zu entscheiden.

²) H. Petz. Script. rer. aust. II. Seite 7. Perz. Mon. Germ. XIV. Script. XII. 130.

³) Moriz, „Gesch. der Grafen von Formbach" c. c. S. 36 und 28.

Um die Donau abzusperren und gegen Einbrüche zu sichern, wurde das den Ungarn im Jahre 1042 abgenommene Hainburg wiederhergestellt.[1]) Pütten sollte gegen Einbrüche über das benachbarte Gebirge schützen. Um jene Zeit dürfte auch Neukirchen, oder wie es heute ganz unrichtig genannt wird, Neunkirchen, als der erste Versuch einer Ansiedlung auf der Ebene entstanden, oder doch in Wiederaufnahme gekommen sein. Der Standpunct dieses Ortes war unverkennbar mit grosser Umsicht gewählt. Durch ihn wurde das oberhalb gelegene Schwarzathal und das Thal der Sirning gesichert, und erhielten die rasch nacheinander entstandenen Ansiedlungen seiner Nachbarschaft einen wesentlichen Stütz- und Einigungspunct.

In der Umgebung Neunkirchens, und diesen Ort gleichsam als den Knotenpunct betrachtend, bildete sich damals in unserer südlichen Kreiseshälfte eine in mehrfacher Beziehung merkwürdige Colonisationsgruppe aus.[2]) Schon im März 1086 bestätigt Kaiser Heinrich IV. der baierischen Abtei Rott am Inn den Besitz von Gütern im Bereiche der Ortschaften Breitenau, Hederichswerd (Haderswert), Liuprandesdorf (Loipersbach), Snozindorf (Schnotzenhof), Swarza, (Ort Schwarzau) und Ursen (Urschendorf?).[3])

Wegen Schwarzau entbrannte später ein heftiger und langwieriger Streit zwischen den beiden Klöstern Rott und Göttweig, welcher schliesslich zu Gunsten des Letzteren entschieden wurde.[4])

In der Urkunde vom 17. December 1094, durch welche Ekbert I.,[5]) Graf von Formbach und Neuburg am Inn, Herr von Pütten, die Stiftung des Klosters Formbach erneuerte und aus dem Erbgut seiner Gemalin Mathilde reiche Schenkungen an dieses Kloster machte, erscheint abermals eine Reihe von Ortschaften erwähnt, deren damaliger Bestand somit ausser Zweifel gestellt wird. Diese sind: Neunkirchen, Pütten, Paierbach,

---

[1]) Meiller, „Bab. Reg." S. 198, Note 43.

[2]) Vergl. Meiller im „Jahrbuch des Vereins für Landeskunde", I. Jahrg., S. 149 und die dazu gehörige Karte.

[3]) Mon. boic. XXXI. I. S. 365.

[4]) Meiller, „Salzb. Reg." S. 66, Nr. 52 und Karlin, „Saalbuch des Stiftes Göttweig" S. 19, 137, 270 und 301 bis 308.

[5]) Moriz, „Gesch. der Grafen von Formbach" c. c. S. 71.

Pottschach, Prein, Klamm, Gloggniz, Wirflach, Wörth und Schmitzdorf. Die diesbezügliche Stelle dieser Urkunde möge hier einen Platz finden.

Eccebertus et uxor ejus Mechtild annuentibus hoc filiis eorum — — — insuper dedit eis (monachis) in orientali plaga villam Nomine Niuwenchirgun et Ecclesias parochiales duas, unam sub castello Butino, et alteram in villa predicta Niuwenchirgun, cum decimis et cum ceteris omnibus ad has pertinentibus; et id quod in ea loci est, mercatum et villam Nomine Werth et alium locum iuxta fluviolum Glocniza, ubi modo cella constructa est, cum pratis et silva usque ad Chlamma et pratum iuxta fluvium Bruna et demidiam Houbam in villa, que dicitur Beierbach, et dimidiam Houbam in loco qui dicitur Smidestorf, et dimidiam houbam in villa, que dicitur Glocniza; et tres vineas, unam in loco, qui vocatur Botschach, et duas in alio loco, qui dicitur Vurbilach. — — [1])

Aus dieser Urkunde entnehmen wir einerseits, dass im Jahre 1094 Pütten und Neunkirchen bereits Pfarrorte waren, andererseits aber auch das verhältnissmässig hohe Alter der Colonisation der südlichen Hälfte des Kreises unter dem Wiener Walde, wozu nur bemerkt wird, dass nach den Ungarn-Einfällen selbst Wien das erste Mal in der Urkunde ddto. Mautern (ohne Tagesangabe) 1137, in welcher Markgraf Leopold IV. dem Bisthum Passau die Kirche des heil. Peter „in wiennensi loco positam" übergibt, genannt wird. [2])

Die Colonisations-Erfolge und die Zahl der Ansiedlungen, welche sich in der Ebene so rasch steigerten und vermehrten, mussten nothwendiger Weise auf die benachbarten Thalgebiete zurückwirken.

In der zweiten Hälfte des eilften Jahrhunderts dürften auch die Herren von Traisen ihre Herrschaft bis an die Ebene vorgeschoben haben. Es musste für sie von der höchsten Wichtigkeit sein, einen Boden zu gewinnen, welcher dem Ackerbau zusagender war, als dieses im Allgemeinen von jenem der Gebirgsthäler der Fall ist. Um in der Nähe der Ausmündung des Pisting-

---

[1]) Mon boic. IV. 12. „Urkundenbuch für Ober-Oesterreich", I. S. 627.
[2]) Meiller, „Babenb. Reg." S. 25, Nr. 3.

thales einen Stützpunct zu gewinnen, welcher einerseits das aufwärts gelegene Thalgebiet sicherte, andererseits aber auch den Uebergang nach der unter dem Namen die neue Welt bekannten Thaleinsenkung vermittelte, mag damals von den genannten Dynasten die Veste Starkenberg, deren Namen später auf eine noch nicht aufgeklärte Weise in Starhemberg umgewandelt worden ist, sowie die Colonie Trabstetten, jetzt Dreistetten genannt, erbaut worden sein.

Die Entstehung der Veste Starhemberg dürfte in die zweite Hälfte des eilften Jahrhunderts fallen. Mit Bezug auf den sehr umfangreichen Baustand dieses Schlosses möge die Bemerkung gestattet sein, dass die Erweiterung desselben unverkennbar verschiedenen Zeitperioden angehört, dass aber die dem romanischen Baustyl angehörigen ältesten Baubestandtheile kein Hinderniss für die obige Zeitbestimmung sind, sondern im Gegentheile die Richtigkeit derselben bestätigen helfen.

Durch die südlichen Seitenthäler der Pisting den Uebergang in die Thalgebiete von Buchberg und Grünbach gewinnend, erlangte auch an jener Seite der Besitz der Herren von Traisma bald eine gesicherte Grenze. Dort schützten die Ortschaften Willendorf, Gerasdorf und Strelz den rückwärtigen Boden gegen fremde Ansprüche, und in der That lässt sich an jener Stelle, wo das benachbarte Wirflach unzweifelhaft als nach Pütten gehörig constatirt ist, die Grenze des Püttner Gebietes mit grosser Sicherheit feststellen.

VII. Das Münzrecht von Neunkirchen.

Um die im Vorhergehenden allerdings nur nach ihren allgemeinen Beziehungen dargestellten Colonisations-Verhältnisse der südlichen Hälfte des heutigen Kreises unter dem Wiener Walde zu vervollständigen, kommt noch das Münzwesen der damaligen Zeit mit Bezug auf unser beschränktes Flächengebiet, einer näheren Erörterung zu unterziehen.

Bei der sich schnell vergrössernden Anzahl von Ortschaften und Ansiedlungen, deren räumliche Ausdehnung und Bevölkerungszahl in Folge des nun gebotenen Schutzes gegen fremde Verheerungszüge, im raschen Aufschwunge gewesen sein dürften, bei der Nothwendigkeit, die bisherigen Colonisations-Erfolge durch Hebung und Erleichterung des Verkehrs, durch Handel und Wandel, thunlichst zu kräftigen und zu erweitern, bei der grossen Entfernung des fraglichen Gebietes von einem grösseren Handels- und Verkehrsplatz der damaligen Zeit, dürften die Herren desselben nach der Erlangung eigener Markt- und Münzrechte gestrebt haben, indem sie damit nichts Anderes verlangten, als was in jener Zeitperiode so vielfach von weltlichen und kirchlichen Würdenträgern, von Städten und Klöstern, als eine reiche Ertrags- und Einnahmsquelle angestrebt worden ist.

In jener Zeitperiode, welche vom Jahr 1060 beginnend bis an das Ende des zwölften Jahrhunderts reicht, war in unserer südlichen Kreiseshälfte, Neunkirchen der wichtigste Knotenpunct für das öffentliche Leben, sowie für Handel und Verkehr der sich rasch mehrenden Bevölkerung. Es erklärt sich daraus ganz einfach die Sorgfalt, welche auf die Hebung und Förderung dieses Ortes gerichtet wurde; auch lässt sich nicht verkennen, dass sein Wohlstand ebenso günstig auf die Nachbar-Colonien und Ansiedlungen rückwirken musste.

Neunkirchen kam sehr bald in den Besitz eines Marktrechtes, ja es dürfte kaum ein Widerspruch zu besorgen sein, wenn behauptet wird, dass hier und in dem benachbarten Pütten zwei der ältesten Marktrechte des ganzen Kreises zu suchen sind. Nur das Marktrecht des oberhalb Neunkirchen gelegenen, dermalen nur aus einer geringen Häuserzahl bestehenden Ortes Wörth dürfte vielleicht ein höheres Alter in Anspruch nehmen, indem derselbe schon in der, oben auszugsweise mitgetheilten Urkunde vom 17. December 1094 als Markt, „mercatum", bezeichnet wird. Neunkirchen mag damals in rasche Aufnahme gekommen sein, als dasselbe durch die eben citirte Urkunde, sammt seiner Kirche und Pfarre an das Kloster Formbach abgetreten wurde.

In jene Zeit fällt auch die Erwerbung des Münzrechtes, welches ohne Zweifel das älteste in Oesterreich unter der Enns ist.[1] Ob dasselbe dem Kloster Formbach, als dem Herrn des

---

[1] Bergmann über das Münzrecht zu Lieding c. c. Jahrbuch der Literat. 101. Band. 1843. Anzeige-Blatt. S. 16.

Marktrechtes, oder den Grafen von Pütten als den eigentlichen Landesherren, oder aber Beiden gemeinschaftlich zustand, ist aus den diesfalls zu Gebote stehenden Behelfen schwer zu bestimmen.

Die erste urkundliche Erwähnung des Münzrechtes von Neunkirchen findet sich in dem Bestätigungs-Privilegium Kaiser Lothars II. (III.) ddto. Merseburg, 14. Mai 1136. Sowohl der Eingang als die diesbezügliche Stelle dieser Urkunde lautet [1]:

In nomine sancte, et individue Trinitatis, Lotharius divina favente clementia tertius Romanorum Imperator Augustus. Cum defensionis nostre sollicitudo circa omnes Ecclesias, et Christi pauperes invigilare debeat, familiarius tamen eas Ecclesias et claustra fovere et manu tenere debemus, que a Parentibus nostris fundata sunt, in quibus quotidie nostri, et ipsorum apud Deum memoria fit. Proinde tam futurorum, quam presentium sagax noverit industria, qualiter nos ob remedium anime nostre, et consortis nostre Richince Imperatricis, Abbatiam Formbacensem cum omnibus pertinentiis suis in nostram suscepimus tuitionem, et defensionem. Quam toto devotionis nostre affectu amplectentes, sicut libera instituta est a Comitibus pie memorie Ekeberto et Cognato suo Udalrico, ita libertatis ipsius privilegia nostra imperiali auctoritate confirmamus. — — — Inter cetera autem eidem Ecclesie confirmamus mercatum in Neuwenkirchen cum moneta et omni utilitate, que inde provenire poterit. — — —

Wird hiezu noch die von Papst Innocenz II. ertheilte Bestätigungsbulle ddto. Lateran IV. Kal. Aprilis (29. März) 1139 in Betracht genommen [2], deren Eingang und betreffende Stelle folgenden Wortlaut hat: Innocentius Episcopus servus servorum Dei dilecto filio Dieterico Abbati formbacensis Ecclesie eiusque successoribus regulariter substituendis in perpetuum. — — — In quibus hec propriis nominibus duximus exprimenda. Parochiam videlicet et forum in Neunkirchen, cum decimis suis: Ecclesiam in Butten cum decimis. — — — Mercatum quoque in Neunkirchen cum moneta et omni utilitate, quo inde poterit

---

[1] Mon. boic. IV. 128, Nr. III. Original im königlich baierischen Reichs-Archiv.

[2] Mon. boic. IV. 130, Nr. IV. Original im königl. baierisch. Reichs-Archiv. Moriz, S. 243 setzt diese Urkunde irrthümlich zum Jahre 1137.

provenire — — — confirmamus. — — — ergibt sich zunächst Folgendes:

Nachdem sowohl durch das Privilegium Kaiser Lothars II. (III.) ddto. 14. Mai 1136, sowie durch die letztgenannte päpstliche Bulle dem Abt Dittrich von Formbach (c. 1127 bis c. 1149) ein Münzrecht in Neunkirchen nicht erst verliehen, sondern ein solches bereits bestätiget wird, so muss dieses Recht schon vor dem Jahre 1136 während längerer Zeit ausgeübt worden sein. Dasselbe kann aber auch nicht vor das Jahr 1094 hinaufreichen, weil die mehrfach citirte Urkunde vom 17. December 1094 hievon keine Erwähnung macht, und wohl geschlossen werden darf, dass das überaus wichtige Münzrecht dort sicher nicht ausgelassen worden wäre, falls es damals bereits für Neunkirchen bestanden hätte.

Dass beide oben genannte Bestätigungs-Urkunden für den Abt von Formbach und nicht für den Grafen von Pütten, damals Ekbert II., lauten, braucht nur berührt zu werden.

Eine weitere Urkunde, welche das Münzrecht von Neunkirchen betrifft, ist das Privilegium König Conrads II. (III.) ddto. Regensburg (ohne Angabe des Tages), 1141. Diese Urkunde möge ihrem wesentlichen Wortlaut nach hier einen Platz finden.[1]

In nomine sancte et individue Trinitatis. Chunradus divina favente Clementia, Romanorum Rex secundus. Equitas iustitie, et Regni authoritas nos admonent, omnium quidem utilitati prospicere, maxime vero consanguineorum nostrorum et petitiones eorum modis omnibus promovere, et adiuvare. Ea propter petitionibus dilecti consanguinei nostri Ekkeberti Comitis annuimus et in quadam villa sua Neunchirchen nuncupata, forum, et monetam illi concessimus, et regali scripto et authoritate confirmamus. Quicunque enim hoc statutum nostro concessionis violare presumpserit, triginta libras auri purissimi componat, quarum partem dimidiam camere nostre, reliquam vero prefato E. suisque heredibus persolvat. — — — Anno D. J. MCXLI. Indict. IV. regnante Conrado Rom. Reg. II. anno regni eiusd. III. Data Ratispone in Christo feliciter Amen.

---

[1] Mon. boic. IV. 132, Nr. V und XXXI. I. 398. W. Lazius, De gentium migrationibus. L. VII. 238. Meiller, „Bab. Reg." S. 28, Nr. 22 und Note 172.

Während die oben aufgeführten beiden Urkunden lediglich zwei Bestätigungsbriefe eines, wahrscheinlich seit längerer Zeit von Seite des Klosters Formbach ausgeübten Münzrechtes waren, haben wir es hier mit einem Verleihungs-Privilegium zu thun, durch welches nunmehr die Frage entsteht, ob durch dasselbe an Graf Ekbert II., welcher seinen Aufenthalt grösstentheils in Pütten hatte [1]), ein ganz neues Münzrecht für Neunkirchen verliehen werden wollte, oder ob es sich mit Zustimmung des Klosters Formbach lediglich darum handelte, dem Grafen Ekbert einen Theil des Münzerträgnisses zuzuwenden. Nachdem jedoch das Neunkirchner Münz-Regale hier lediglich als ein Theil der Colonisations-Entwicklung auf dem in Rede stehenden Boden in Betracht gezogen werden will, so liegt die Erörterung dieser Frage ausserhalb den Grenzen meiner Untersuchungen.

Noch einmal stossen wir auf dieses Münzrecht in der Bestätigungsbulle des Papstes Alexander III. ddto. Lateran IV. Kal. Aprilis (29. März) 1179. Eingang und diesbezügliche Stelle dieser Bulle sind [2]): „Alexander Episcopus, Servus Servorum Dei dilectis filiis Henrico Abbati Formbacensis Monasterii eiusque fratribus tam presentibus quam futuris regularem vitam professis in perpetuum, — — — Parochiam et forum in Neunkirchen cum decimis et moneta et omni utilitate, que inde poterit provenire — — — confirmamus."

Diese Bestätigungs-Urkunde kann nur für das Kloster Formbach gelten, denn das Geschlecht der Grafen von Pütten war mit Ekbert III., welcher am 5. August 1158 vor Mailand fiel, schon seit einundzwanzig Jahren erloschen.

Zum Schlusse möge noch die Bemerkung gestattet sein, dass das Neunkirchner Münzrecht wenige Jahre später, wahrscheinlich mit dem Marktrecht, mit dem es immer in Verbindung genannt wird, nach der damals (1194) [3]) neu gegründeten Neustadt übertragen wurde, eigentlich in den Besitz der Babenberger

---

[1]) Moriz, „Gesch. der Grafen von Lambach", c. c. S. 104 und 105.

[2]) Mon. Boic. IV. S. 136, Nr. VIII. Original im königlich baierischen Reichs-Archiv.

[3]) Meiller, „Bab. Reg." S. 76, Nr. 73 und Note 291. Mon. Boic. IV. S. 85.

Herzoge überging.¹) Für die Richtigkeit dieser Annahme ist mir nun allerdings bisher keine directe urkundliche Beweisesstelle bekannt geworden, allein es sprechen dafür mehrere wichtige Momente.

Zunächst kommt in Erwägung zu ziehen, dass von jener Zeit an, von einem Münzrecht zu Neunkirchen, in den zahlreichen Formbachischen Urkunden und Aufschreibungen, keine Erwähnung mehr geschieht, während doch geschlossen werden muss, dass, falls über jene Zeit hinaus ein solches Münzrecht noch bestanden hätte, dieses wichtige Regale wiederholt Gegenstand von Verhandlungen geworden wäre.

Weiter sprechen dafür noch die grossen Entschädigungen, welche dem Kloster Formbach für das nach der Neustadt übertragene Neunkirchner Marktrecht zu Theil geworden sind. Jans Enenkel sagt in den in Prosa geschriebenen Anmerkungen, welche seinem um 1300 verfassten Gedichte: „Das Fürstenbuch von Oesterreich" vorausgehen ²) „Der Hertzog Leupolt pavet die Nevnstatt vnd nam den Munichen von Vormpach den Marcht zu Newenchirchen vnd let in her zu d Nevenstat vnd gab in zu widerwechsel Hertzogenburch Grusperg vnd Oreinstorf."

Diese Angabe findet ihre volle Bestätigung in der Urkunde ddo. Wien, 1. November 1210, mittelst welcher Herzog Leopold VI. (VII.) dem Kloster Formbach über Ansuchen des Abtes Ortolf bestätiget, dass sein Vater Herzog Leopold diesem Kloster: „pro foro, quod erat in Nuewenkichen pertinens suo monasterio, forum in Herzogenburc cum subscriptis terminis siue redditibus" im Tauschwege überlassen habe. Auch habe sein Vater dem von dem Kloster Formbach einzusetzenden Richter zu Herzogenburg „omnem iusticiam ibidem" überlassen. ³)

Diese Urkunde bezeichnet die diesfälligen an Formbach abgetretenen Pertinentien wie folgt: „— — — Forum in

---

¹) Vergl. Karajan, Beitr. zur Gesch. der landesfürstl. Münze, bei Chmel Gesch.-Forsch. I. S. 279.

²) Pergament-Manuscript im k. k. geh. H. H. und Reichs-Archiv. S. 4. Vergl. Rauch Script. I. S. 245.

³) Meiller, „Babenb. Reg." S. 105, Nr. 80. Original im königl. baier. Reichsarchiv. Mon. Boic. IV. 150, Nr. XIX.

Herzogenburc, et quoddam molendinum ibidem situm. In Oberndorf IV beneficia. In Crugesberge IV beneficia. In Ocinsdorf II villicationes et duo beneficia, et silva quedam. — — Aus dem grossen Umfang dieser Entschädigungen dürfte der Schluss berechtiget erscheinen, dass mit dem Neunkirchner Marktrechte auch das Münzrecht an die Neustadt, eigentlich an die Babenberger Herzoge überging. Warum dasselbe in der Bestätigungs-Urkunde vom 1. November 1210 nicht ausdrücklich erwähnt worden ist, wird sich heute wohl nicht mehr aufklären lassen, so viel aber kann als unzweifelhaft angenommen werden, dass in jener Zeit ein Münzrecht in Neunkirchen nicht mehr ausgeübt worden ist.

VIII. Adalram von Waldeck-Feustriz.

Während sich, wie dieses im Vorhergehenden angedeutet erscheint, die Colonisations-Resultate und Ansiedlungen auf dem Boden unserer südlichen Kreiseshälfte mehr und mehr entwickelten und in allen Beziehungen an Selbstständigkeit und Kräftigung zunahmen, während in der Ebene, durch die Lage begünstiget, besonders Neunkirchen und seine Umgebung in Aufnahme kamen, breitete sich Macht und Herrschaft des Geschlechtes der Herren von Traisen oder Traisma allmälig über ein grosses Flächengebiet aus.

Aus der oben eingeschalteten Stammtafel lässt sich der umfangreiche Landbesitz beurtheilen, [1] welcher durch die Brüder Ernest II., Walter, Hartwich, Adalram II. und deren Vettern Adalbero und Penno gebildeten Reihe dieses Hauses angehörte. In einem höchst erheblichen Grenzzuge waren sie die Nachbarn der Babenberger, der Grafen von Pütten und der steiermärkischen Markgrafen. Mächtig war ihr Einfluss und beachtenswerth der Gebrauch, welchen sie hievon und von ihrem Reichthum machten.

Der vorzüglichen Geistesrichtung ihrer Zeit entsprechend, waren es vorherrschend kirchliche Anstalten, denen sie ihre Unterstützung zuwendeten und mit dem Aufwand grosser Mittel

---

[1] Caesar ann. styr. I. 856.

entweder selbst begründeten oder doch in Aufnahme zu bringen strebten. Das Stift Göttweig zählt die Glieder dieses Hauses unter seine ausgezeichneten Freunde und Wohlthäter. [1]) Einer aus der oben genannten Brüderreihe, Waltherus de Traisma, von seinem Hauptsitz: de Sancto Andrea benannt, war c. 1140 per eigentliche Gründer des Augustiner Chorherrenstiftes zu St. Andrä an der Traisen. [2])

In der Gebietstheilung, welche, der Rechtsübung der damaligen Zeit gemäss, die Brüder mit ihrem überaus ausgedehnten Landbesitz vorgenommen hatten, war das Gutensteiner Gebiet in Verbindung mit einem weit auf die südliche Seite der Alpen reichenden Boden, Adalram II. zugefallen, welcher nach seinem Hauptsitz: „von Waldeck" benannt wird. Sein ausgedehnter Landbesitz machte ihn zum Nachbar der Babenberger Ostmark, der Grafen von Pütten und des Markgrafen Otaker V. von Steiermark. Adalrams Neigung scheint sich unter den Nachbarn vorzüglich dem Letzteren zugewendet zu haben. In geringer Berührung finden wir ihn mit den Babenbergern, alle Spuren einer solchen fehlen jedoch bezüglich seiner Zeitgenossen, der Grafen Eckbert II. und Eckbert III. von Pütten. Er erscheint in Babenberger Urkunden lediglich einmal, u. z. als Zeuge im Klosterneuburger Stiftbrief ddto. 29. September 1136 aufgeführt, bei welchem Act überhaupt alle vier Brüder: Waltherus de sancto Andrea, Adalrammo de Eppinberge, Hertuico de Ruodniche und Ernesto de Treisma zugegen waren. [3])

Was Adalrams Verhältniss zu den Grafen von Pütten anbelangt, erscheint es als auffällig, dass in den zahlreichen Urkunden und Aufschreibungen des Klosters Formbach auch nicht Eine Gabe oder Schenkung von ihm an das genannte, von den Grafen von Pütten gestiftete und von ihnen so reich bedachte Kloster angeführt wird, was wohl zu erwarten wäre, falls zwischen den beiden Nachbarn ein nur etwas freundschaftliches Verhältniss obgewaltet hätte.

---

[1]) Karlin, Saalbuch des Stiftes Göttweig. S. 187, Note 258. Caesar. Ann. styr. I. 856.

[2]) Archiv für Kunde österr. Gesch.-Quellen. IX. Band, S. 259.

[3]) Meiller, „Babenberger Reg." S. 23, Nr. 61 und „Salzburger Reg." S. 28, Nr. 161.

Angeregt durch das von den Nachbarn gegebene Beispiel welche zum Theile neue kirchliche Stiftungen begründeten, oder den bestehenden ihre Obsorge und kräftige Unterstützung angedeihen liessen, gewiss aber auch durch die Wahrnehmung gedrängt, dass sich den zerstreuten Ansiedlungen besonders durch die Bildung kirchlicher Vereinigungspuncte Zusammenhang und Kräftigung ertheilen lasse, und ebenso wahrscheinlich durch das Bestreben geleitet, den Hauptwohnsitz, von dem er seinen vorzüglichsten Namen trug, in Aufnahme zu bringen, stiftete Adalram bei seinem Schlosse Waldeck eine Kirche und Pfarre. Waldeck ist somit die älteste Pfarre des Gutensteiner Thalgebietes, sie scheint aber auch die viertälteste der ganzen südlichen Kreiseshälfte zu sein, indem nur Pütten und Neunkirchen (vor 1094) und Gloggnitz (1125) urkundlich als ältere Pfarrorte bezeichnet werden.

Nachdem es sicher wenige in jener Zeitperiode gestiftete Landkirchen in Nieder-Oesterreich geben wird, von denen sich der Original-Stiftbrief bis auf unsere Tage erhalten hat, nachdem derselbe für das Gutensteiner Thalgebiet von besonderem Interesse ist, möge diese Urkunde ihrem vollen Wortlaute nach hier einen Platz finden. [1])

"Notum sit omnibus tam futuris quam presentibus· quod quidam nobilis nomine adalrammus et uxor sua mansum unum de prediis suis iuxta castrum quod dicitur Waldecke et locum in quo fundaretur ecclesiam. et ubi presbyter haberet mansionem. atque omnem decimationem prediorum in partibus illis sitorum, nec non quinque mancipia tradiderunt Salzburgensi ecclesiae per manum Cunradi eiusdem ecclesie archiepiscopi, eo tenore. ut (in) ecclesia ibidem fundata. ipse et posteri sui haberent seruicium dei et predicta predia sua. nec non etiam finitima cuiusdam nobilis nomine botonis predia inhabitantes. eidem ecclesie perpetuo iure

---

[1]) Original im k. k. geh. H. H. und Reichs-Archiv. Die Pergament-Urkunde ist mit dem rückwärts hängenden Siegel des Salzburger Erzbischofes Conrad I. (von Abensberg) Erzbischof vom 7. Jänner 1106 bis 9. April 1147, jedoch in Wirklichkeit erst vom Jahr 1122 an der Regierung, versehen. Sie ist ohne Datirung. Caesar (Ann. duc. styr. I. 797, Nr. 81) setzt sie zum Jahr 1146. Meiller, „Salzb. Reg." S. 29, Nr. 166 und S. 434, Note 67 reiht sie mit Grund zum Jahre 1136 ein.

subderentur. tam in persoluendis decimis suis. quam in accipiendis ecclesiasticis sacramentis baptismi scilicet et sepulture. Isti sunt testes Waltherus de Waltensteine. Sighart de flâce. Bertholdus de rotengruobe et frater suus geroldus, Gotescalchus de huncsberc. Ruodolfus de Willchelmesbure. Hiltegrim de mutenesdorf. Ratboto de Traiseme. Adalbero de Strazgange. Cunrad et frater suus Reginbertus de Sechirchen. Adalbero de guntramingen et filius suus durinc. Engilscalch. Aribo de chenickoue. Eckehart filius Eckehardi de montigulo. Otto filius heinrici houekelz. Luitoldus de ratte et filius suus Uolfrmarus."

An diese Urkunde will ich nur noch die Bemerkung anfügen, dass der in derselben erwähnte Edle Boto, unzweifelhaft eine und dieselbe Person ist mit dem im Saalbuch des Stiftes Göttweig [1]) genannten „ingenuus homo Poto de Potinstein", dem wahrscheinlichen Gründer des Schlosses und Marktes Pottenstein, dessen Geschlecht jedoch bereits in der ersten Hälfte des vierzehnten Jahrhunderts ausstarb.

IX. Stiftung der Probstei Seckau.

Adalram von Waldeck hatte aus zweimaliger Ehe keine Nachkommen erlangt, namentlich scheint seine zweite Verbindung mit Richinza aus dem Geschlechte der mächtigen Herren von Perge [2]) nicht glücklich gewesen zu sein, sie ward von ihm „ab eo peccatis exigentibus dimissa." [3])

In der Sorge, dass unter seinen Brüdern und Verwandten nach seinem Tode um das reiche und ausgedehnte Besitzthum Streit und Zwietracht entstehen werde, [4]) traf er über sein Vermögen Anordnungen, welche so ganz dem Geiste seiner Zeit, der Zeit der Kreuzzüge, entsprechend erscheinen. Er wurde der Stifter, der später so überreichen Probstei Seckau in Steiermark. Es kann nicht meine Aufgabe sein, hier eine Geschichte dieser

---

[1]) Karlin, Saalbuch des Stiftes Göttweig. S. 94. Nr. 364 und Note S. 243.
[2]) Karlin. l. c. 170. Chmel, Oest. Gesch.-Forsch. II. 265.
[3]) Caesar Ann. styr. L 650.
[4]) Caesar l. c. I, 632.

Stiftung zu geben,[1] es ist jedoch unvermeidlich, dass die wichtigsten Momente derselben in so weit in Erörterung gezogen werden, um Schlussfolgerungen in Bezug auf die dabei vorgekommenen Verfügungen über das Gutensteiner Gebiet machen und begründen zu können.

Adalram von Waldeck besass den im Bereiche unserer südlichen Kreiseshälfte gelegenen Theil seines Grundbesitzes unzweifelhaft als ein von jedem Lehen oder Dienstverband zu einem der benachbarten Landesfürsten, freies Allodial-Eigen. Er war ein reichsunmittelbarer Herr. Welches waren nun die Grenzen dieses Gebietes, wenigstens im Anstoss an die Ostmark und an den Boden der Grafschaft Pütten?

In Folge umfangreicher Forschungen, und wie ich mir ferner zu bemerken erlaube, sehr genauer Localkenntniss, erachte ich diese Frage mit Nachfolgendem beantworten zu können, wobei es sich jedoch von selbst versteht, dass es sich hier nicht um eine punctweise Nachweisung einer durch unzweifelhafte Marken festgestellten Benützungsgrenze handeln kann, wie selbe den Eigenthumsverhältnissen der Gegenwart entsprechend wäre.

Auf das Seite 37 Dargestellte gestützt, ist der Pistingbach als die Grenze zwischen der Ostmark und dem Allodial-Herrschaftsbesitz Adalrams von Waldeck-Feustriz, u. z. abwärts bis in die Gegend des heutigen Ortes Wöllersdorf zu betrachten. Kein wie immer gearteter Anhaltspunct berechtiget zu der Annahme, dass damals die Ostmark diese Grenze, und zwar aufwärts bis an die Höhe des Unterberges reichend, an irgend einem Punct überschritten habe.

Schwieriger ist es, den Anstoss an das Gebiet der Grafschaft Pütten nachzuweisen.

Jans Enenkel erzählt in seinem Fürstenbuch: „Der Grave Ekkeprecht von Putten fur mit dem alten Chaiser Fridreich gen Meilan, da wart er erslagen da zoch sich der Marchgraue Otacher zu allem dem, das der Graue Ekkeprecht het, von dem Semernich und von dem Hartperch als vliezzenden vnd rinnenden

---

[1] Vergl. Caesar, „Staats- und Kirchen-Gesch. von Steiermark". III. S. 425, ferner dessen Ann. styr. vom Jahre 1140, Band I. S. 631 beginnend in zahlreichen Noten.

wazzer vliezzent unez hincz Piestnich vnd von danne ze Willenpruke." [1]

Es kann heute nicht mehr zweifelhaft sein, dass unter der Bezeichnung Willenpruke, die am Eingang in das Grünbacher Thal gelegene Ortschaft Willendorf zu verstehen ist. Auf Enenkels Angabe gestützt, reiht Moriz [2] Willenpruck (Willendorf) unter die den Grafen von Pütten gehörigen Ortschaften ein. Es ist dieses jedoch ein Irrthum und wird später urkundlich nachgewiesen werden, dass Willendorf zum Allodial-Besitz Adalrams von Waldeck gehörte, Willenbrucke erscheint auch bei Jans Enenkel lediglich als einer der Haupt- oder Schlusspuncte des Grenzzuges bezeichnet, ohne dass dadurch zugleich gefolgert werden könne, dass derselbe einen Bestandtheil des Püttner Gebietes bildete.

Für die fragliche Grenze lässt sich nun folgender Zug annehmen.

Von der Nähe des heutigen Ortes Wöllersdorf, wo der Zusammenstoss der drei Gebiete, nämlich der Ostmark, der Grafschaft Pütten und des Allodial-Eigens Adalrams von Waldeck zu suchen ist, ausgehend, nahm dieselbe an dem, zwischen dem Steinfelde und der unter dem Namen: „die neue Welt" bekannten Thaleinsenkung vorkommenden Gebirgszug ihren Verlauf, bis auf den unmittelbar über dem kleinen Orte Dörfles und in geringer Entfernung von Willendorf befindlichen Gebirgspunct Wildenstein. Von hier aus senkte sich die Grenze in die Ebene herab, durchschnitt dieselbe derart, dass Gerasdorf auf der rechten Seite zu liegen kam, Wirflach jedoch links, das heisst auf Seite des Püttner Gebietes verblieb.

Eine Linie, welche die Thaleinsenkung von Flatz links, das Schrattensteiner Gebiet rechts lassend, nun den weiteren Verlauf der fraglichen Grenze markirt, ergibt sich in jenem Kamm, welcher, mehrfach scharf ausgeprägt, oberhalb der Ruine Schrattenstein hinziehend, gegen den Hochberg ansteigt.

Mit Rücksicht auf die Bevölkerungs- und Culturverhältnisse der damaligen Zeit kann der fernere Grenzzug nur in einer

---

[1] Pergam. Man. des k. k. H. H. und Reichs-Archivs S. 3. Rauch Script. I. Seite 244.

[2] L. c. S. 164.

natürlichen Trennungslinie zwischen den Thalgebieten von Buchberg und Schwarzau einerseits und jenen von Neunkirchen Gloggnitz und der Prein andererseits gesucht werden. Diese Linie ergibt sich wieder in jenem Rücken, der vom Anzberg aus über den Hengst auf den Schneeberg aufsteigt und von dort in der Richtung gegen das grosse Höllenthal in die Schwarza abfällt, von wo sich die Grenze durch das genannte Thal zur Raxalpe erhob.

In Bezug auf die eben dargestellten muthmasslichen Marken zwischen dem Boden der Grafschaft Pütten und dem Allodial-Besitz Adalrams von Waldeck möge die Bemerkung gestattet sein, dass bis zum Jahre 1160, also bis zu jener Zeit, in welcher die Grafschaft Pütten nach dem Tode des Grafen Ekbert III. an den Markgrafen Otaker V. von Steiermark fiel, in den zahlreichen Urkunden und Aufschreibungen des Klosters Formbach, wie solche im Codex Traditionum und dem Diplomatarium Miscellum desselben vorkommen,[1] auch nicht ein Fall anzutreffen ist, wo von irgend einer ausserhalb der eben dargestellten Grenze des Püttner Gebietes gelegenen Oertlichkeit Erwähnung geschieht, wohl aber gibt die von Chmel mitgetheilte Urkunde ddto. Strelz, 1. October 1270, einen Vergleich zwischen Ortolf, Probst und Archidiacon von Seckau, und Ulrich Schenk von Rothengrub betreffend,[2] ein unzweifelhaftes Belege, dass die für die fragliche Grenze höchst entscheidenden Gebiete von Rothengrub und Schrattenstein, einst zum Allodial-Besitz Adalrams von Waldeck gehörten.

Nachdem ich somit das in unserer südlichen Kreiseshälfte gelegene, geschlossene Allodial-Eigen Adalrams von Waldeck, nach seinen nördlichen und östlichen Grenzen dargestellt habe, kehre ich zur Erörterung der von seinem Besitzer getroffenen Verfügungen mit demselben, zurück.

Die Stiftung der Probstei Seckau fällt in das Jahr 1140. Bei der Gründung derselben scheint Adalram von Waldeck noch nicht jene reiche Dotirung in Absicht gehabt zu haben, welche er ihr allmälig und in verschiedenen Zeiten zuwies.

---

[1] Mon. boic. IV. Band und Urkundenbuch des Landes ob der Enns.

[2] Chmel Urk. zur Gesch. von Oesterr. von 1246—1300. I. Abth. S. 57 und 113. Vergl. auch Fröhlich, dipl. sac. styr. I. 244.

In die Verhältnisse, welche Veranlassung zu den wiederholten Gebietszuweisungen wurden und den letzteren gleichsam die Richtung andeuteten, gestattet die umfangreiche Urkunde ddto. 19. März 1197,[1]) mittelst welcher Erzbischof Adalbert von Salzburg die Freiheiten, Rechte und Schenkungen des Klosters Seckau erneuert und bestätiget, im Zusammenhange und Vergleiche mit einem auf vier grossen Pergament-Folien, zusammengetragenen Transsumpt [2]) einer reichen Zahl von Schenkungs- und Gnadenbriefen, Bestätigungen u. s. w. dieses Klosters, welche Urkunden-Zusammenstellung unzweifelhaft das Substrat zu dem oben erwähnten Privilegium des Erzbischofs Adalbert abgab, eine ziemlich klare Einsicht.

Den Anfang seiner Schenkungen machte Adalram damit, dass er ein nächst Feustriz gelegenes Flächengebiet, den zuerst nach diesem Ort gerufenen Augustiner Chorherren als Dotation zuwies. [3])

Als jedoch die Klosterbrüder, geführt von ihrem ersten Abt Wernhero, am 19. Juli 1140 in Feustriz anlangten, war Adalram derart erfreut, dass er der ersten Schenkung alsbald seine Besitzungen, welche er an der Südseite des Cerwaldes und Hartberges [4]) an der Mur hatte, sowie einen Weingarten im Orte Willendorf beifügte.

In Feustriz blieben die Mönche jedoch nur drei Jahre. Sie wurden, wie die Urkunde erzählt, der vielen Beunruhigungen wegen, denen sie dort blossgestellt waren, nach dem stillen Orte Seckau übersetzt. [5]) Diese Uebertragung der neu begründeten Stiftung von Feustriz nach Seckau wurde von Papst Innocenz II. mit Bulle vom 12. März 1143 gutgeheissen und bestätiget. Adalram von Waldeck vermehrte die Dotation abermals durch Güter, welche er in der Umgebung von Seckau besass.

---

[1]) Pergam.-Original mit Siegel im Joanneum zu Graz. Mangelh. bei Fröhlich, Dip. styr. sac. I. S. 173, Nr. 27,

[2]) Gleichzeitiges Transsumpt auf Perg. mit Siegeln im k. k. geh. H. H˙ und Reichs-Archiv.

[3]) Meiller, „Salzb. Reg." S. 40, Nr. 217.

[4]) Meiller, l. c. S. 42, Nr. 225.

[5]) Meiller, l. c. S. 43, Nr. 230.

Anlässlich der durch Bischof Roman von Gurk vollzogenen Kirchenweihe erzählt die Urkunde vom 19. März 1197 weiter: — — — presertim romano episcopo. per mandatum domini arciepiscopi illuc ueniente. et atrium ecclesie benedicente Propter que omnia supramemoratus Alrammus hillarior redditus. ea que infra pirdin cerwalt atque harpere. habebat. tres scilicet uillas. willendorf unam. Strelz duas. et Geroltstorf. cum uincis ac decimis ex eis prouenientibus. per dominum arciepiscopum contraditis alliisque attinentiis sed et ruricolis in locum mutatum dans. omnem familiam suam contradidit. — — —

Nachdem noch Adalram von Waldeck seine sämmtlichen Stiftungen und Schenkungen auf einer Synode zu Hall, am 27. September 1146, [1]) vor einer zahlreichen Versammlung von kirchlichen und weltlichen Würdenträgern wiederholt ausgesprochen und bestätiget und darüber Privilegien ausgefertiget hatte, entsagte er dem öffentlichen Leben und trat als Conventuale in das Kloster Seckau ein. „— — — Ad ultimvm depositis armis cum seculari uita, mundo renuncians. anno dominice incarnationis. $M^oC^oXL^overo vii^o$. Quinto kalendas martii ad eum locum quo omnem substantiam suam premiserat. se ipsum homini uidelicet. — — —" erzählt diesfalls die mehrerwähnte Urkunde.

Adalrams übergrosse Schenkungen an Seckau scheinen von seinen Verwandten mehrfach beanständet und bekämpft worden zu sein. Jene Stelle, in welcher die Urkunde vom 19. März 1197 angibt, dass sich Erzbischof Eberhard I. von Salzburg eifrigst bemüht habe, einen zwischen den Brüdern von Seckau und zweien Schwestern Hiltigart von Tunsperg und Fromut von Sibidat ausgebrochenen Streit beizulegen (3. Mai 1156), [2]) bezieht sich unzweifelhaft auf einen solchen Fall, denn die genannten Schwestern waren, wie dieses aus der auf Seite 32 eingeschalteten Geschlechtstafel der Herren von Traisen zu ersehen ist, nahe Verwandte Adalrams von Waldeck. Allein eine noch viel wichtigere Ankämpfung der von dem Letzteren nach Seckau

---

[1]) Meiller, „Salzb. Reg." S. 54, Nr. 281. Die Original-Urkunde ist von dem berühmten Geschichtsschreiber Bischof Otto von Freisingen eigenhändig mitgefertiget.

[2]) Meiller, „Salzb. Reg." S. 76, Nr. 110.

gemachten Schenkungen und Dotationen, lässt die mehr erwähnte Bestätigungs-Urkunde Erzbischofs Adalberts ganz unberührt.

Das oben erwähnte umfangreiche und ohne Zweifel gleichzeitige Transsumpt enthält auf dem dritten Folium in Nummer 12 eine Urkunde, durch welche Kaiser Conrad unterm 15. Mai 1149 bezeuget, dass, als er auf der Rückreise von Jerusalem nach Friesach gekommen, habe die edle Frau Richinza bei ihm die Klage gestellt, es habe sie ihr Gemal Adalram durch ungerechte Vermächtnisse ihres Heiratsgutes beraubt. Der Kaiser bezeuget ferner, dass diese Klage in Gegenwart der ihn begleitenden Fürsten und kirchlichen Würdenträger, sowie ihres Mannes untersucht und wahr befunden wurde, daher diese Vermächtnisse mit Ausnahme jener Schenkungen, welche von ihnen Beiden nach Seckau gemacht worden sind, cassirt wurden. Unter den letzteren aufrecht gebliebenen Dotationen zählt die Urkunde den Dominicalhof zu Feustriz mit allen Gütern zwischen dem Cerwald und Hartberg, ferner: castrum Waldeke cum omnibus sibi attinentibus! tragebotinstetten, Hophingen, [1] Strelich et alterum Strelich. Willindorf et pdium Geroldestorf, das Schloss Waltenstein mit Zugehör u. s. w. auf.

Eine spätere auf Folium 4 des mehrerwähnten Transsumpt vorkommende Urkunde bezieht sich auf dieselbe Angelegenheit. In dieser (1158 ohne Tagesangabe) bezeuget Kaiser Friedrich I. unter genauer Anführung derselben Güter und Orte, wie solche in der vorhergehenden Bestätigung vom 15. Mai 1149 aufgezählt sind, ganz dasselbe mit dem Beisatz, dass, weil Kaiser Conrad, vom Tode übereilt, keine vollkommen ausgefertigte Urkunde hinterliess, er dieses nun auf Fürbitte des Erzbischofes Eberhart und auf das Zeugniss der bei der Verhandlung gegenwärtig gewesenen Fürsten nachtrage. [2]

Die Bestätigungs-Urkunde des Erzbischofs Adalbert vom 19. März 1197 ist also in gleichem Grade für die vorliegenden Erörterungen wichtig durch das, was sie erzählt und angibt, als auch durch dasjenige, worüber sie mit Stillschweigen hinweggeht.

---

[1] Soll unzweifelhaft Wophingen heissen.
[2] Meiller, „Salzb. Reg." S. 80, Nr. 124.

Dieselbe nennt unter den an der Nordseite der Alpen gelegenen Gütern, welche Adalram nach Seckau schenkte, das Gebiet zwischen dem Pirdin, Cerwald und Hartberg, und erwähnt dabei lediglich der Ortschaften Willendorf, Strelz und Gerolsdorf (Gerasdorf) sammt Zugehör. Dem entgegen führen die Bestätigungen der beiden Kaiser Conrad und Friedrich I. neben den genannten Ortschaften auch noch das Schloss Waldeck sammt allem seinem Zugehör, ferner tragebotinsteten (Dreistetten) und Wopfingen (Wopfing) an.

Da nun nicht vorausgesetzt werden kann, dass der Erzbischof Adalbert in seiner sehr umfangreichen Bestätigungs-Urkunde vom 19. März 1197, in welcher weniger wichtige Gegenstände mit aller Sorgfalt erwähnt und erörtert erscheinen, bei der Aufzählung des nach Seckau gehörigen Güterbesitzes die eben genannten Pertinentien unerwähnt gelassen hätte, wenn ihn nicht wichtige und entscheidende Gründe dazu genöthiget hätten, so handelt es sich nun darum, diesen Gründen und Veranlassungsursachen nachzuforschen. Es sind diese Untersuchungen hier um so unvermeidlicher, nachdem dabei auch das Gutensteiner Gebiet in Betracht kommt.

Adalram von Waldeck-Feustriz hatte sich bei der Stiftung der Probstei Seckau das Patronats- und Vogtei-Recht (Jus Advocatii) vorbehalten. Als derselbe jedoch schon im Jahr 1147 dem Waffendienst entsagte und als Conventuale in Seckau eintrat, handelte es sich für dieses Stift um einen neuen Vogtherrn und Advocaten.

Erzbischof Adalbert erzählt in der Urkunde vom 19. März 1197, „— — — Quam ob rem sepedictus prepositus W(ernhero) et frater Adalramus pii patris nostri Eberhardi presentiam adeuntes. quem in aduocatum possent assumere. auctoritatis eius maturitate ceperunt consulem. Qui deliberato meliorum sano consilio. stirensem marchionem Otakarium in aduocatum decrevit assumendum. in cuius potestatis ditione. maxima pars prediorum seccowensis ecclesie uidetur existere."

Markgraf Otaker V, wurde demnach auf dem ersten Reichstag, welchen König Friedrich I. zu Regensburg hielt, als Schirmherr und Advocat des Stiftes Seckau feierlich eingesetzt (1. Juli 1152). Diese Stellung des Markgrafen Otaker zum Stifte Seckau scheint jedoch sehr bald Veranlassung zu Schwierigkeiten gegeben zu haben. Gegenstand derselben war ohne Zweifel das Gutensteiner Gebiet, oder richtiger bezeichnet, das Thalgebiet der Pisting.

Während Erzbischof Adalbert angibt, Markgraf Otaker habe die Verpflichtungen eines Schirmherrn und Advocaten von Seckau für seine Person und seine Nachkommen lediglich aus Liebe zu Gott und in der Hoffnung überirdischer Belohnung übernommen, bestättiget Otaker VI. über wiederholtes Anliegen des noch immer im Amte befindlichen ersten Seckauer Probstes Wernhero, in einer allerdings um dreissig Jahre später ausgestellten Urkunde, ddto. Graz, 29. November 1182, sein Vater Otaker V. habe sich den Obliegenheiten eines Schirmherrn von Seckau nur gegen dem gewidmet, dass ihm Adalram bei dessen Eintritt in das Kloster die Burg Starkenberg, die Ortschaft Trabstetten und die besten Kriegsleute überlassen.

Nachdem diese Urkunde für unsere Erörterungen ein wesentliches Interesse hat, möge wenigstens jener Theil, der die Verfügungen über die letztgenannten Ortschaften enthält, hier einen Platz finden.

Otacherus Divina favente clementia Dux Styrie omnibus fidelibus in perpetuum, precibus assiduis, crebrisque monitis Domni Wernheri Seccoviensis Praepositi benignas aures apposuimus, et antiquum factum strenuissimi Patris nostri Marchionis Otakeri, cum eodem Praeposito, fratreque Adelramo viro illustri et religioso Seccoviensis Monasterii fundatore, ne oblivio aboleat ad memoriam, reducere duximus. Siquidem pater noster genere specie dignitate divitiis pollens jam dictum fundatorem magna gratia familiaritatis habuit, eoque idem adhuc in saeculari conversatione manens multo fidelitatis obsequio tam corpore quam rebus sibi servivit. Praedium namque suum montem Starkenberch villamque Trabstetten, militis quoque suos meliores intrans claustrum Patri nostro liberaliter contulit. [1] — — — Die Urkunde erzählt nun weiter die feierliche Einsetzung Herzog Otakers V. als Schutzherrn und Advocaten des Klosters Seckau mit der Obliegenheit einerseits, dasselbe in seinen Rechten und Immuni-

---

[1] Caesar Ann. styr. I. S. 776. Frölich Dip. sac. styr. I. S. 166, Nr. 22

täten zu schützen und mit der Zusage andererseits, jede Verkürzung oder Belastung desselben unterlassen zu wollen.

Aus dem bisher Dargestellten ergibt sich, dass bezüglich mehrerer ehemals unzweifelhaft zum Allodial-Eigen Adalrams von Waldeck gehöriger Gebietstheile, sich widersprechende Verfügungen bestanden oder von den betreffenden Parteien, dem Markgrafen Otaker und der Probstei Seckau, behauptet wurden. Das Thalgebiet der Pisting scheinen beide Theile für sich beansprucht zu haben, vielleicht stammt die Bezeichnung Klosterthal schon aus jener Zeit ab.

Dort, wo in alten, auf Gebietsvergabungen bezugnehmenden Urkunden der Ausdruck „sammt Zugehör" verwendet erscheint, lässt sich in der Regel der Schluss ziehen, dass damit die Ausdehnung des Gebietes bis an seine natürlichen, durch Wasserscheiden, Bergrücken u. s. w. gebildeten Grenzen gemeint ist. Das Thalgebiet der Pisting kann unmöglich als ein topographisches Zugehör zu dem zwischen dem Pirdin, Cerwald und Hartberg gelegenen Territorium oder zu den Ortschaften Willendorf, Strelz und Gerasdorf gehörig betrachtet werden, kaum jedoch wird ein Bedenken entstehen, wenn man dasselbe in Folge seiner topographischen Lage als Zugehör zu den beiden Schlössern Starhemberg und Waldeck bezeichnet. Es dürfte sich auch Otaker V. sehr bald in den factischen Besitz dieses Gebietes, d. h. in den Besitz der beiden Schlösser Starhemberg und Waldeck, des Ortes Dreistetten, der am rechten Ufer der Pisting gelegenen Thalstrecke nächst Wopfing und überhaupt des ganzen aufwärts gelegenen Gebietes der Pisting, so weit dasselbe früher dem Allodial-Eigen Adalrams von Waldeck zugehörte, gesetzt haben. [1]

Im Hinblick auf die vollzogene Thatsache musste es Erzbischof Adalbert unterlassen, in der Bestättigungs-Urkunde vom 19. März 1197 die eben genannten Pertinentien unter die dem Stifte Seckau eigenthümlichen Güter zu zählen. Dem mächtigen Landesherrn gegenüber (damals bereits Herzog Leopold VI. (VII.) von Babenberg) wäre ein solcher Schritt eine bedenkliche Herausforderung gewesen.

---

[1] Vergl. Meiller, „Salzb. Reg." S. 470, Note 97.

X. Das Gutensteiner Gebiet im Besitze der Traungauischen Markgrafen von Steiermark.

Es wurde oben Seite 31 auf den Umstand aufmerksam gemacht, dass das dem Ahnherrn Adalrams von Waldeck-Feustriz, Engelrico, durch Kaiser Otto III. geschenkte Gebiet demselben als ein von jedem Lehenverbande freies, reichsunmittelbares Eigen zugewiesen worden war.

Die Mitglieder des Geschlechtes der Herren von Traisma scheinen mit ihren Nachbarn und Anverwandten, den „nobilis de Lengenbach", zu den Wenigen gehört zu haben, denen es gelungen war, den angrenzenden Landesherren, namentlich aber den Babenbergern gegenüber, ihre Reichsfreiheit und Unmittelbarkeit bis an ihr Ende zu wahren.[1]) Bei Adalram von Waldeck-Feustriz war dieses unzweifelhaft der Fall. Er schenkte sein höchst ausgedehntes Herrschaftsgebiet an seine Stiftung, die Probstei Seckau aus Machtvollkommenheit seines freien Besitzes „potenti manu" und mit der unmittelbaren Zustimmung des Königs Conrad III.[2])

Das Gutensteiner Gebiet gelangte, wie wir gesehen haben, an den Markgrafen Otaker V. von Steiermark, welchem nur wenige Jahre später, nach dem am 5. August 1158 vor Mailand gebliebenen Grafen Ekbert III. von Pütten auch diese Grafschaft zufiel.

Otaker vertheilte das ausgedehnte Püttner Gebiet in eine erhebliche Zahl kleinerer Herrschaften, demzufolge damals auf diesem Boden ein reicher Kreis von Adelsgeschlechtern in Aufnahme kam. Dasselbe scheint auch auf einem Theil des ihm nach Adalram von Waldeck zugefallenen Besitzthumes der Fall gewesen zu sein. Die Entstehung des Schlosses Emmerberg gehört unzweifelhaft jener Zeit, die der kleinen Burgen Scheuchenstein und Frohnberg, einer nicht viel späteren Periode an.

---

[1]) Vergl. Meiller, „Die Herren von Hindberg". S. 37 und „Salzb.-Reg." S. 537, Note 105.

[2]) Meiller, „Salzb.-Reg." S. 470, Note 97.

Das Gutensteiner Gebiet hatte aufgehört ein selbstständiger, reichsfreier Boden zu sein, es war in der Eigenschaft eines Allodial-Zugehörs, ein Bestandtheil der steierischen Markgrafschaft geworden.

Otaker V., sein erster Herr aus dem traungauischen Hause, starb auf dem Kreuzzuge nach Jerusalem, zu Fünfkirchen den 31. December 1164.[1]) Ihm folgte der erst am 19. August 1163[2]) geborne letzte Traungauer Otaker VI.

Frühzeitig am Aussatz erkrankt, schwand für denselben die Hoffnung auf die Fortpflanzung seines mächtigen, namentlich durch seinen Vater um weite Ländergebiete bereicherten Hauses. Es verdient wohl alle Beachtung, dass sich der junge Fürst so frühzeitig herbeiliess, Vorsorge bezüglich seines reichen Erbes zu treffen. Seine treuen und vertrauten Rathgeber Heinrich von Dunkenstein und Leutwin von Sonnberg scheinen auf diesen Entschluss von wesentlichem Einflusse gewesen zu sein.

Durch die in Gegenwart zahlreicher Würdenträger und Ministerialen, am St. Georgenberg bei Enns am 17. August 1186 abgeschlossenen zwei Verträge[3]) wurde der Anfall der Steiermark an das Babenberger Regentenhaus vereinbart und festgestellt. Dabei war selbstverständlich auch das Gutensteiner Gebiet mit einbezogen.

Unzweifelhaft war es Herzog Otakers Wille, dass seine Steiermark auch für die Zukunft mit Oesterreich vereiniget bleibe, und jede spätere Trennung vermieden werde. Eine sehr bestimmt lautende Anordnung wurde über die Erbfolge nach Herzog Leopold V. von Babenberg, dem Vertrage einverleibt, welche offenbar gegen jede Theilung gerichtet war: „quicumque de suis nepotibus sibi succedentibus ducatum tenuerit Austrie, ducatum quoque regat Stirie, ceteris fratribus super hoc nullo modo litigantibus" ist der Wortlaut dieser Bestimmung.

Der Erbvertrag vom Jahre 1186 sollte nur zu bald zur Durchführung gelangen. Otaker VI., der letzte Markgraf, seit 1180 Herzog von Steiermark, starb, noch nicht neunundzwanzig

---

[1]) Caesar, Annales Styriae, I. 684.
[2]) l. c. S. 680.
[3]) Meiller, „Babenb. Reg." S. 62, Nr. 29 und S. 63, Nr. 30.

Jahre alt, am 8. Mai 1192. [1]) Die Steiermark fiel somit an Herzog Leopold V. (VI.) von Babenberg, den die Geschichte den Tugendhaften nennt. So weit eine bestimmte historische Kenntniss reicht, gelangte das Gutensteiner Thalgebiet sonach in das Eigenthum des dritten Hauses.

Während der langen, zum Theil unter der Vormundschaft der Mutter geführten Regierung Otakers VI. dürfte in demselben nur Geringes für die Hebung der Bevölkerung und des Culturstandes geschehen sein. An einem der entferntesten Grenzpuncte des steiermärkischen Länder-Complexes gelegen, mag sich ihm die Aufmerksamkeit des Landesfürsten nur selten zugewendet haben, und zwar um so seltener, nachdem Letzterer mit einem Uebel behaftet war, welches dem Verkehr mit Menschen, sowie der Bewegung und der persönlichen Thätigkeit so viele Hindernisse entgegenstellte.

Einen wesentlichen Gewinn hatte das Gutensteiner Thal aus seiner Abgeschiedenheit dadurch, dass es den allerdings langsamen Gang seiner Culturentwicklung, wenigstens ohne gewaltsame Störungen fortsetzen konnte, indem hier Verheerungen durch feindliche Einfälle und Verwüstungszüge wenig zu besorgen waren. Die im Jahre 1194 stattgefundene Gründung von Wiener Neustadt musste für dasselbe in doppelter Beziehung wichtig werden. Einmal bot der rasch aufblühende Platz für seine Umgebung einen wichtigen Knotenpunct für den Verkehr, sowie überhaupt für alle öffentlichen Angelegenheiten. Zum Andern wurde aber auch die Aufmerksamkeit des Landesfürsten durch diesen Ort, und von demselben ausgehend, auf die benachbarten Gebiete geleitet.

Dass beide diese Umstände dem Pistingthal zum wesentlichen Vortheil gereichten, unterliegt keinem Zweifel und wir treten nunmehr an jene Zeitperiode heran, in welcher wir die Erbauung des Schlosses Gutenstein, sowie die Stiftung der beiden Pfarren Gutenstein und Schwarzau zu suchen haben.

---

[1]) Caesar. Ann. styr. I. 737.

XI. Erbauung des Schlosses Gutenstein unter Leopold dem Glorreichen.

Leopold V. (VI.) von Babenberg starb ganz unerwartet in Folge eines Sturzes vom Pferde, zu Graz den 31. December 1194. Ungeachtet der gegen jede Theilung gerichteten Bestimmung des Erbvertrages vom Jahre 1186, sehen wir sogleich nach dem Tode des Vaters den älteren Sohn Friedrich als Herzog von Oesterreich, Leopold aber als Herzog von Steiermark auftreten. Entscheidende Gründe sprechen dafür, dass die Entstehung des Schlosses und der Pfarre Gutenstein in die Regierungszeit des letztgenannten Fürsten einzureihen kommt.

Herzog Leopold, beigenannt der Glorreiche, war beim Ableben seines Vaters 18 Jahre alt. Er war ein thatkräftiger Herr, von dem vorausgesetzt werden kann, dass er sich bald mit den Verhältnissen des ihm unerwartet früh zugefallenen Herzogthums vertraut machte. Dass er dabei dem Thale der Pisting, als dem wichtigsten Grenzzuge gegen die seinem Bruder Friedrich I. (welcher nach dem Erbfolgevertrage vom Jahre 1186 Anspruch auf den ganzen österreichisch-steiermärkischen Ländercomplex hatte) gehörige Ostmark, eine besondere Aufmerksamkeit zuwendete, erscheint selbstverständlich. Die hohe Schönheit des Thales in Verbindung mit seinem nicht unerheblichen Bevölkerungs- und Culturstande, musste ihm dasselbe nothwendigerweise als wichtig und bedeutungsvoll erscheinen lassen.

Die Aufzeichnungen des mit dem Namen Falkensteiner Codex bezeichneten Urbars vom Jahre 1180, [1]) welches eine Aufzählung der dem Grafen Siboto von Falkenstein und Herrandstein zustehenden Renten und Einkünfte enthält, lassen für jene Zeit neben dem bereits nachgewiesenen uralten Bestande von Wopfing und Waldeck, auch jenen der Ortschaften Wöllersdorf, Pisting, Miesenbach, Perniz, mit mehrfachen, dermalen noch in Uebung stehenden Localbezeichnungen erkennen.

Nachdem damals die Pisting als die Grenze zwischen Steiermark und Oesterreich galt, gehörte das am linken Ufer dieses

---

[1]) Mon. Boic. VII. 433.

Baches gelegene Perniz, zur Ostmark. Herzog Leopold musste dahin streben, an dem so entfernt gelegenen Grenzzuge auch auf seiner Seite einen Stütz- und Sicherungspunct zu gewinnen, dazu war wohl keine Oertlichkeit besser als jener Boden geeignet, auf dem sich heute Gutenstein befindet.

Die Entstehung des Schlosses Gutenstein fällt in die Zeit zwischen den Jahren 1195 und 1220.

Unzweifelhaft kamen damals in den Nachbarthälern, sowie in den Thalgebieten von Schwarzau und Rohr zahlreiche vereinzelte Ansiedlungen vor, denn es breiteten sich ja einst die ersten Colonisten über den Wienerwald-Rücken kommend, auf diesem Boden aus; die Annahme jedoch, dass auch Schloss und Pfarre Gutenstein vor der genannten Zeitperiode bestand, findet weder in einem urkundlichen Belege, noch aber im Gange der historischen Entwicklungen eine Begründung.

Das Schloss Gutenstein findet sich das erste Mal in einer Urkunde vom Jahre 1220 (ohne Tagesangabe), einen Grundtausch zwischen Leopold dem Glorreichen und dem Abt Hezmann von Seckau betreffend, genannt. Dieselbe lautet wie folgt: [1]

In nomine patris et filii et spiritus sancti. Liupoldus dux austrie et stirie omnibus fidelibus in sempiternum. Divinis pariter et humanis instigati monemur legibus, utilitate patrie nostre reique publice intente consulere, terminos etiam finium provinciarum nostrarum augmentando munire, in causis, quibus honorem vel salutem nostram constat non diminuendam. Notum igitur esse volumus tam presentibus quam future generationis hominibus, quod nos munimini patrie nostre operam dantes, a seccovensi preposito venerabili Hezmanno ciusdemque cenobii sanctis fratribus obtinuimus duos mansus iuxta cerwant sitos, ad attinentiam castri nostri Gutenstain transituros; pro predictis mansibus alpem penes eos infra Gradam sitam cum omnibus adtinentibus pascuis potestativa manu vsui ipsorum tradentes, subscriptis factum ipsum testibus confirmantibus. Testes Herrandus de wildonia Erchengerus de pönke senior, item Erchengerus ivnior et filii ipsorum Gundaker de pönke et filii ipsius Reinherus Erchengerus, Gundaker. Marquardus de Algersdorf et filii eius, Fridricus de owe,

---

[1] Pergament-Orig. mit Siegel im k. k. geh. H. H. und Reichs-Archiv. Froelich. Dip. sac. styr. I. S. 198. Caesar Ann. styr. II. 490.

Otaker, Werhardvs de pŭnke, vinche et Volcholdus privigenus eius. Hainricus de oberndorf, Perhtoldus de waissendorf, Gotfridus de Silvvich, Ortolfus de Strecwich, Albertus de eodem, Chŭnradus de raetenberch, Meinhardus de Sirnich, diepoldus de livben, item diepoldus, Cholman venatores, dietmarvs de hovaren et filius eius walchŭnus et alii plvres. Et ne aliquis presens factum temerare avdeat vel cassare, munimine sigilli nostri confirmamus.

Acta sunt hec Anno ab incarnatione domini Millesimo C^nC X^nX, Regnante friderico rege feliciter.

Jenes Flächengebiet zu bestimmen, welches durch diesen Tausch an Herzog Leopold gelangte und von ihm zum Schlosse Gutenstein gewidmet wurde, ist eine Aufgabe, welche auf wesentliche Schwierigkeiten stösst, indem die Localbezeichnungen Cerwald oder Kerwald, und Cerwand oder Kerwand, dermalen vollständig verschollen sind.

Es wurde oben bereits auf die Anstände hingewiesen, welche sich einst aus der Vertheilung des von Adalram von Waldeck an der Nordseite der Alpen besessenen Landgebietes, zwischen Otaker V. von Steiermark und der Probstei Seckau ergeben hatten. Nach natürlichen Grenzen abgesondert, lässt sich dasselbe in drei grosse, in ihren Verhältnissen wesentlich verschiedene Territorien auflösen. Es sind dieses die Thalgebiete der Pisting, von Schwarzau, und von Buchberg.

Von dem am südwestlichen Ende der sogenannten Neustädter Wand befindlichen Gebirgspunct Plackles ausgehend, scheidet ein Höhenzug, in weitem Bogen bis an den Unterberg reichend, das Gebiet der Pisting von dem Buchberger Thal einer- und vom Flussgebiet der Schwarza andererseits.

Es mochte sich die durch diesen Gebirgszug gebildete natürliche Grenze, auch als Eigenthumsscheidung zwischen beiden Parteien, nun schon durch factische Besitzergreifung des Pistingthales von Seite Otakers V., welchen Umstand ich für den wahrscheinlicheren halte, oder aber durch eine Verständigung unter den Parteien herangebildet und festgestellt haben; das Thalgebiet der Pisting als das natürliche Zugehör zu den beiden Burgen Starhemberg und Waldeck, erscheint als jener Boden, der mit der Steiermark, und zwar als ein Allodial-Zugehör zu derselben, an Herzog Leopold gelangte. Darum werden auch in der wiederholt erwähnten Bestätigungs-Urkunde Erzbischofs Adalbert von Salzburg vom 19. März 1197, das Schloss Starhemberg, Dreistätten, Wopfing und endlich Waldeck sammt Zugehör, nicht mehr als nach Seckau zuständige Pertinentien aufgezählt.

Adalram von Waldeck hatte, wie uns die ebengenannte Urkunde erzählt, an seine Stiftung Seckau alles Dasjenige geschenkt, was zwischen dem Pirdin, Cerwald und Hartberg sein Eigenthum war und diesem die Ortschaften Willendorf, Strelz und Gerasdorf beigefügt.

Das auf der zweiten Seite des von mir bezeichneten Trennungszuges gelegene Gebiet, nämlich die Thäler von Buchberg und Schwarzau können demnach nur als nach Seckau gehörig betrachtet werden, und in der That lässt sich für das erstere die Zusammengehörigkeit der Veste Stolzenwörth mit dem einstigen Seckauer Besitz von Rothengrub und Schrattenstein bis auf die älteste Zeit zurück urkundlich nachweisen, sowie sich das Schwarzauer Thal, als im Bereiche des Pirdin und Cerwald gelegen, nur nach Seckau weisen lässt, denn als natürliches Zugehör zu den Burgen Starhemberg und Waldeck kann es, weil von diesen durch mehrere Bergrücken getrennt, nicht gedacht werden. Es sei hier vorläufig die Bemerkung gestattet, dass unter Pirdin, Pirchin, die nordöstliche, heute unter der Bezeichnung Ameiskogel bekannte Erhöhung der Schneealpe zu verstehen ist.

Diese dritte, einst nach Seckau gehörige Abtheilung des grossen Herrschafts-Complexes Adalrams von Waldeck, nämlich das Schwarza-Gebiet abwärts bis zum grossen Höllenthale, als dem muthmasslichen Zusammenstosspunct mit der Grafschaft Pütten reichend, halte ich für jenes Territorium, welches durch die Urkunde vom Jahre 1220, im Tauschwege an Herzog Leopold den Glorreichen fiel.

Man wird dieser meiner Annahme vielleicht die Bemerkung entgegenstellen wollen, dass die in Rede stehende Tausch-Urkunde nur von zwei „mansos" spricht, während das erwähnte Thalgebiet eine erhebliche Flächenausdehnung (zwei Gemeinden) besitzt. In dieser Beziehung möge jedoch in Erwägung gezogen werden, dass der Ausdruck „mansus" als Flächenmass, urkundlich ebenso verschiedenartig in Anwendung vorkommt, als er vollkommen unbestimmt in seiner Ausdehnung ist. Es entzieht sich dasselbe jeder auch nur etwas zuverlässigen Beurtheilung.

Ich suche daher auch die Bedeutung des von Herzog Leopold vollzogenen Flächentausches nicht in der Bezeichnung „duos mansus", sondern in dem, was als Zweck desselben angegeben wird.

Von einer kleinen, unbedeutenden Fläche, dazu noch tief im Gebirge gelegen, konnte der Herzog wohl nicht sagen, dass er den Tausch in der Absicht „utilitate patrie nostre reique publice consulere, terminos etiam finium prouinciarum nostrarum augmentando munire — — — munimini patrio nostro operam dantes" durchgeführt habe. Der beabsichtigte Zweck lässt sich nur mit ausgedehnten Flächen in Zusammenhang bringen.

Zieht man dazu noch in Betracht, dass sich das obere Thalgebiet der Schwarza in einem langen Zuge, zwischen den Alpenkamm und das Pistingthal, letzteres bereits im Besitze des Herzogs, hineinschob, so dürfte man die Annahme als gerechtfertigt finden, dass sich durch die Urkunde vom Jahre 1220 auf dem hier in Rede stehenden Boden jener Grenzzug zwischen Oesterreich und Steiermark feststellte, welchen Jans Enenkel in seinem Fürstenbuch beschreibt,[1] der sich auch durch Jahrhunderte aufrecht erhalten hatte.

Eine nicht unwesentliche Bestätigung meiner Annahme finde ich ferner in der, leider für die Gegenwart gänzlich erloschenen, Localbezeichnung Cerwand oder Kerwand.

Es unterliegt keinem Zweifel, dass mit Cerwald oder Kerwald einst jener Gebirgszug benannt wurde, welcher sich vom Semmering gegen die Raxalpe hinzog. Die Bezeichnung der nun folgenden Felsmassen und Wände, im Gegensatze zu den tieferen waldbedeckten Bergen, mit Cerwand oder Kerwand liegt nahe, und ich will nur bemerken, dass am entgegengesetzten Ende dieses, das obere Thalgebiet der Schwarza begrenzenden Felsrückens, ein ausgedehnter Thalboden vorkommt, der heute noch Ker und Kerthal, und ein mit dem genannten Gebirgskamm im Zusammenhang stehendes Hochplateau, Nassker heisst.

---

[1] Manuscript des k. k. H. H. und Staats-Archivs. S. 4. Rauch Script. I. S. 245, jedoch sehr fehlerhaft.

Die Abrundung und der Abschluss des alten Gutensteiner Herrschaftsgebietes fand unter Herzog Leopold dem Glorreichen statt, die Marken dieses Territoriums waren überall natürlich gebildete Grenzzüge, welche einen vollkommen abgeschlossenen Colonisations- und Verkehrsbezirk von 6 $\frac{1}{4}$ Quadratmeilen in sich fassten.

Seit dem Beginne ihrer Colonisation unter der Herrschaft der Herren von Traisen bis auf Adalram von Waldeck, waren die oberen Thalgebiete der Pisting und Schwarza, den Boden der heutigen Gemeinden Gutenstein, Schwarzau und Rohr umfassend, zusammengehörig. Diese Zusammengehörigkeit war durch alle obwaltenden Verhältnisse begründet, ja geboten. Ihre Trennung, wie sie nach Adalram von Waldeck um das Jahr 1150 erfolgte, konnte von keiner Dauer sein. Die Tausch-Urkunde vom Jahre 1220 vermittelte die Wiedervereinigung, welche seitdem, und bis auf die Gegenwart herab, nicht mehr aufgelöst worden ist.

Die Urkunde vom Jahre 1220 scheint auch die allenfalls noch immer über das Gutensteiner Gebiet oder über Theile desselben, zwischen den Herzogen und dem Stifte Seckau obwaltenden Misshelligkeiten, vollends gelöst zu haben.

Es verdient diesfalls gewiss Beachtung, dass Probst Hezmann oder Herrmann von Seckau, den Tauschvertrag mit Herzog Leopold schon so kurze Zeit nach seiner Einsetzung zum Abschluss brachte. Sein Vorgänger im Amte, Gerold, der zweite Probst von Seckau, derselbe, auf dessen Andringen Erzbischof Adalbert von Salzburg, für Seckau die grosse Bestätigungs-Urkunde vom 17. März 1197 verliehen hatte, starb am 29. Juli 1220. [1]

Die Ausfertigung des Tauschvertrages zwischen Herzog Leopold dem Glorreichen und Probst Hezmann, fällt demnach in die letzten Monate des Jahres 1220, und es liegt die Vermuthung nahe, dass über den Gebietstausch schon früher Verhandlungen versucht wurden, in welche jedoch Probst Gerold nicht eingehen wollte, die aber unter dem neueingetretenen Probst Hezmann zum schnellen Abschluss gelangten.

---

[1] Meiller, „Babenb. Reg." S. 352.

XII. Die Stiftung der beiden Pfarren Gutenstein und Schwarzau.

Als nach dem am 16. April 1198 [1]) ganz unerwartet erfolgten Ableben Herzog Friedrichs I. nunmehr auch Oesterreich an den jüngeren Bruder Leopold VI. (VII.) den Glorreichen fiel, musste das Bestreben dieses thatkräftigen Fürsten umsomehr auf die Consolidirung seiner weiten Ländergebiete, sowohl in weltlicher als kirchlicher Hinsicht, gerichtet sein.

Welche Aufmerksamkeit er dem Gutensteiner Thalboden in öffentlicher Beziehung zuwendete, haben wir bereits dargestellt, allein er kann auch vollberechtiget als der Stifter der zwei Pfarren Gutenstein und Schwarzau bezeichnet werden.

In unserem Gebiete bestanden damals nur die beiden Pfarren Waldeck und Buchberg. Dass mit zunehmender Bevölkerung, bei der grossen Ausdehnung des Bezirkes, die Massnahmen der Localseelsorge auf erhebliche Hindernisse stiessen, ja ganz unzureichend wurden, braucht nur angedeutet zu werden.

Herzog Leopold hatte auch bereits bei der Erbauung des Schlosses Gutenstein, jedenfalls also vor 1220 auf eine Abhilfe Bedacht genommen, indem er im Schlossthurm, der unbedingt dem ältesten Baubestandtheil der Veste angehörte, eine Kapelle anbringen liess. Die Erbauung einer Kirche am Fusse des Schlossberges und die Stiftung einer neuen Pfarre bei derselben, mag jedoch sehr bald nachgefolgt sein, denn es war dieses wohl das beste Mittel, um den neu entstandenen Ort in Aufnahme zu bringen.

Die Stiftung der Pfarre Schwarzau dürfte allerdings nach dem Jahre 1220, in welchem Herzog Leopold das dortige Thalgebiet erst an sich brachte, jedoch nicht viel später stattgefunden haben.

Dass die Stiftungsjahre beider Pfarren nicht allzuweit auseinander liegen, wird sich auch noch aus einem andern Umstande folgern lassen.

---

[1]) Meiller, „Babenb. Reg.", Seite 80.

Die dem Gutensteiner und Schwarzauer Thalgebiet zunächst gelegenen Pfarren der damaligen Zeit, Waldeck und Buchberg, gehörten der Salzburger Erzdiöcese an, während der genannte Boden jedoch, zum Kirchensprengel der Passauer Diöcese gehörte. Bei dem Fortbestande der kirchlichen Beziehungen zwischen den Pfarren Waldeck und Buchberg und der Bevölkerung von Gutenstein und Schwarzau, mochte die Diöcese Passau mit Grund eine Schmälerung und Gefährdung ihrer bischöflichen Rechte erkennen, und demnach auch auf eine geeignete Abhilfe dringen. Diese Abhilfe war nur durch die Bildung selbstständiger Pfarren zu Gutenstein und Schwarzau, und deren Einverleibung in den, hiezu im vollen Rechte befindlichen Kirchensprengel von Passau möglich.

Herzog Leopolds gutes Einvernehmen mit den beiden Passauer Bischöfen Ulrich II. (1215—1221) und Gebhart I. Graf von Plaien, (1222—1232) dürfte der ganzen Angelegenheit besonders förderlich gewesen sein.

Gutenstein und Schwarzau in Verbindung mit der später gestifteten Pfarre Rohr, waren die einzigen Pfarren, mit denen das geschlossene Passauer Diöcesan-Gebiet an der Ostseite des Wienerwald-Rückens die Grenzen der Steiermark überschritt. Allerdings waren auch Gloggniz und Payerbach passauische Pfarren, allein diese erschienen mit der Probstei Gloggniz, einer Filiale des zur Diöcese Passau gehörigen Benedictiner Klosters Formbach vereiniget, und bildeten lediglich eine Enclave im Salzburger Diöcesan-Sprengel.

Die beiden Pfarren Gutenstein und Schwarzau werden auch bereits in dem unter dem Namen: „Lonsdorfer Codex" bekannten Saalbuche aufgeführt.

In Folge der häufigen Streitigkeiten, in welche die Passauer Kirche zur Zeit des Zwischenreiches nach Kaiser Friedrichs II. Tode, insbesondere aber rücksichtlich ihrer Besitzungen in Oesterreich, nach dem Aussterben der Babenberger verwickelt wurde, liess Bischof Otto von Lonsdorf (1254—1265) mit grösster Sorgfalt [1] „iura et priuilegia ecclesiarum (sue) dyocesis, et, qua auctoritate quelibet ecclesia fruatur libertatibus uel indvlgentiis"

---

[1] Mon: Boic. XXIX. pars. II. S. 5.

aufzeichnen. Die auf unser Gebiet Bezug nehmenden Stellen dieses Codex sind: ¹) „— — — Item ecclesiam in Treisim confert ille de Hohenberch, quam habet ab ecclesia Patauiensi, qui etiam una cum duce habet fundum ab ecclesia in feodo, et decimas ibidem. In eadem etiam parochia situm est claustrum in Lilenuelde. Item ecclesiam apud nouam syluam confert Dietricus de Hohenberck et fundus est episcopi, et decime ibidem, usque ad fines Styrie. Item ecclesia in Swarzach cum decimis et fundo, est ecclesie Patauiensi. Item ecclesiam in Gutenstein contulit dux, que jam uacat episcopo cum fundo, decimis, et castro ibidem. — — —"

An die Regierungszeit Leopolds des Glorreichen knüpfen sich nicht nur in unserem Gebiet, sondern überhaupt in seinem weiten Ländercomplex, höchst wichtige Massregeln für die Vervollständigung der Local-Seelsorge und für eine entsprechende Organisirung der kirchlichen Verhältnisse überhaupt. Leider war es ihm nicht gegönnt, diese seine Bemühungen zum vollen Abschluss gebracht zu sehen. Die Errichtung eines eigenen Bisthumes in Wien, von ihm lebhaft angestrebt, und wie es scheint selbst vom Papst Innocenz III. gefördert, oder doch wenigstens nicht gehindert, scheiterte an dem beharrlichen Widerstand des Bischofs Manegold von Passau. ²)

Herzog Leopold starb am 28. Juli 1230 zu St. Germano in Apulien. Er ruht in seiner Lieblingsstiftung zu Lilienfeld.

XIII. Friedrich der Streitbare als Herr von Gutenstein.

Ein beinahe ununterbrochener Friede hatte die lange Regierungszeit Herzogs Leopold des Glorreichen gesegnet. Seine Länder erhoben sich zu hohem Wohlstand und Reichthum. Die Chroniken jener Zeit erzählen so viel von der seltenen Uebereinstimmung zwischen dem Fürsten und seinen Unterthanen, und von der Liebe und Begeisterung, mit denen das Volk allüberall seinem Herzog, dem Vater des Vaterlandes, entgegenkam.

Der einzige Sohn, welcher ihn überlebte, Herzog Friedrich II., der immer Streitbare, ein Herr von neunzehn Jahren, voll heissen

---

¹) Mon. Boic. XXVIII p. II. S. 481.
²) Meiller, „Bab. Reg." S. 96 und 250, Note 343.

Blutes, umsichgreifender Kraft und grosser Strenge des Willens, liess etwas ganz Anderes erwarten, als das milde, väterliche Regiment seines Vaters und seiner Ahnen.

Bald nach seinem Regierungsantritte entzündeten sich die heftigsten Kämpfe. Der Vorwurf, die Thore des Unglücks über das bisher so glückliche Vaterland geöffnet zu haben, trifft die beiden Brüder Heinrich I. und Hadmar III. von Kuenring; sie, die unter dem Vater so feste Stützen des Thrones schienen. Die Empörung derselben gegen Herzog Friedrich fällt in den Zeitraum vom 30. November 1230 bis letzten October 1231, Veranlassung des Streites, so wie sein rascher Verlauf, sind noch lange nicht genügend aufgeklärt.

Ebenso sehr sind noch jene Veranlassungs-Ursachen in ein tiefes Dunkel gehüllt, welche die Ueberzahl des österreichischen Adels dazu vermochten, den angestammten Herrn zu verlassen und sich seinen Feinden zuzuwenden; noch lange nicht sind die Gründe aufgeklärt, warum Geistliche und geistliche Corporationen, die doch vom Vater und den Ahnen so reich bedacht worden waren, in den Zeiten der höchsten Gefahr den Herzog ohne Unterstützung liessen, und ihn endlich zwangen, sich mit Gewalt das zu holen, was man als freiwillige Beiträge ihm beharrlich verweigert hatte.[1] Wer vermag die Ursachen zu nennen, welche Wiens Bevölkerung zum Abfalle vom Herzog brachten, die doch den Vater einst so überaus hochhielt? Ebenso sehr mangelt ein genügendes Licht über die Umstände, welche dem Zerwürfniss zwischen Kaiser Friedrich II. und Herzog Friedrich dem Streitbaren zu Grunde lagen, die den Letzteren in den für ihn so verhängnissvollen Jahren 1235 und 1236 in die äusserste Gefahr brachten.

Ein Eingehen in diese Verhältnisse liegt wohl gänzlich ausser dem Rahmen meiner Erörterungen; ich beschränke mich demnach darauf, hervorzuheben, dass der Verlauf der Ereignisse den Herzog endlich nach Wiener Neustadt und nach der Burg Starhemberg drängten.

---

[1] Petz Script. I. B. Chron. Claustroneob. Seite 457, Chron. Paltrami. Seite 711, Leob. Chron. 813.

Klein war der Flecken Landes, der ihm von dem reichen Erbe seiner Ahnen übriggeblieben, dazu gehörte auch Gutenstein und sein Thalgebiet. Klein war aber auch die Zahl der Getreuen, die bei ihm ausharrten, aus denen die vorzüglichsten zu nennen, gestattet sein möge.

Obenan steht des Herzogs, bis zum Tode treuer und thätiger Anhänger und Freund, Bischof Heinrich von Seckau.

In einer zu Wiener Neustadt unterm 11. November 1236 für den Abt Walther von Melk ausgestellten Bestätigungs-Urkunde, [1]) also aus der Zeit der grössten Bedrängniss des Herzogs, erscheinen als Zeugen aufgezählt: „Albertus comes de Bogen, Anselmus nobilis vir de Justingen. Leuprandus archidiaconus Carinthie. Perchtoldus de Treun Marschalcus. Perchtoldus de Emberberkh Dapifer. Gundakharus de Storchouberch. Dietricus et Ortulfus de Volkenstorf. Albertus de Nutzberg. Ulricus de Chienberkh. Cholo de Vronhouen."

Ich will zu diesen Namen nur noch erinnern, dass Anselm von Justingen keinem österreichischen, sondern einem schwäbischen Adelsgeschlechte angehörte. [2]) Er war dem Herzog sehr zugethan und trug mit dem Bischof Heinrich von Seckau zweifellos Vieles zur Aussöhnung desselben mit dem Kaiser bei.

Aus der Zeit Herzog Friedrichs II. kommt auch ein Richer von Guttenstein zu erwähnen, welchem der Erstere einen Tausch mit Hermann von Chranichberg über einige Güter und Leute in Ratten (Ranch bei Gloggniz) bestätiget. [3]) Ferner bewilliget der Herzog einem Sifrid von Guttenstein „fideli suo" von seinen Gütern „siue sint propria siue feodali" fromme Schenkungen zu machen, „moti eciam erga ipsum speciali gracia et fauore, que a nobis feodaliter acceperat, propria sibi donauimus —". [4]) Endlich bezeuget derselbe durch eine Urkunde „Datum apud Alchte XIII⁰ idus Januarii (Aland, 6. Jänner, jedoch ohne Angabe des Jahres) er habe die Schenkung einiger Güter, „quam

---

[1]) Meiller, „Bab. Reg." S. 156, Nr. 40.
[2]) Loc. cit. S. 264, Note 438.
[3]) Loc. cit. S. 149, Nr. 6 und S. 263, Note 431.
[4]) Loc. cit. S. 155, Nr. 33.

relicta Reicheri de Guttenstein, nomine Elleys pro sua recepcione apud sorores in Seccowe fecerit" genehmigt. [1])

Um einem etwaigen Irrthum zu begegnen, muss ich sogleich bemerken, dass sowohl Richer als auch Sigfried von Gutenstein lediglich als Dienstmänner oder Lehensleute des Herzogs betrachtet werden können, welche der Sitte ihrer Zeit gemäss, von ihrem Wohnsitz oder Dienstplatz ihren Namen entnommen hatten. Mit Bezug auf unser in Rede stehendes Schloss sammt Zugehör an Grundbesitz, Renten und Nutzungen gab es niemals „domini" oder „nobiles de Gutenstein". So lange dasselbe im Besitze des Babenberger Regentenhauses war, blieb es stets ein unmittelbares Allodial-Eigen desselben.

Allerdings ohne Einfluss auf die Schicksale unseres Landgebietes, dennoch aber einer Erwähnung würdig, erscheint der Umstand, dass die Entstehung des österreichischen Bindenschildes in die Periode Herzogs Friedrich des Streitbaren, und zwar in die ersten Jahre seiner sturmbewegten Regierungszeit fällt. Eine für das Kloster Melk ausgestellte Bestättigungs Urkunde ddto. Gföll, 2. November 1231, [2]) zeigt im Siegel bereits den Schild mit dem Querbalken.

Dem durch Empörungen gegen den Landesfürsten, durch innere Fehden und Zwistigkeiten, durch ungerechtfertigte Anfälle äusserer Feinde so schwer heimgesuchten Lande, drohte zuletzt noch eine Gefahr von den aus fernem Osten über Europa hereinbrechenden Mongolenhorden. Wahrlich ein unerhörter Jammer in dem engen Rahmen von wenig über zehn Jahren.

Der Tartaren-Einfall nach Oesterreich ist, wie solches dermalen ausser allen Zweifel gestellt erscheint, in die erste Hälfte des Jahres 1241 zu setzen. Es liegen jedoch keine Anhaltspuncte vor, aus denen sich ergeben würde, dass zwischen Herzog Friedrichs Heer und den Mongolen eine Schlacht stattfand, sondern die Letzteren scheinen in derselben Eile, mit der sie eingefallen waren, sich wieder zurückgezogen zu haben, verfolgt vom Herzog, dessen

---

[1]) Meiller, „Babenb. Reg.", S. 155, Nr. 32 und S. 265, Note 445.

[2]) l. c. 149, Nr. 5 und S. 263, Note 430. Vergl. Sava, Oesterr. Fürstensiegel in den Quellen und Forchungen, und Mitth. der Cent.-Commiss. für Erf. der Baudenkmale 1864. S. 258.

Name und Kriegsruhm allerdings Vieles zum raschen Rückzug der Feinde beigetragen haben mag.

Die Monate April bis Juli des Jahres 1244 brachte derselbe in Wiener Neustadt und Starhemberg zu.¹) Dem ersteren Ort, der sich gegen ihn in den Tagen der höchsten Bedrängniss so überaus treu bewährt hatte, scheint er seine besondere Neigung zugewendet zu haben. Zwei für Neustadt höchst ehrenvolle, und für seine damalige Entwicklung ebenso entscheidende Urkunden, wichtige Satzungen über die Mauth-, Zoll- und Markt-Ordnung, dann Steuerbefreiungen enthaltend, geben davon Zeugniss. Es sind dieses die Privilegien ddto. Neustadt, 5. Juni 1239 ²) und Starhemberg, ddto. 28. Mai 1244. ³)

Des Herzogs lebhafte Thätigkeit mag ihn damals wiederholt nach Gutenstein gebracht haben. Sein Leben jedoch war viel zu stürmisch, als dass sich von ihm, so im Ganzen wie im Einzelnen, eine besondere Sorgfalt für die Förderung und Entwicklung des Volkswohlstandes erwarten liess.

Neue Zwistigkeiten führten nur zu bald neue verwüstende Kriege mit Böhmen und Baiern, mit dem Kärntner Herzog und mit Bela IV: von Ungarn herbei. Herzog Friedrich überwand die Ersteren und wendete sich nun gegen das ungarische Heer.

Die Zeit des wenig übertroffenen Babenberger Regentenhauses lief ab. Den 15. Juni 1246 wurde Herr Friedrich der Streitbare, der Standhafte im Unglück, Herzog von Oesterreich und Steier, Herr in Krain, zu Portenau und der windischen Mark, nicht weit von der Neustadt, an der Leitha, siegend in der Schlacht gegen das Heer König Belas des Vierten von Ungarn, erschlagen

XIV. Die Grenzen des Gutensteiner Gebietes nach dem Fürstenbuch von Oesterreich.

Mit dem Tode des letzten Babenbergers waren die von diesem Hause besessenen ausgedehnten Reichslehen in Erledigung

---

¹) Meiller, „Babenb. Reg." S. 177 und 178, Nr. 130 bis 139.
²) L. c. S. 158, Nr. 45.
³) L. c. S. 178, Nr. 133.

gekommen. In Verbindung mit diesen stand ein reicher Allodial-Besitz, für welchen jedoch in den weiblichen Verwandten Herzogs Friedrich II. Anwärter und Rechtsnachfolger vorhanden waren. In der damaligen stürmischen, in ihrem Rechtsbewusstsein tief erschütterten Zeit, wurde jede Rechtsfrage nur zu bald eine Macht, oder richtiger gesagt, eine Gewaltfrage.

Das Thalgebiet der Pisting, das heisst der auf der rechten Seite dieses Baches gelegene Boden, gelangte im Jahre 1147 als ein Allodial-Eigen durch Adalram von Waldeck an Markgraf Otaker V. von Steier. Dasselbe wurde zwar dem Verwaltungsgebiet der Steiermark einverleibt, ohne jedoch dadurch seine Rechtseigenschaft zu ändern. Diese konnte auch durch den am St. Georgenberg bei Enns zwischen Herzog Otaker VI. von Steiermark, und Herzog Leopold V. (VI.) von Oesterreich abgeschlossenen Erbvertrag nicht geändert werden.

Herzog Otaker VI. verfügte auch über einen Theil seines Allodial-Eigens vollkommen unabhängig von dem eben erwähnten Erbvertrage, wodurch sich ganz eigenthümliche Grenzverhältnisse Oesterreichs überhaupt, sowie zum Gutensteiner Gebiet in's Besondere, herausstellen. Ich kann diese Eigenthümlichkeiten nur andeuten, ihre Aufklärung oder eine Lösung der damit im Zusammenhang stehenden Fragen stösst auf sehr erhebliche Schwierigkeiten.

Zur Zeit der Herren von Traisen, denen es, sowie ihren Nachbarn und Anverwandten, den Herren von Lengenbach gelungen war, ihre Reichsfreiheit und Unmittelbarkeit den Babenbergern gegenüber, deren Ostmark schon durch den Gnadenbrief Kaiser Conrads II. vom 10. Juni 1035 bis an die Pisting vorgeschoben worden war, aufrecht zu erhalten, war der Unterberg ein sehr wichtiger Grenzpunct. Die Marken zwischen der Ostmark an der Ostseite und dem Herrschaftsbesitz der Herren von Traisen an der Westseite des Wienerwald-Rückens, wendeten sich damals unzweifelhaft von diesem Puncte aus dem Rücken folgend nach Nordosten.

Welches war aber ihr Verlauf im Anschlusse an die Ebene des Traisenthales? Diese Frage sieht vorläufig noch, ihrer quellengemässen Erörterung entgegen. Die Schwierigkeit derselben möge aus nachfolgenden Andeutungen entnommen werden:

Jans Enenkel sagt in einer der prosaischen Anmerkungen, welche seinem Gedicht „Das Fürstenbuch von Oesterreich" vorausgehen: „Der Marchgraue Leupolt von Ostrich gab sein Tochter dem Marchgrauen Ottichern von Steyr vnd gab im darzu sein aygen swaz des ist ind' gegent zu Wilhalspurch vncz in die piestnich, darzu H'zogenburch Chelchdorf Ossran Grusperch Rapotenchirchen vnd Gumpoltzchirchen dass het die Herschaft von Steyr vncz an den Hertzogen Otachern do dem gebrast an dem leib do rait er her ze vischa vnd sand nach dem Hertzog Hainrich von Medlich vnd nach dem Tumvogte . Otten vō Regenspurch vnd nach h'n Leutwein von Sunberch e daz gedinge geschech mit dem Lande ze Steyr her ze Osterrich vnd gab dem Hzogen Hainrichen Gumpoltzchirchē vnd alles das darzu gehört vnd gab dē Tumvgt Rapotenchirchen Chelchtorf vnd den Sitzenpg, vnd gab hn Leutweī Ossarn der gab das zehant hintz zwetel daz er dem H'zogen Hainrich vnd dem Tumvogt gab doz ist des Landeshērn auch an gevallen."[1]

Jener Markgraf Leopold, welcher am Eingang dieser Anmerkung genannt wird, ist Leopold II. (III.) der Schöne, gestorben 12. October 1096. Die Tochter, welcher die aufgezählten Güter als Heirats-Dotation mitgegeben wurden, ist Elisabeth, vermält (c. 1090) mit Otaker IV. von Steiermark. [2]

Vom Jahre 1090 beginnend, besassen demnach die Markgrafen von Steiermark ziemlich ausgedehnte Allodial-Güter in der Gegend von Wilhelmsburg bis an die Pisting, Herzogenburg, Rapoltenkirchen und Gumpoltskirchen. Dieser Besitz reichte bis an jenen Herzog Otaker, „do dem gebrast an dem leib" das ist der am Aussatz leidende letzte Traungauer, Otaker VI. Derselbe verfügte mit einem Theile dieser Allodien zuvor, „e daz gedinge geschech mit dem Lande ze Steyr her ze Oesterreich", das heisst ehe der Abschluss des Erbvertrages mit Leopold V. (VI.) vom Jahre 1186 stattfand.

Unter den von Otaker VI. Beschenkten gehörte der Domvogt Otto von Regensburg, dem Geschlechte der Herren von Lengenbach

---

[1] Pergament-Manusc. im k. k. geh. H. H. und Reichs-Archiv S. 3 und 4 Mangelhaft bei Rauch, script. L S. 244.

[2] Meiller, „Bab. Reg." Beilage VI. Stammtafel des Hauses Babenberg.

an.¹) Demselben war in der zweiten Hälfte des zwölften Jahrhunderts, das bishin von den Grafen von Bogen verwaltete Amt eines Vogtes (Domvogt) des Bisthums Regensburg über die in Oesterreich gelegenen Besitzungen dieses Letzteren, übertragen worden. Nach dem zwischen den Jahren 1235 und 1241 erfolgten Aussterben dieses Hauses fiel sein Allodial- und Lehenbesitz, wie dieses auch bezüglich der an den Domvogt Otto geschenkten Güter Rapoltenkirchen, Chelchdorf und Sitzenberg, von Enenkel bemerkt wird, an den Herzog von Oesterreich.

Dass Herzog Otaker VI. „die gegent ze Wilhalspurch vncz in die piestnich" an irgend Jemanden verschenkt habe, erwähnt Enenkel nicht mehr, dieses Gebiet scheint somit bei der Steiermark geblieben zu sein, oder eigentlich unter jene Allodien gehört zu haben, welche mit der Steiermark im Jahre 1192 nach Otakers VI. Tode an Herzog Leopold V. von Oesterreich gefallen sind.

Wird dazu noch berücksichtigt, dass kaum einige Jahrzehnte früher auch das Geschlecht der Herren von Traisen ausgestorben war, so ergibt sich, dass in der zweiten Hälfte des zwölften Jahrhunderts, zum Theil an das Gutensteiner Gebiet anstossend, zum Theil im Thale der Traisen abwärts, sehr erhebliche Veränderungen in den Besitzverhältnissen erfolgten, welche sich vielleicht erst damals vollständig consolidirten, als Leopold VI. in den Alleinbesitz der österreichischen und steirischen Länder gelangte. Die Grenze zwischen Oesterreich und Steiermark vom Unterberg aus auf dem Wienerwald-Rücken in südwestlicher Richtung verlaufend, stammt ohne Zweifel aus jener Zeit, und es dürfte sich daraus eine weitere Bestätigung meiner auf Seite 69 ausgesprochenen Annahme ergeben, dass der zwischen Herzog Leopold dem Glorreichen und Abt Hezmann von Seckau im Jahr 1220 abgeschlossene Grundtausch-Vertrag mit der schliesslichen Festlegung dieser Grenze im Zusammenhang steht.

Dass sich Macht und Einfluss der Babenberger im oberen Traisengebiet sehr spät geltend machte, dürfte sich auch noch aus dem Umstande ergeben, dass die letzte Babenberger Stiftung, Lilienfeld, aus dem Jahre 1202 in dieses Gebiet fällt.

---

¹) Meiller, „Die Herren von Hindberg". Seite 37 und 38. Ferner. „Salzb. Reg." Seite 537, Note 105.

Die mehr erwähnte Grenze zwischen Oesterreich und Steiermark, beschreibt nun Jans Enenkel, in dem das Gutensteiner Gebiet berührenden Zuge, wie folgt:

„Hie ist an geschriben von dem lande ze Osterrich wie daz her chomen und von dem merche alumbe".

„Das gemerche zwischen Osterrich und Steyr ist Piestnich daz wazzer von piestnich auf vncz hincz Gutenstain da tailt sich di piestnich en drev. So get daz gemerch innerhalben dez landez an die piestnich die zwischen Gutenstain und Montarnperg auz dem pirge vleuzzet und die piestnich auf in ir haupt von dem houpt der piestnich uncz über den Golch den perch von danne uncz in die durren veucht, von danne uncz uber di pirchinalben von danne uber ainen perch der haizzet der Hut czen houpt erlaffsewes." [1])

Um das Verständniss dieser Grenzbeschreibung zu erleichtern, erachte ich die nachfolgenden Bemerkungen beifügen zu sollen. An die ganz richtige Angabe über die zu Gutenstein stattfindende Theilung der Pisting in drei Arme anknüpfend, sagt dieselbe, dass sich die Grenze an jene Pisting, d. h. an jenen Arm der Pisting anschliesst, welcher zwischen Gutenstein und „Montarnperg" aus dem Gebirge kommt.

Es ist dieses die Steinapisting, denn das M in Montarnperg ist unverkennbar ein Copirungsfehler und das ganze Wort bezeichnet wohl nichts anderes, als den Unterberg, einen Punct, der von Alters her bis auf die Gegenwart eine wichtige Marke zwischen den Gebieten ober und unter dem Wiener Walde, zwischen mehreren Dominien, Pfarrsprengeln und Gemeinden war.

In Bezug auf das Anschliessen der Grenze an den Steinapistingbach versteht es sich von selbst, und ergibt sich dieses aus zahlreichen ähnlichen Fällen, dass nicht der Wasserlauf der Steinapisting, sondern nur die Wasserscheide derselben, und zwar jene, welche an den Unterberg ansteigt, als Grenzzug gemeint erscheint.

Im Gebirge sind, der Natur der Sache nach, die Thalsohlen keine Trennungslinien, sondern die eigentlichen Berührungspuncte des Verkehrs der beiden Thalseiten. Es sei diesfalls die Be-

---

[1]) Perg.-Manuscript im k. k. H. H. und Reichs-Archiv. S. 4. Sehr mangelhaft bei Rauch Script. I. B. S. 245.

merkung gestattet, dass die eben erwähnte, gegen den Unterberg ansteigende Wasserscheide der Steinapisting, seit unvordenklichen Zeiten, und so weit überhaupt Grenzbeschreibungen bekannt geworden sind, fort und fort die Grenze des Gutensteiner Herrschaftsgebietes und Pfarrsprengels bildete.

Verfolgt man von „dem houpt der piestnich", das heisst vom Unterberg, den Zug der Enenkel'schen Grenzbeschreibung weiter, so stösst man auf die Localbezeichnung „den golch den perch". Dem an sich schon unklaren Ausdrucke „den golch den" liegt wohl abermals ein Schreibfehler zu Grunde; statt der Localbezeichnung „den golch den perch" muss zweifellos „den gobblendenperch" oder „gubblenperch" gelesen werden. Vom Unterberg aus bis zum heutigen Gibbl schliesst sich der Grenzzug fort und fort an den zwischen beiden Bergen befindlichen Theil vom Hauptrücken des Wienerwaldgebirges an, und bekanntlich bildet in diesem Bereiche der norischen Alpen, der Gibbl den Knotenpunct des orographischen Systems derselben.

Wird in Berücksichtigung gezogen, dass in dem betreffenden Landgebiet kein zweiter Gebirgskamm vorkommt, der sich für eine natürliche Trennungslinie eignen würde, wird ferner erwogen, dass in dem auf Seite 73 mitgetheilten Auszuge aus dem Lonsdorfer Codex bei der Kirche „apud novam syluam", womit doch nur jene des heutigen Ortes St. Egyd am Neuwalde gemeint sein kann, ausdrücklich gesagt wird, dass ihr Zehentbezirk „usque ad fines Styrie" reicht, woraus weiter gefolgert werden kann, dass die Grenze des Pfarrsprengels mit jener zwischen Oesterreich und Steiermark zusammenfiel, so dürfte nun jeder Zweifel behoben sein, dass in der Enenkel'schen Grenzbeschreibung die Localbezeichnung „den Golch den perch" richtiger Gobblenperch oder Gubblenperch heissen muss, und damit nur der heutige Gibbl gemeint sein kann.

Die zunächst folgende Localbezeichnung „in di durren veucht" (dürre Fichte) ist vollständig verschollen und verloren gegangen. Dagegen ist die nächstfolgende Bezeichnung „pirchin alben" mit der heutigen Benennung Burgalpe, Burgmauer identisch, welches die letzten Höhenpuncte vom Thalgebiet der kalten Mürz sind, ober denen sich der Amciskogel befindet. Zwischen dem Gibbl und dem Amciskogel vermittelt ein scharf ausgeprägter Gebirgskamm die Verbindung. das Thalgebiet der Mürz von jenem der Schwarza trennend. Dass pirchin mit der auf Seite 68 erwähnten Localbezeichnung „pirdin" identisch ist, dürfte nunmehr ebenfalls ausser Zweifel gestellt sein.

In der alten Grenze zwischen Oesterreich und Steiermark, in jener nämlich, welche Jans Enenkel beschreibt, war der Ameiskogel ein wichtiger Knotenpunct. Es gehörte damals das ganze Hochalpen-Plateau der Schneealpe und das Nassker zum österreichischen grossen Lehen Hohenberg, die Grenze zwischen den beiden Ländern wendete sich erst vom Ameiskogel in einem scharfen Winkel über den Windberg zur Laa-Alpe.

Ein directer Beweis ergibt sich diesfalls aus einem Schiedsspruche der beiden Herzoge Albrecht des Lahmen und Otto des Fröhlichen, in einem Grenzstreit zwischen dem Kloster Neuberg und den beiden Brüdern Stephan und Dietrich von Hohenberg, vom 3. August (die inventionis Scti. Stepháni) 1332 [1]), durch welchen Spruch zwischen Neuberg und Hohenberg, d. h. zwischen Steiermark und Oesterreich, genau der oben bezeichnete Grenzzug wiederhergestellt und bekräftiget wurde. Die Grenze zwischen den beiden Ländern erhielt den heute noch bestehenden Lauf erst viel später, damals als die Brüder Carl und Erasmus von Hohenberg laut Kaufbrief vom 24. August 1509 [2]) ein weites Flächengebiet, bis an den Grasgraben und zur Mürz reichend an das Kloster Neuberg verkauften.

---

[1]) und [2]) Beglaubigte Abschrift im Archiv des Joanneums in Graz.

II. Abschnitt.

Die Zeiten vom Aussterben des Hauses Babenberg bis zum Tode des Kaisers Maximilian I.

I. Gutenstein gelangt an König Przemysl Ottokar II. und fällt an Oesterreich.

Mit Herzog Friedrich dem Streitbaren schied ein Geschlecht ausgezeichneter Männer und Fürsten von dieser Erde, ausgezeichnet in einer Zeit, in der die Hohenstaufen glänzten, ein Geschlecht von Herrschern, welche die Geschichte mit heilig, tugendhaft, erlaucht, katholisch, freigebig, glorreich zubenannt hat.

Der letzte Sprosse dieses Hauses war einst feindlich angefallen von den mächtigen Nachbarn, verlassen von einem grossen Theil seiner Vasallen, vieler Gewaltthätigkeiten beschuldiget, nicht geliebt von der Bevölkerung seiner Hauptstadt, der auch er keine Neigung und kein Vertrauen zuwendete; wie bald jedoch mussten die über das verwaiste Land hereinbrechenden Drangsale zeigen, dass für das Wohl desselben der vielgetadelte Fürst dennoch besser war, als kein rechtmässiges Oberhaupt. Zu spät wurde das gewaltsame Ende Herzog Friedrich's tief betrauert, geben ja doch die letzten Verse von Enenkel's Fürstenbuch der Vermuthung Raum, dass man seinen unerwarteten Tod mit einem Verrath in Zusammenhang brachte. [1]

Inner den Grenzen der durch den Tod des letzten Babenbergers in Erledigung gekommenen grossen Reichslehen lagen die ausgedehnten Allodial-Güter dieses Hauses.

---

[1] Rauch Script. I. S. 373.

Es unterliegt keinem Zweifel, dass bei den nun folgenden stürmischen Verhandlungen und Kämpfen um den reichen Nachlass, Reichslehen und Allodial-Eigen gesondert in Frage gezogen wurden, indem für beide verschiedene Anwärter und Prätendenten hervortraten; allein jener Faden, an dem sich die das Allodial-Besitzthum der Babenberger betreffenden Verhandlungen verfolgen lassen, ist derart unmerklich, dass jede nur in etwas eindringlichere Untersuchung dieses Gegenstandes auf die grössten Schwierigkeiten stösst. Wer wäre wohl damals in der Lage gewesen, Umfang und Rechtsverhältnisse dieser Allodien derart klar zu machen und ausser allen Zweifel zu stellen, dass es möglich gewesen wäre, die mannigfaltigen Ansprüche an dieselben, selbst in ruhiger und gesetzlich geordneter Zeit, zur schnellen Austragung zu bringen? Um so mehr war es in der stürmischen, in ihrem Rechtsbewusstsein tief erschütterten Periode eine nur zu leicht erklärbare Erscheinung, dass der vollständig schutzlose Besitz von allen Seiten angegriffen wurde, und dass zahllose Personen und Körperschaften dahin strebten, sich von demselben, was nur immer möglich war, anzueignen.

Nicht Recht und Ordnung, nur Gewaltthat und Raub war das Spiegelbild jener trostlosen Zeit.

Was Gutenstein und seine Umgebung anbelangt, fehlt für jene Jahre jede urkundliche Nachricht. Unzweifelhaft theilte es das Los der anderen Babenberger Allodien und es ist dadurch die einzige Richtung angedeutet, welche zu verfolgen ist, um eine unvermeidliche Lücke thunlichst zu ergänzen, andererseits aber auch, um allzuweit gehende, die Grenzen meiner Untersuchungen überschreitende Erörterungen zu vermeiden.

Herzog Friedrich der Streitbare hinterliess als nächste Verwandte zwei Schwestern und eine Nichte. Die ältere Schwester war Margaretha,[1] Witwe des römischen Königs Heinrich VII. von Hohenstaufen, sie hatte zwei Söhne, Friedrich und Heinrich. Die jüngere Schwester Constanze war vermält mit Heinrich dem Erlauchten oder Prächtigen, Markgrafen von Meissen, sie hatte ebenfalls zwei Söhne, Albrecht und Dietrich.

Die Nichte Gertrud war eine Tochter Herzogs Heinrich des Grausamen von Mödling, eines schon am 19. Mai 1228

---

[1] Meiller, „Babenb. Reg." Beilage VI. Stammtafel.

verstorbenen Bruders Friedrichs des Streitbaren. Sie war seit dem Frühjahre 1246 die Gattin des Markgrafen Wladislav von Mähren, erstgebornem Sohne Königs Wenzel I. von Böhmen, jedoch kinderlos und bereits Witwe.

Kaiser Friedrich II. betrachtete Oesterreich und Steiermark als dem Reiche heimgefallene Lehen, und setzte über dieselben den Grafen Otto von Eberstein als Verweser, der sich einen Hauptmann und Procurator durch Oesterreich und Steier nannte.[1]

Des Kaisers unversöhnlicher Gegner, Papst Innocenz IV., liess jedoch kein Mittel unbenützt, um zu verhindern, dass die Macht desselben aus den erledigten Ländern einen Zuwachs gewänne. Er liess die verwitwete Königin Margaretha, welche sich nach dem Tode ihres Gemals in das Nonnenkloster zur heiligen Katharina in Trier zurückgezogen hatte, überreden, nach Oesterreich zu ziehen. Sie gab diesem Rufe nach, musste jedoch, weil Wien von dem Grafen von Eberstein besetzt war, ihren Aufenthalt in dem Allodialschloss Hainburg nehmen.[2]

Auch Gertrud, deren Gemal, Markgraf Wladislav von Mähren, bereits am 16. Jänner 1247 gestorben war, eilte herbei und bezog ihr Schloss Mödling.

Es kann keinem Zweifel unterliegen, dass die Ansprüche dieser Frauen an das Babenberger Allodial-Vermögen vollkommen rechtsbegründet waren, und nur zu gut erkannte der Papst, dass eben dadurch diese Prätendenten einen wesentlichen Einfluss im Lande gewinnen mussten.

Anfangs war auch nur von diesem Erbe die Rede. Auf Bitten der Markgräfin Gertrud und über Verwendung des Papstes übergab Ortulf, Comthur des deutschen Ordens, die Burg Starhemberg, die dort aufbewahrten Urkunden und den Schatz Herzog Friedrichs des Streitbaren. Dieser wurde in drei Theile getheilt, von denen Margaretha und Gertrud die ihren nahmen und den dritten nach Meissen sandten.[3]

---

[1] Frölich, Diplom. sac. Styr. II. 225, Note 3.

[2] Anonymi Leobiensis Chronicon bei H. Petz, Script. I. 819 und 820. Rauch „Oesterr. Geschichte" III. 20.

[3] Reimchronik XIII. und XIV. Cap. H. Petz Script. III. 25 und 26. Leob. Chron. Petz I. 820 und Greg. Hagen Chron. l. c. I. 1072 und 1073.

In Folge neuer Umtriebe und Parteikämpfe, welche ihren Ausgangspunct stets nur in der zwischen dem Papste und dem Kaiser obwaltenden Feindschaft hatten, wobei das Schicksal des unglücklichen Landes wenig in Betracht kam, wurde eine Heirat zwischen Gertrud und dem Markgrafen Hermann von Baden vermittelt.[1] Dieser Letztere schloss sich an den Papst an, liess sich die von seiner Gemalin prätendirten Rechte und Ansprüche auf Oesterreich und Steier übertragen,[2] welche Schenkung auch von Innocenz IV. aus Lyon am 14. September 1248 bestätiget wurde, und nahm nunmehr den Titel Herzog von Oesterreich und Steiermark an.

Dass Gertrud keinen Anspruch auf die Reichslehen Oesterreich und Steier hatte, kann wohl nicht einen Augenblick zweifelhaft sein, sie konnte daher derartige Rechte auch nicht auf ihren Gemal übertragen. Die päpstliche Bestätigung vermochte diesen Mangel nicht zu beheben, denn nach den Reichsgesetzen stand die Verleihung von erledigten Reichslehen nicht dem Papste zu. Der ganze Act war auch lediglich eine Massregel des Hasses gegen den Kaiser.

Ganz anders gestaltete sich jedoch diese Frage in Bezug auf die ausgedehnten Babenberger Allodial-Güter. An diese hatte Gertrud vollberechtigte Ansprüche und es waren dieselben von den Miterben durch die Theilung des Starhemberger Schatzes förmlich anerkannt worden. Die Uebertragung dieses Miteigenthumes auf ihren Gemal konnte anstandslos stattfinden, dazu bedurfte es auch nicht der päpstlichen Bestätigung.

Ob es zur factischen Theilung dieser Güter unter die drei Prätendenten kam, oder ob dahinzielende Vereinbarungen stattfanden, lässt sich nicht angeben. Bei der überaus stürmischen Zeit und bei dem Umstande, dass die Herrschaft des Markgrafen oder Herzogs Hermann in Oesterreich überhaupt von kurzer Dauer war, bestehen diesfalls begründete Zweifel.

Aus dem Vorhergehenden ergibt sich von selbst, in wie weit sich Hermann von Baden unter die Herren und Eigenthümer von Gutenstein einreihen lässt.

---

[1] Chron. von Klostern. bei Rauch Script. I. S. 88.
[2] Lichnowsky, „Geschichte des Hauses Habsburg". I. 172 und 428. Note 29, die ziemlich zahlreichen diesfälligen Quellen.

Jene Tage waren für Nieder-Oesterreich eine Periode des entsetzlichsten Elends. Hermann kam ohne Geld und Macht in das gänzlich aufgewühlte und in Anarchie versunkene Land, kein kaiserlicher Befehl verpflichtete die Vasallen zum Gehorsam gegen denselben. Wegen Mangel an Macht und Ansehen unvermögend, die Edlen des Landes im Zaume zu halten, fanden zahllose Fehden unter denselben und räuberische Einfälle in die Nachbarländer statt, welche die unerhörtesten Greuel als Repressalien hervorriefen. [1]

Durch die steigende Unruhe und Unsicherheit wurde endlich Gertrud gezwungen das Land zu verlassen. Sie floh mit ihrem Sohne Friedrich (geboren 1249) nach Meissen. Dieser Letztere war später Herzog Conradin's von Schwaben, des letzten Hohenstaufen treuer Freund und Todesgenosse. Beide wurden am 29. October 1269 zu Neapel enthauptet. Hermann von Baden überlebte die Entfernung seiner Gattin nur kurze Zeit, er starb den 4. October 1250 und wurde in Klosterneuburg begraben. Nachdem Gertrud vergessen blieb, schien durch Hermanns Tod das Land wenigstens um ein Parteihaupt erleichtert. Da beschloss auch Kaiser Friedrich II. am 13. December 1250 sein thatenreiches Leben, und hinterliess Oesterreich und Steiermark somit vollkommen herrenlos.

Es bleibt mir nur in Kürze anzudeuten, wie die steigende Anarchie (im Jahre 1251) endlich zum Landtag von Trübensee führte, und wie die von dort abgeordneten Sendboten, Friedrich der Schenk von Hausbach, Heinrich von Liechtenstein auf Nikolsburg, Dietmar Probst zu Klosterneuburg und Philibert Abt zu den Schotten, welche vom Markgrafen Heinrich von Meissen, dem Gemal der Schwester Constanzia Friedrich's des Streitbaren, einen seiner Söhne als Landesfürst erbitten sollten, [2] dagegen aber den zweiundzwanzigjährigen, in Kriegen bereits bewährten Przemysl, den Sohn des Böhmenkönigs Wenzel, aus Prag nach Oesterreich brachten.

---

[1] Lichnowsky, l. c. 174. Kurz, Oesterreich unter Ottokar und Albrecht, I. S. 7. Chron. Claust. bei Rauch Script. I. S. 88 und 89.

[2] Gregor Hagen. Chron. H. Petz I. S. 1073, Arenpeck Chron. aust. Petz I. S. 1219, Reimchronik, Petz III. cap. XV. S. 27.

Przemysl, welcher sich nunmehr auch Ottokar nannte, scheint anfänglich in einem Theile des österreichischen Clerus eine Stütze gefunden zu haben, doch ist es auch wahrscheinlich, dass er die Regentschaft Oesterreichs mit Einverständniss des grösseren Adels angetreten habe. Er hielt die erste allgemeine Landestaidung zu Klosterneuburg am 12. December 1251.

Ottokar fand Oesterreich in Zerrüttung, er schuf Ordnung und liess die strengste Gerechtigkeit handhaben.

Als Gertrud, die Witwe Hermanns von Baden, die Nachricht erhielt, dass sich die Oesterreicher einen neuen Landesfürsten suchen, eilte sie mit ihrem zweijährigen Sohne Friedrich aus Meissen herbei und wollte die Stände bewegen, denselben als ihren künftigen Herzog anzuerkennen. Sie fand jedoch kein Gehör, begab sich zum König Bela IV. nach Stuhlweissenburg, flehte diesen um Beistand an und übertrug ihm schliesslich ihre vermeintlichen Ansprüche auf Oesterreich und Steiermark.

Die Oesterreicher hatten sich einen Landesfürsten gewählt, ohne sich um die Zustimmung der Steiermärker zu kümmern, diese suchten sich nun ebenfalls über das Haus zu einigen, dem sie die Herzogswürde ihres Landes antragen könnten. Eine nicht unerhebliche Zahl, unter ihnen der Minnesänger Ulrich von Liechtenstein, wollte sich den Oesterreichern anschliessen.[1]

Eine andere Partei jedoch meinte, nur ein mächtiger Herr von grosser Verwandtschaft könne sie schützen, sie wendeten sich an den Herzog Otto von Baiern-Landshut,[2] um von ihm seinen zweiten Sohn, Herzog Heinrich, Gemal Elisabeth's, Bela's IV. Tochter, zum Fürsten zu begehren. Dieser eilte auch zu seinem Schwiegervater nach Stuhlweissenburg, musste jedoch dort erfahren, dass Bela mit dem Gedanken umgehe, die Steiermark zu einer ungarischen Provinz zu machen, und zog sohin nach Baiern zurück.

Um jene Partei im Lande an sich zu ziehen, welche das Erbrecht der verwitweten Königin Margaretha, der älteren Schwester Friedrich's des Streitbaren, für begründet hielt, gewiss aber auch in dem Bestreben, Macht und Einfluss durch die

---

[1] Lichnowsky, l. c. 183.
[2] Reimchronik bei H. Petz III. S. 31. XXI. cap.

Erwerbung der ausgedehnten Babenberger Allodial-Güter zu **stärken** und zu erweitern, trug Ottokar der Erstern, ohne sich **durch** den grossen Unterschied im Alter (Margaretha war um **zweiundzwanzig** Jahre älter) abhalten zu lassen, seine Hand an. **Die Vermälung** wurde am 8. April 1252 auf Schloss Hainburg **gefeiert.** Papst Innocenz IV. erklärte am 6. Mai Margaretha als **rechtmässige** Erbin von Oesterreich [1]) ohne Rücksicht darauf, **dass** er dasselbe auch bereits für Gertrud gethan hatte, und ohne **Rücksicht** auf deren Sohn Friedrich, der nunmehr ganz übergangen wurde.

Während sich die von einem Theile der steiermärkischen **Edeln** mit den Herzogen von Baiern-Landshut eröffneten Verhandlungen zerschlugen, wendete sich die österreichische Partei derselben an Ottokar, bei ihm den so nothwendigen Beistand suchend. Dieser ernannte, dem gestellten Ansuchen sogleich willfahrend, den Grafen Heinrich von Pfannenberg zum Landeshauptmann von Steier und liess durch österreichisch-böhmische Truppen die nördliche Steiermark bis Leoben besetzen. Neue verheerende Kriege, bei welchen namentlich durch die Horden König Bela's die entsetzlichsten Greuel verübt wurden, waren die Folgen dieses Schrittes.

Da liess endlich Papst Innocenz IV. durch seinen Legaten, den Minoriten Velasco, mittelst Urkunde vom 1. Juli 1253 [2]) die beiden vorzüglichsten Gegner Ottokar und Bela unter Androhung des Kirchenbannes zur Versöhnung auffordern, worüber auch zu Pressburg und Hainburg die Verhandlungen eröffnet, und endlich am 4. April 1254 zu Ofen der Friede geschlossen wurde. Die Bedingungen dieses Friedensschlusses sind für die vorliegenden Erörterungen von erheblicher Wichtigkeit.

Zunächst wurde der Boden der beiden Herzogthümer Oesterreich und Steiermark derart getheilt, dass das Gebirge vom „Semernyk" an bis an die baierischen (eigentlich Salzburger-) Grenzen die Trennung bildete. Der südliche Theil, in welchem die Wässer gegen die Mur strömen, fiel an König Bela. Ueber den nördlichen Theil bestimmt die Urkunde: „Ab eadem autem

---

[1]) Lichnowsky, I. S. 183 und Note 64.
[2]) Lambacher, Oesterreichs Interregnum. Beil. 23.

summitate montium secundum cursum aquarum uersus Danubium fluencium, illam porcionem Stirie cum toto Ducatu Austrie predictus Przemysl dominus, cum suis heredibus iure perpetuo, cum omnibus attinenciis suis et iuribus possidebit eciam et tenebit" [1]).

Durch eine andere Friedensbedingung übernahm König Bela die Verpflichtung, Gertrud, welche in der Urkunde „domina de Impirg" genannt wird, zu entschädigen, derart, dass sie weder an Ottokar noch an Oesterreich einen Anspruch stellen könne, dagegen übernahm Ottokar die Obliegenheit, die Ansprüche seiner Gemalin Margaretha zu begleichen.

Durch die vollzogene Ländertheilung kam das Besitzthum der ehemaligen Grafschaft Pütten, sowie das am nördlichen Abhange der Alpen gelegene Herrschaftsgebiet Adalram's von Waldeck, wie solches einstens die steiermärkischen Otakere, später die Babenberger Herzoge besessen hatten, an Oesterreich. Es war dieses die erste Zutheilung dieses Bodens, durch welche derselbe von Steiermark abgetrennt und mit Oesterreich verbunden wurde. Ottokar führte nun nicht mehr den Titel eines Herzogs von Steiermark, und nannte auch urkundlich die Neustadt eine österreichische Stadt. [2])

Durch den Friedensvertrag vom 4. April 1254 gelangte demnach das Gutensteiner Gebiet das erstemal an Oesterreich.

Die Entschädigungen, welche durch denselben den beiden Frauen Gertrud und Margaretha zugesichert wurden, können sich doch nur auf deren wechselweise Ansprüche an die Allodial-Güter der Babenberger bezogen haben. Gertrud trat an Ottokar das derselben aus dem Nachlasse ihres Vaters gehörige Schloss Mödling ab und verzichtete auf alle weiteren Ansprüche an die übrigen in Oesterreich gelegenen Babenberger Allodien, daher auch auf Gutenstein, dagegen gab Margaretha jene Ansprüche auf, welche sie an jenen Theil der Allodien hatte, die in dem an Bela gefallenen Theil der Steiermark lagen.

Für Ottokar blieben auch noch jene Forderungen zu vergüten, welche von Constanzia, der jüngeren Schwester Marga-

---

[1]) Original im fürstl. Schwarzenb. Archiv in Wittingau. Abgdr. bei Kurz. „Oesterreich unter Ottokar und Albrecht I." Beilage 1 A, S. 171. Leob. Chron. Petz Script. I. S. 821.

[2]) Lichnowsky, I. S. 433, Note 84.

rethens, an die Babenberger Allodien erhoben wurden. Bei der Wichtigkeit, welche für ihn ein gutes Einvernehmen mit den Meissnern hatte, wurden diese Ansprüche gänzlich befriediget.

Aus den vorhergehenden Erörterungen lässt sich sohin der Schluss ziehen, dass Przemysl Ottokar mit vollem Recht unter die Besitzer von Gutenstein einzureihen kommt.

Ottokars Bemühungen, den tief aufgewühlten und in Anarchie versunkenen Ländern die so nothwendige Ordnung und Ruhe wiederzugeben, verdienen alle Beachtung. In dieser Beziehung ist namentlich der von ihm wahrscheinlich schon im Jahre 1252 angeordnete Landfrieden von Wichtigkeit.[1] Die Satzungen desselben gestatten einen ziemlich genauen Einblick in die Verhältnisse der durch Parteikämpfe, durch blutige Privatfehden und Angriffe und durch beklagenswerthe Verwilderung der Gemüther höchst trostlosen Zeit.

Eine eingehende Behandlung dieses Landfriedens liegt wohl ausser den Grenzen meiner Untersuchungen, allein es sei gestattet, einige Puncte zu berühren, indem sie mit Thatsachen im Zusammenhange stehen, die für das Gutensteiner Gebiet von Interesse sind.

Bekanntlich war die Erbauung neuer Burgen und Vesten schon unter den Babenbergern von der Bewilligung des Landesfürsten abhängig. Wer als Bittsteller um die Genehmigung zum Bau einer neuen Veste einschritt, musste nachweisen, dass er in der Gegend 30 Pfunde Pfennige jährliches Einkommen von Grund und Boden (eine erhebliche Summe für die damalige Zeit) habe.[2] Eine neu zu erbauende Veste musste mindestens eine Rast weit (etwa zwei bis drei Gehstunden) von jeder anderen entfernt sein. Der Bauwerber musste die Erklärung abgeben, dass er die neue Burg nicht allzustark und widerstandsfähig herstellen, und dass er dabei die Landleute auf keine Weise schädigen werde.

Ottokars Landfrieden enthält in Uebereinstimmung mit den alten Babenberger Satzungen diesfalls folgende zwei Bestim-

---

[1] „Archiv für Kunde österr. Gesch.-Quellen." 1. Jahrg. 1848, Seite 55.

[2] Vergl. Sitzungsberichte der phil.-hist. Classe der k. k Akademie der Wissensch. XXI. Band 1856, Juliheft, S. 137.

mungen: „Man sol auch alle schedelich veste brechen di in dem urleuge ¹) gebawen sint, und di veste die gemachet sint auz den chirchen — — —"

„Wir wellen auch daz man allez daz rihte daz geschehen ist sit man alrest lantvride hat vor uns gesworen. Iz sol auch nieman dehein veste bowen, der niht hat drizzech phunt geltes umb die selben veste. Ist aber deheinniu dar uber gebawen, di sol man brechen — — —"

Als Ottokar durch seine Vermälung mit Margaretha unzweifelhafte Rechte auf die Babenberger Allodien erworben hatte, und seine Macht in Oesterreich ziemlich befestiget erschien, strebte er naturgemäss dahin, eine möglichst vollständige Kenntniss über den Umfang der von den früheren Landesfürsten besessenen Güter, Renten und Nutzungen zu erlangen, wobei auch jenen, wie es scheint zahlreichen Fällen ein Augenmerk zugewendet wurde, in denen von Nachbarn oder ganz fremden Eindringlingen, Eingriffe in diesen Besitz erfolgt waren, und dabei sogar ganz neue Burgen oder Vesten erbaut, oder vorhandene Kirchen zu solchem Zwecke verwendet und umgestaltet wurden.

Er liess durch Abgeordnete die erforderlichen Erhebungen vornehmen, welche auf Grundlage derselben sehr umfangreiche Rationarien über jene Güter, Renten und Nutzungen verfassten, welche einst im Besitze der Babenberger waren. ²)

In einer dieser Zusammenstellungen kommt nun folgende Aufzeichnung vor: ³)

„Item castra que indebite Edificata sunt post mortem ducis Fridrici.

Emmerberch, vechsendorf, munitio domini Pillgrimi de hoflin. Geroltsdorf. Item nouum pincerne de habespach, vroberch, Stechelperche, Heldolf, Herrantstayn, horsendorf, Scheuchenstain immo plura que non notatur uice hac."

Diese Aufzeichnung enthält jedenfalls, es mag der Grund hievon nun schon in einem üblen Willen gegen die damaligen

---

¹) urleuge, urliuge — Krieg. Siehe F. Pfeiffer, Kudrun, Vers 236, S. 52 und Glossarium zur Reimchronik, Schluss des Buchst. U. Petz III.

²) Rauch Script. II. B, S. 1.

³) Notizenblatt, Beilage für Kunde österr. Gesch.-Quellen. 5. Jahrgang 1855, S. 401.

Besitzer der betreffenden Burgen oder Vesten, oder aber in mangelhaften Erhebungen liegen, mehrfache Irrthümer.

So war Emmerberg sicher keine ohne Erlaubniss der Landesfürsten erbaute Burg, sie bestand auch, sowie Hörnstein lange vor dem Tode Friedrichs des Streitbaren. Die fragliche Anzeige könnte sich nur auf eine ohne Zustimmung des Landesfürsten stattgefundene Wiederherstellung beziehen. Ein ähnliches ist auch mit den beiden kleinen Vesten Frohnberg und Scheuchenstein der Fall.

Die Satzungen des Landfriedens: „Man sol auch alle schedolich veste brechen di in dem urleuge gebawen sint" scheint man auch auf dieselben nicht angewendet zu haben, denn Scheuchenstein und Frohnberg, welche mit ihrem Zugehör später allerdings dem Gutensteiner Herrschaftsgebiet einverleibt worden sind, haben sich noch durch viele Jahre als selbstständige Besitzungen erhalten.

II. Rückfall von Gutenstein an die Steiermark.

Die in Folge des Friedens vom 4. April 1254 stattgefundene Trennung der Steiermark in zwei Theile, reichte nur über eine geringe Reihe von Jahren. Die gewaltthätige Regierung der Ungarn rief bald eine bedenkliche Gährung unter den Grossen jenes Landestheiles hervor, welcher vertragsmässig an König Bela gefallen war. Dieselbe artete vielfach in Aufstände und blutige Unterdrückungs-Massregeln aus.

Die Steiermärker suchten bei König Ottokar um Unterstützung und Hilfe an, welche dieser zum Theil mittelbar, zum Theil unmittelbar gewährte, wodurch endlich ein neuer Krieg mit König Bela unvermeidlich wurde. Derselbe endete in Folge der grossen Niederlage bei Kroissenbrunn (Cressinprunne, 12. Juni 1260) höchst unglücklich für den Letzteren. [1] In dem bald darauf abgeschlossenen Frieden mussten König Bela und sein Sohn Stephan das Herzogthum Steiermark mit allem seinem Zugehör an König Ottokar abtreten, [2] welcher von jener Zeit an

---

[1] Lichnowsky, I. S. 193. Rauch, „Oesterr. Gesch." III S. 232.
[2] Daselbst S. 231.

seinen anderen Titeln, den eines Herzogs von Steier wieder beifügte. Seitdem wurde dieses Land niemals wieder von Deutschland abgetrennt.

Der Boden des alten Herzogthumes Steier war somit neuerdings nach seinem vollen Umfange dem Zepter König Ottokars unterworfen, allein es entsteht nunmehr die Frage, ob die nördlich und südlich vom Semmering und Hartberg gelegenen Theile desselben, wie sie durch den Frieden vom 4. April 1254 von einander getrennt worden waren, wieder ihre volle Vereinigung erhielten, somit jener nördliche Theil, mit Einschluss des Gutensteiner Gebietes, welcher durch den erwähnten Friedensschluss an Ottokar gelangte und von ihm zu Oesterreich geschlagen wurde, schliesslich an die Steiermark zurückfiel.

Urkundliche Behelfe, welche über diese Frage eine directe Aufklärung geben, sind mir nicht bekannt, allein es treten wichtige Momente hervor, auf welche sich die Schlussfolgerung stützen lässt, dass von Ottokar das alte Herzogthum Steier nach seiner vollen Integrität wiederhergestellt worden ist.

Zunächst darf auf den Umstand aufmerksam gemacht werden, dass die Trennung der beiden Theile nur eine kurze Zeit, kaum sechs Jahre, gewährt hatte, so dass nicht angenommen werden kann, es sei während dieser kurzen Periode das Bewusstsein der Zusammengehörigkeit bei den Bewohnern der beiden Theile verloren gegangen. Dieses Bewusstsein musste sich im Gegentheile stets aufrecht erhalten und kräftigen, nachdem die Aufstandsversuche der Grossen aus der südlichen Landeshälfte gegen die Ungarn, in den ohne Zweifel mit Vorwissen Ottokars erhaltenen Hilfeleistungen aus dem nördlichen Theile, einen wesentlichen Stützpunct fanden.

Nachdem durch den Frieden vom Jahre 1260 die südliche Landeshälfte wieder an Ottokar fiel, lässt sich mit allem Grund schliessen, dass die Bewohner beider Theile mit grosser Lebhaftigkeit die Wiedervereinigung und somit die Wiederherstellung ihres Vaterlandes nach seinem alten Umfange angestrebt haben dürften. Gegen die Gewährung dieser gerechtfertigten Bitte konnte bei Ottokar kaum ein wesentliches Bedenken obwalten.

Einen wichtigen Einfluss hat diesfalls sicher auch die Rücksicht auf die kirchliche Eintheilung der in Rede stehenden Landgebiete genommen. Der nördlich vom Semmering und Hartberg gelegene Boden der Steiermark gehörte damals, dem weit überwiegenden Theile nach, zur Salzburger Erzdiöcese. Mit der Wiederherstellung der alten Landesintegrität erfolgte gewissermassen auch die des Diöcesansprengels, ein Moment, dessen Bedeutung bei der Erörterung der vorliegenden Frage nicht unterschätzt werden darf.

Auch persönliche Rücksichten mögen sich in dieser Richtung geltend gemacht haben.

Die Herren von Emmerberg, die Schenken von Rothengrub, von Habsbach etc. etc. waren im Besitze von Hofämtern bei den steierischen Herzogen, nicht am Hofe der Herzoge von Oesterreich. Blieb der nördliche Theil der Steiermark mit Oesterreich vereinigt, so erschienen alle diese Hofämter gleichsam aufgehoben oder doch in ihrer Bedeutung ausserordentlich verkürzt; eine Massregel, gegen deren Ausführung sich die davon bedrohten sehr einflussreichen Geschlechter gewiss mit aller Thätigkeit verwendet haben dürften.

Zu dem bisher Erwähnten ergibt sich eine weitere wichtige Bestätigung auch noch aus jener Grenzbeschreibung zwischen Oesterreich und Steiermark, welche oben Seite 81 mitgetheilt wurde.

Jans Enenkel verfasste sein Fürstenbuch um das Jahr 1300. Jene prosaischen Anmerkungen, welche demselben vorausgehen, deren jede für sich eine Perle von der höchsten historischen Bedeutung ist, mögen allerdings aus einer älteren, leider verloren gegangenen Geschichtsquelle über Oesterreich entnommen worden sein, allein die Sätze, mit denen er die erwähnte Grenzbeschreibung einleitet, gestatten den Schluss, dass von ihm die beschriebene Grenze als aufrecht, und für seine Zeit factisch bestehend, betrachtet worden ist; dass demnach die Steiermark im Jahre 1300 jenen Gebietsumfang besass, welcher ihr zur Zeit der letzten Babenberger angehörte. In vollkommener Uebereinstimmung mit dem Dargestellten steht es auch, wenn die Leobner Chronik, bei der die Ereignisse der Jahre 1309 und 1310 behandelnden Stelle, von Neustadt ausdrücklich sagt: „que limes est Austriae, Stiriae et Hungariae." [1]

---

[1] H. Petz Script. I. 896.

Die Annahme, dass nach dem Frieden vom Jahre 1260 das Gutensteiner Gebiet wieder als zur Steiermark gehörig betrachtet worden ist, dürfte somit kaum einem begründeten Widerspruche begegnen.

Es möge nunmehr noch gestattet sein, aus der Regierungszeit König Ottokars zweier Episoden zu erwähnen, welche für unser Gebiet von besonderem, wenn auch schnell vorübergehenden Einfluss gewesen sein dürften.

Die erstere betrifft das Auftreten der abenteuerlichen, religiösen Secte der Beguinen in Oesterreich. Dieselbe breitete sich im Jahre 1267 aus der Lombardie über Kärnten, Steier, Oesterreich, Mähren und Böhmen aus [1]) und trieb ihre Schwärmerei häufig bis zum Tollsinn. Yvo von Narbonne bemerkt von ihnen: „In quodam oppido Austriae, quod theutonice Neustat dicitur, id est Nova Civitas, inter quosdam novos religiosos, que Beguini vocantur, hospitabar. [2])

Die an anderen Orten stattgefundene gewaltsame Unterdrückung dieser Secte, mag jedoch derselben in Oesterreich wenig Raum für ihr bedauerliches Treiben gelassen haben.

Die zweite Episode betrifft den von dem Ungarnkönig Stephan unternommenen Versuch, König Ottokars Heer in den Gebirgspässen des Semmering und bei Schottwien aufzureiben, und wenn möglich, den König selbst gefangen zu nehmen.

Ottokar hatte durch die Erwerbung von Kärnten und Krain seinen Staaten-Complex derart erweitert, dass König Stephan darin für sich und sein Reich die grösste Gefahr erblickte. Er nahm daher keinen Anstand, mitten im Frieden in Oesterreich einzubrechen, und nachdem er vernommen hatte, dass Ottokars Heer in kleinen Abtheilungen, der König selbst mit geringer Begleitung aus Kärnten zurückkehre, liess er die Pässe über den Semmering und bei Schottwien mit zahlreichen Truppen besetzen. Ottokar bekam von diesen Anstalten von Neustadt aus Nachricht und sah sich genöthigt, mit dem Heere seinen Weg mitten im Winter vom Jahre 1270 auf 1271 von Maria Zell aus durch die beiden Thalzüge der Traisen, über Hohenberg und

---

[1]) Leob. Chron. bei H. Petz Script. I. 829.
[2]) Vergl. Rauch, „Oesterr. Gesch." III. 333.

Türniz nach Lilienfeld zu nehmen.¹) Dass damals das Gutensteiner Thalgebiet, als die nächste Verbindung zwischen den beiden feindlichen Heeren, schweren Drangsalen ausgesetzt war, bedarf wohl nur einer Erwähnung, denn die Ungarn verwüsteten das Land aus Rache über das misslungene Unternehmen ausserordentlich und schleppten mehr als zwanzigtausend Menschen mit sich über die Leitha. ²)

Aus einer auf Seite 75 vorkommenden Eintragung ist zu entnehmen, dass Herzog Friedrich der Streitbare einen Gütertausch zwischen Hermann von Kranichberg und Richer von Gutenstein bestätiget habe.

Daraus dürfte sich zunächst ergeben, dass im Anfange des dreizehnten Jahrhunderts das Haus Kranichberg im Besitze von, im Gutensteiner Thalgebiet oder nächst Gutenstein gelegenen Gütern und Lehenstücken war.

Einige oder vielleicht alle diese Pertinentien scheinen in den Besitz der Gisela von Orth, welche von mütterlicher Seite mit dem Hause der Kranichberge nahe verwandt war, übergegangen zu sein. Sie war an den angesehenen österreichischen Ministerialen Albero, Truchsess von Velsperg, aus dem Hause Seefeld ³) vermält, und stiftete mit demselben durch Urkunde vom 1. Mai 1269 das Kloster Impach (Minnbach) bei Krems. Albero starb kurze Zeit darauf; seine Witwe bestimmte mittelst Gabbrief ddto. Velsperch 5. Juli 1269 für das genannte Kloster mehrfache Zuflüsse, ⁴) und verfügte auch in derselben Urkunde, dass am nächsten Aegydiusfest (1. September 1269) 6½ Mark Silber und 16 Mark Pfennige, von den Einkünften aus Gutenstein, zum Klosterbau abgegeben werden sollen.

Welches die Güter und Lehenstücke waren, von denen die Gabe gereicht worden ist, und wann dieselben wieder mit dem grossen Gutensteiner Herrschafts Complex vereiniget wurden, lässt sich dermalen aus den zu Gebote stehenden Quellen nicht angeben.

---

¹) Reimchronik. Cap. 91. S. 103. Lichnowsky I. 212.
²) Leob. Chron. 833.
³) Meiller, „Salzb. Reg." S. 558.
⁴) Chmel. „Oesterr. Gesch.-Forscher". I. S. 550.

III. Gutenstein fällt an Rudolf von Habsburg.

Wir stehen nunmehr an der Schwelle einer Zeitperiode, in welcher Ereignisse stattfanden, die für Oesterreich einen gänzlichen Umschwung seiner öffentlichen Verhältnisse zur Folge hatten.

Przemysl Ottokar II., König von Böhmen, Markgraf von Mähren, Herzog von Oesterreich, Steier, Kärnten und Krain, Herr auf der windischen Mark und zu Portenau etc. etc., stand auf dem Gipfel seiner Macht, und doch näherte sich leisen Schrittes sein Untergang.

Seit dem Tode Kaiser Friedrichs II. (13. December 1250) gab es mehrere Herren, welche den Titel eines deutschen Königs führten, aber es fehlte ihnen an Macht oder an Einsicht, den ganz zerrütteten Staatskörper zu regieren und die verfallene Ordnung wieder herzustellen. Der letzte aus ihnen war Richard von England, der am 2. April 1271 sein sorgenvolles Leben beschloss.

Mehr als jemals bedurfte das deutsche Reich eines kräftigen Regenten. Die neue Wahl verzögerte sich bis in den Herbst des Jahres 1273. Sie fand endlich am 29. September zu Frankfurt statt, Graf Rudolph von Habsburg wurde zum deutschen König erhoben. Die Darstellung der nun folgenden Ereignisse liegt ausser dem Kreise meiner Erörterungen; ich muss dieselben als bekannt voraussetzen.

Zwischen den beiden Königen Rudolph und Ottokar traten nur zu bald höchst bedenkliche Gegensätze hervor. Klugheit, Würde und Festigkeit von der einen, das Bewusstsein einer viel erprobten Macht auf der andern Seite, drängten zur Entscheidung. Diese fiel gegen König Ottokar aus.

Durch den Friedensvertrag vom 21. November 1276 musste er an König Rudolph die Länder Oesterreich, Steier, Kärnten, Krain und die windische Mark, Eger und Portenau abtreten. „Item arbitramur, quod dominus O. Rex Boemie cedat simpliciter et precise, omni iurj quod habebat uel habere uidebatur, in terris et hominibus cuiuscumque condicionis existant, Austria uidelicet Styria Karinthia, Carniola, Marchia, Egra, et Portunahonis", sagt der §. 3 des Schiedsspruches. ¹)

Von besonderer Wichtigkeit für die vorliegenden Darstellungen zeigt sich jedoch der Punct 7 des in Rede stehenden Friedens-Instrumentes. Die in demselben getroffenen Vereinbarungen beziehen sich nämlich auch auf die im Bereiche der abgetretenen Länder gelegenen, in dem Besitze König Ottokars befindlichen Allodien und Lehen.

Es wird in diesem Vertragspunct zur Befestigung des Friedens und der Versöhnung eine Wechselheirat zwischen Kindern der beiden friedenschliessenden Könige vereinbart, und zwar zwischen einem Sohne König Rudolphs und einer Tochter des Königs von Böhmen, und zwischen dem Sohne des Letztern und einer Tochter Rudolphs. In dem „Laudum Concordia" vom 21. November 1276 erscheinen die Namen der Brautleute nicht ausgesetzt, sondern das Original enthält an der betreffenden Stelle nur einen leeren Raum; in der Ratifications-Urkunde dieses Vertrages vom 27. November 1276 ²) werden jedoch bereits Hartmann und Ottokars Tochter Kunigunde ausdrücklich als das eine Paar bezeichnet.

Als besonders beachtenswerth erscheint die im Punct 7 festgestellte Heiratsdotation. Ottokar tritt an König Rudolph alle jene Güter und Besitzungen ab, die er bisher in Oesterreich als ein Eigenthum oder als Lehen besessen, oder mit eigenem Golde erworben hatte (et iam dictus O. Boemie Rex dabit, seu eciam resignabit simpliciter et precise, domino R. Regi Romanorum terras et possessiones in Austria, quas hactenus proprietatis uel feudi tytulo tenuit, uel sua pecunia comparauit).

König Rudolph bestimmte diese Allodien und Passivlehen um den Werth von vierzigtausend Mark Silber seinem Sohne als Heirats-Dotation; jedoch mit der weiters angefügten Bedingung, dass, damit das ganze Land dem deutschen Reiche einstens frei und ledig werde, König Rudolph oder seine Nachfolger diese Güter dem genannten Sohne wieder um den Betrag von vierzigtausend Mark Silber ablösen, im Falle aber, dass dieser Sohn

---

¹) Original im k. k. H. H. und St.-Archiv. Abgedruckt in dem seltenen Anhang zu Rauch, „Oestorr. Gesch." S. 46.

²) Abgedruckt bei Lichnowsky, I. Anhang, S. 161.

ohne Erben stürbe, sollen dieselben jedoch keinesfalls seiner Gemalin, der Tochter des böhmischen Königs, zufallen, sondern als Eigenthum des Reiches verbleiben.

Ueber die Bedeutung dieser Vereinbarung kann kein Zweifel bestehen. Es ist oben dargestellt worden, mit welcher Sorgfalt König Ottokar einst bemüht war, sich in den Besitz der ausgedehnten Babenberger Allodien zu setzen. Seiner Heirat mit der um so viele Jahre älteren Königin Margaretha lag unverkennbar diese Absicht zu Grunde, selbst Massregeln offenbarer Bedrückung wurden nicht gescheut, um zu diesem Ziele zu gelangen, wie solches aus den lebhaften Beschwerden hervorgeht, welche von dem Grafen Ulrich von Heunburg und dessen Gemalin Agnes, einer Tochter der Babenbergischen Herzogin Gertrud, gegen König Ottokar in dem Verzichtbrief ddto. 22. October 1279 erhoben werden.

Der Besitz der ausgedehnten alten Babenberger Allodien vermehrt noch durch neue Zukäufe und durch viele Passiv-Lehen von verschiedenen Fürsten und Bischöfen, als Salzburg, Passau, Regensburg, Freising etc. etc., welche Ottokar im Laufe seiner nur zu oft gewaltthätigen Regierung an sich brachte, mussten dem Inhaber derselben einen mächtigen Einfluss im Lande sichern; daher das nur allzu gerechtfertigte Bestreben König Rudolphs, dem überwundenen Gegner diese Güter und den damit verbundenen Einfluss aus der Hand zu nehmen, darum auch höchst wahrscheinlich die besondere Vorsichtsmassregel, welche derselbe dadurch in Anwendung brachte, dass er sich ausser dem Friedensvertrage noch durch den Pfalzgrafen Ludwig, den Bischof Leo von Regensburg und von dem Landgrafen Heinrich von Hessen unterm 30. December 1276 einen besonderen Zeugnissbrief über die von König Ottokar geleisteten Abtretungen ausfertigen liess.[1]

Durch den Friedensschluss vom 21. November 1276 war für den Augenblick Ruhe hergestellt, an eine aufrichtige Versöhnung konnte nicht gedacht werden, denn die beiden Gegner hatten sich mit ungeschwächten Kräften, ohne sich im Kampfe

---

[1] Original im k. k. H. H. und Reichs-Archiv. Lichnowsky L S. 223 und Reg. Nr. 370.

gemessen zu haben, und mit höchst ungleichen Vortheilen getrennt. Ihre gegenseitige Stellung blieb drohend. Schwierigkeiten ergaben sich immer wieder, und zweimal noch musste durch beiderseitige Abgeordnete über manche Streitfragen eine Verständigung angebahnt werden; so unterm 6. Mai und 12. September 1277. [1])

Hinsichtlich der Verzichtleistungen König Ottokars auf die österreichischen Länder und auf die Allodien und Lehen blieben die Bestimmungen des Vertrages vom 21. November 1276 aufrecht, ja sie wurden sogar im Interesse des Königs Rudolph durch ein Abkommen bezüglich Egers vervollständiget, von der Ehe der Prinzessin Kunigunde mit Hartmann von Habsburg ist in den beiden Nachtrags-Verträgen jedoch keine Rede mehr. Ottokar soll Erstere in das Nonnenkloster zu Sct. Klara in Prag haben eintreten lassen, Graf Hartmann ertrank im Jahre 1281 im Rhein.

Die wiederholten Friedensvermittlungen konnten den unvermeidlichen Ausbruch des Entscheidungskampfes nur verzögern, nicht aber entfernen. Die wahren Beweggründe beider Theile und die letzten eigentlichen Veranlassungsursachen zu demselben mit Gewissheit zu ermitteln, ist nicht möglich.

Der welthistorische 26. August 1278, ein Freitag, brachte endlich die Entscheidung.

Als Bischof Heinrich von Basel den Schlachtgesang

„Sand Marey, Mutter und Maid,
All unsrew Not sei dir gechlaid" [2])

begann, das Heer Rudolphs feierlich langsam einstimmte, als von dem feindlichen Heere ebenso feierlich das „Gospodine pomiluj ny" zurück ertönte, da mag den beiden grossen Gegnern die für sie und ihre Nachkommen für alle Zeiten entscheidende Wichtigkeit des Augenblicks vorgeschwebt haben.

Das Heer König Przemysl Ottokars II. wurde geschlagen, er selbst fiel in der Schlacht, wie die Chroniken melden, durch

---

[1]) Orig. im k. k. geh. H. H. und Staats-Archiv. Lichnowsky I. Reg. Nr. 417, 418 und 454.

[2]) Ott. Horneck. Reimchronik, Cap. 153, S. 149, welcher als Augenzeuge die Schlacht sehr ausführlich erzählt.

Berthold den Schenken von Emmerberg und den jüngeren Seyfried Mehrenberg. ¹)

Die Marchfeldschlacht hatte die Lage der Dinge für König Rudolph gänzlich geändert. So lange Ottokar lebte, war der Besitz der Herzogthümer trotz aller diesfälligen Friedensverträge und Verständigungen ein höchst zweifelhafter. Nun war der mächtige Gegner todt, sein Heer geschlagen und zerstreut, der böhmische Thronerbe Wenzel war kaum acht Jahre alt.

Rudolphs Bemühungen waren nunmehr dahin gerichtet, in den neuerworbenen Herzogthümern seine Macht und sein Ansehen zu befestigen.

Für die vorliegenden Darstellungen ist es von Wichtigkeit, jene Massregeln näher im Auge zu behalten, welche der König bezüglich der ihm von Ottokar schon im Frieden vom 21. November 1276 abgetretenen Allodial-Güter und Passiv-Lehen durchführen liess.

So weit diesfalls urkundliche Behelfe zu Gebote stehen, erscheint nachgewiesen, mit welcher Sorgfalt einst König Ottokar bestrebt war, den vollen Besitz der Babenberger Allodien zu erwerben, und den Umfang derselben wiederherzustellen. Er vermehrte diese Allodien durch neue Zukäufe und liess sich von verschiedenen Fürsten und Bischöfen frei gewordene Lehen übertragen und verleihen.

Eine vollständige Ausgleichung scheint jedoch lediglich mit den Meissner Herzogen stattgefunden zu haben, welchem Hause aus dem der Herzogin Constanzia zustehenden Antheil, an den Babenberger Allodial-Nachlass Rechtsansprüche zustanden. Nachdem jedoch von vielen Seiten an die an König Rudolph gefallenen Güter die verschiedensten Anforderungen und Ansprüche gestellt wurden, hielt es derselbe für zweckmässig, zur Regelung dieser Angelegenheiten die Gerichte einschreiten zu lassen.

Es trat sohin noch im Jahre 1279 ein Fürstentag aus Reichs und österreichischen Ständen zusammen, ²) welcher den Ausspruch

---

¹) Reimchronik, Cap. 162, S. 154. Anon. Chron. Aust. bei Rauch Script. II. S. 271, wo der Dapifer de Emmerperch ausdrücklich genannt wird.

²) Lichnowsky I. S. 283.

that, es habe der König, oder in dessen Namen sein Stellvertreter, alle jene Güter in Besitz zu nehmen, welche Herzog Friedrich von Oesterreich und Steier in seiner Macht und Gewehr hatte; wer Ansprüche an diese Güter machen wolle, möge selbe vor Gericht anbringen.

Die Austragung aller dieser Ansprüche mag eine längere Reihe von Jahren gedauert haben, denn König Rudolph liess die Sentenz des Fürstentages noch im Jahre 1288 wiederholt verlautbaren.

Die betreffende Urkunde sagt wie folgt:

„Nos Rodolfus Dei gratia Romanorum rex semper augustus, fatemur et notum facimus presentium inspecturis seu auditoribus universis, quod nobis presidentibus iudicio in terra Austrie sententia obtenta et approbata fuerat per principes imperii, per comites per liberos, per ministeriales et per provinciales Austrie et Stirie ita, quod vel nos, vel illum quem eisdem terris daremus in dominum, intromittere deberemus de omni bono, quod Fridericus dux Austrie et Stirie, dum vivebat, in sua potestate et possessione usque ad mortem suam tenuit et deduxit, sive forent castra, sive ville, seu quocumque nomine censeretur, et de hiis optime iustitiam deberemus facere, si quis in idem bonum haberet aliquam actionem. In huius sententie evidentiam sigillum nostrum pendi fecimus, ad presentes."

Datum Basilie feria secunda ante Tiburtii et Valeriani (12. April), anno nativitatis Domini MCCLXXXVIII, regni nostri anno XV. [1]

Die vorzüglichsten Anforderungen an die alten Babenberger Allodien wurden von der Herzogin Agnes, Tochter der Herzogin Gertrud aus zweiter Ehe, welche, ebenfalls in zweiter Ehe, an den Grafen Ulrich von Heunburg vermält war, gestellt. Sie erhob doppelte Rechtsansprüche, und zwar als Erbin der Allodien ihrer Mutter, ferner bezüglich der ihr von ihrem ersten Gatten, Herzog Ulrich von Kärnten, als freies Eigen verschriebenen Güter.

Bezüglich der mütterlichen Allode, wozu die Grafschaft Pernegg und die Veste Drosendorf gehörten, hatte sie in

---

[1] Original im k. k. H. H. und Staats-Archiv. Pertz Mon. germ. IV. leg. II. 453. Lichn. I. Reg. Nr. 988.

Gemeinschaft mit ihrem zweiten Gatten, dem Grafen Ulrich von Heunburg, mit König Ottokar einen Vergleich abgeschlossen, allein sie wiesen nach, dass sie zu demselben vom Könige gewaltthätig waren gezwungen worden. Es wurde ihnen demnach eine Entschädigung von sechstausend Mark Silber zuerkannt und bis zu deren Auszahlung eine Anzahl steierischer Güter, jedoch meist Salzburger Lehen, verpfändet. Die Babenberger Allodial-Antheile blieben im Besitze König Rudolphs. Graf Ulrich von Heunburg und seine Gemalin Agnes stellten sohin zu Judenburg unterm 22. October 1279 an Rudolf den diesfälligen, sehr umfangreichen, die gewaltthätigen Vorgänge König Ottokars gegen sie beurkundenden Verzichtbrief aus. [1]

Der Eifer, mit welchem König Rudolph in den neuerworbenen Herzogthümern Ordnung und Gesetzlichkeit herzustellen strebte, liess die Absicht erkennen, durch dieselben die Grösse und Macht seines Hauses dauernd zu begründen.

Er hatte diese Länder, ohne Hilfe der Gesammtheit der Stände des Reiches, durch seine und seiner Freunde Anstrengung und durch auswärtige Verbündete, die nur durch seine Bemühungen dazu bewogen worden waren, dem Reiche wieder gewonnen. Dies musste ganz Deutschland zugeben. Seine Bemühungen im Interesse seines Hauses erscheinen demnach als vollkommen gerechtfertiget.

Nachdem Rudolph, in Folge zweijähriger Bewerbungen, von allen Kurfürsten die Zustimmung erhalten hatte, [2] belehnte er am Hoftag zu Augsburg, 27. December 1282, seine beiden Söhne Albrecht und Rudolph zugleich mit den Herzogthümern Oesterreich, Steiermark, Krain und mit der windischen Mark. [3] Den Landständen wurde diese Belehnung, und zwar jedem der vier Länder durch eine separate Urkunde vom 29. December 1282 bekannt gemacht. [4]

---

[1] Orig. im k. k. H. H. und Staats-Archiv. Lichnowsky I. Reg. Nr. 671
[2] Lichnowsky I. Reg. Nr. 733, 737, 744, 745 und 746.
[3] Original mit goldener Bulle im k. k. H. H. und Staats-Archiv, abgedr. bei Rauch, „Oesterr. Gesch." Anhang, S. 57, mit der irrigen Jahrzahl 1281. Lichn. I. Reg. Nr. 761.
[4] Orig. im k. k. H. H. und Reichs-Archiv, die für Oesterr. bei Rauch, l. c. Anh. S. 60, mit der irrigen Jahrzahl 1281. Lichn. I. Reg Nr. 762.

Ueber Bitten der Stände, welche nicht zwei Herren haben wollten, änderte König Rudolph diese Belehnung (Rheinfelden, 1. Juni 1283) derart ab, [1]) dass die genannten Herzogthümer seinem älteren Sohne Albrecht und dessen männlichen Erben allein gehören sollten. Für den zweiten Sohn Rudolph wurde eine Geldentschädigung in Aussicht gestellt.

Die an der südöstlichen Grenze des deutschen Reiches gelegenen Länder waren somit in den Besitz des Hauses Habsburg übergegangen, und zwar, wie dieses nachgewiesen wurde, durch vollständig gesonderte Verhandlungen bezüglich der Reichschen, und des Allodial-Zugehörs zu denselben. Der Vorgang bei der Uebertragung war dem damaligen Geschäftsgange und den Rechtsformen vollkommen entsprechend.

Mit den Allodien war auch Gutenstein an das Haus Habsburg gekommen, dieses befand sich somit, so weit bestimmte historische Nachrichten zurückreichen, im Besitze des fünften Geschlechtes.

Aus König Rudolphs Zeit sind jedoch keine Ereignisse bekannt, durch welche Gutenstein speciell berührt worden wäre. Gegen die Angabe Böheims, [2]) dass Rudolph den Bürgern von Wiener Neustadt mittelst einer zu Wien, Idus Maii 1276 ausgestellten Urkunde die Genehmigung ertheilt habe, ihren Holzbedarf aus den Wäldern von Gutenstein, Prein u. m. a. zu decken, bestehen wesentliche Bedenken.

Böheim sagt nicht, wo sich die von ihm citirte Urkunde oder doch eine verlässliche Abschrift derselben befindet, und ich mache diesfalls nur auf den Umstand aufmerksam, dass sich König Rudolph im Mai 1276 nicht in Wien, sondern wie überhaupt das ganze Frühjahr 1276 am Rhein aufhielt. [3]) Er war vom 15. bis 24. April in Hagenau, am 15. und 24. Juni urkundlich nachweisbar in Basel und am 27. desselben Monates wieder in Hagenau. Der für Rudolph so glückliche Feldzug des Jahres 1276 fällt in die zweite Hälfte desselben. Ottokar trat Oesterreich und Steiermark erst durch den Frieden vom 21. November 1276

---

[1]) Lichnowsky, I. Reg. Nr. 789.
[2]) Böheim, Chronik von Wiener Neustadt, 2. Aufl. I. B. S. 57.
[3]) Lichnowsky, I. Reg. Nr. 332 bis 337.

an König Rudolph ab, und es ist schwer anzunehmen, dass der Letztere Verfügungen in diesen Ländern, und was noch wichtiger ist, Verfügungen mit unzweifelhaften Ottokar'schen Allodien schon zu einer Zeit getroffen haben sollte, in welcher der Krieg noch nicht einmal eröffnet war.

Das Datum der von Böheim erwähnten Urkunde ist somit entschieden unrichtig, und ich kann das oben Dargestellte nur durch die Bemerkung ergänzen, dass im Stadtarchiv zu Wiener Neustadt weder das Original noch eine Abschrift einer, angeblich von König Rudolph zu Wien, Idus Mai 1276 ausgestellten Urkunde aufzufinden ist.

IV. Albrecht I.

Gutensteins erster Herr aus dem Hause Habsburg war Albrecht I.

Durch den glücklichen Ausgang der Kriege König Rudolphs gegen Ottokar waren die österreichischen Länder zunächst dem deutschen Reiche angefallen. Das Bestreben des Ersteren, diese Provinzen bleibend seinem Hause zu widmen, sprach sich schon durch den Friedensschluss vom 21. November 1275 aus; denn die grosse Sorgfalt, welche Rudolph für die Erwerbung der ausgedehnten Ottokar'schen Allodial-Güter in diesen Ländern darlegte, konnte diesfalls keinen Zweifel bestehen lassen.

Nach den Reichsgesetzen fand die Besitzübertragung jedoch erst durch die Belehnung ihren Abschluss, mit welchem Act auch der durch den Fürstentag vom Jahre 1279 in Bezug auf die Allode erlassene Ausspruch, seine Erledigung erhielt.

Herzog Albrecht war ein strenger, jedoch im gleichen Grade gewissenhafter und ordnungsliebender Herr. Die neuerworbenen Länder erforderten seine ganze Thätigkeit, um dort die durch Parteikämpfe und Kriege verloren gegangene Ruhe und Sicherheit wieder zu befestigen.

Er versäumte keine Gelegenheit, um Diejenigen, welche ihm Anhänglichkeit bewiesen, in derselben zu bestärken, so weit dieses nur immer mit der Sicherheit seiner Herrschaft und des Landes vereinbar erschien. Wo er jedoch bei den Ministerialen Einverständnisse mit angrenzenden Fürsten, Fehden mit

Nachbarn, Wegelagerungen und Räubereien im Lande, Zweideutigkeit in der Treue vorfand, da schritt er mit Kraft und Festigkeit ein. Viele vom Landadel wurden gezwungen, die festesten und gefährlich gelegenen Burgen einzureissen oder wehrlos zu machen.

Seit dem Aussterben der Babenberger war das Streben der grössern und kleinern Besitzer nach möglichster Unabhängigkeit und Selbstständigkeit rege geworden. Schon Ottokar kämpfte dagegen mit aller Kraft, noch mehr aber ward Albrecht zur grössten Energie und Strenge genöthiget, „um Herr zu werden im Lande, zum Besten des Landes."

Als in Folge der sich fortwährend steigernden Zerwürfnisse im deutschen Reiche, für Herzog Albrecht die Aussicht entstand, an Stelle König Adolphs von Nassau den deutschen Thron zu besteigen, war das Haus Habsburg in die Nothwendigkeit gebracht, sich die grössten Opfer zur Erreichung dieses Zieles aufzulegen.

Herzog Albrecht war ein einsichtsvoller, staatskluger Herr. Wollte er sich den Besitz der seinem Hause neu erworbenen Länder sichern, so musste er sein Streben nach der deutschen Krone richten. Es war eine Lebensfrage für den Regenten Oesterreichs, welche Stellung er selbst einnahm gegenüber den fremden deutschen Reichsfürsten, die höchst beträchtliche Gebiete mitten in seinem Lande besassen. Der Erzbischof von Salzburg, der Patriarch von Aquileja, die Bischöfe von Passau, Bamberg, Freisingen, Regensburg und viele andere Reichsfürsten achteten sich dem österreichischen Herzog nicht untergeordnet, sie waren nur zu oft geneigt, Ansprüche auf Theile von habsburgischem Landgebiet zu erheben; einem römisch deutschen Kaiser mussten sie sich unterwerfen und durften Uebergriffe auf seine Länder nicht mehr wagen. Es war demnach nicht blos die Klugheit, welche zum Streben nach der deutschen Krone rieth, sondern gewissermassen die Nothwendigkeit, welche dazu zwang.

Diese Verhältnisse und ihre unvermeidlichen Consequenzen, die unantastbare Wahrheit, dass der Reichste an baarem Gelde fast immer der Mächtigste zu sein pflegt, drängten Herzog Albrecht sowie viele seiner Nachkommen zu den grössten Opfern und riefen bei der tiefen Stufe, auf welcher damals das Steuer- und Abgabenwesen stand, jene zahlreichen Verpfändungen von

Schlössern, Märkten, Gütern, Rechten, Renten und Einkünften hervor, in deren Kreis nur zu bald auch Gutenstein gezogen wurde.

So lästig diese Pfandgaben waren (das Einkommen aus dem Hausvermögen bildete damals beinahe die einzige Einnahmsquelle zur Bestreitung der öffentlichen Auslagen), so hatten dieselben doch auch eine bessere Seite. Die Pfandinhaber mussten an der Wohlfahrt des Herzogs, gleichwie an ihrer eigenen, den grössten Antheil nehmen, denn bei einem Wechsel der Herrschaft wären die Pfandstücke sicher ohne Lösegeld von dem neuen Herrn eingezogen worden.

Herzog Albrechts Streben nach der deutschen Krone erreichte schliesslich durch die Schlacht am Hasenbüchel bei Gellheim (2. Juli 1298), in welcher König Adolph von Nassau fiel, sein Ziel. Seine Macht als deutscher Kaiser war dadurch vollkommen befestiget, und er belehnte auch schon am 21. November desselben Jahres, nach erhaltener Zustimmung der Kurfürsten, seine Söhne Friedrich und Leopold mit den Herzogthümern Oesterreich und Steier [1] nebst den dazu gehörigen Ländern.

Es waren somit kaum 15 Jahre verflossen, seit König Rudolph die Erbfolge-Ordnung seines Hauses festgestellt hatte; es hatten die Edlen von Oesterreich und Steier durch Urkunde ddto. 11. Juli 1283 feierlich versprochen, diese Anordnung in ihrem Regentenhause erhalten zu helfen, [2] und doch sehen wir diese weise Vorsorge so bald unbeachtet gelassen und eine Theilung der habsburgischen Länder vorbereitet, welche unzweifelhaft nur eine Schwächung der Macht dieses Hauses herbeiführen musste. Die Erklärung dieser Erscheinung liegt nahe.

Ein Recht der Erstgeburt war in jener Zeit in den deutschen Begriffen und Gebräuchen noch nicht heimisch geworden. Jede dahin zielende Anordnung, wenn sie auch von Söhnen während dem Leben des Vaters stillschweigend hingenommen worden wäre, würde von ihnen nach dem Tode desselben kaum beachtet worden sein, sondern sie hätten eine schiedsrichterliche Theilung des Nachlasses sogleich nachdrücklichst verlangt.

---

[1] Original im k. k. H. H und Reichs-Archiv. Lichnowsky II. Reg. Nr. 139.
[2] Kurz, „Oesterreich unter Ottokar und Albrecht I." II. Band, S. 200, Beilage 16.

Länder-Abtretungen und Theilungen sind unter den Gliedern des Habsburger Regentenhauses derart häufig vorgekommen, sie führten so vielfältige Streitigkeiten und grosse Drangsale für diese Länder herbei, dass ihre Erwähnung gar nicht zu vermeiden ist. Wechselte ja mit dem Lande auch Gutenstein jedesmal seinen Herrn. Es würden spätere Ereignisse, bei denen dasselbe unmittelbar berührt worden ist, sich kaum genügend aufklären lassen, wenn nicht die Kette dieser Ländertheilungen und Abtretungen thunlichst ununterbrochen im Auge gehalten wird.

Nicht lange sollten Oesterreich und Steier im Besitze der beiden Brüder Friedrich und Leopold bleiben.

Als im Jahre 1299 die Heirat von König Albrechts ältestem Sohne, Herzog Rudolph, mit Blanca von Valois, Schwester Königs Philipp IV. von Frankreich, stattfand und, wie es scheint, dem Letztern ein mit mehreren Brüdern gemeinschaftlich erbender und regierender Herzog nicht reich und angesehen genug für seine Schwester war, liess König Albrecht mit seiner Gemalin Elisabeth und mehrerer Kurfürsten Zustimmung, seine Söhne Friedrich und Leopold alle ihre Rechte auf Oesterreich und Steier, sowie auf die übrigen Länder, ihrem ältern Bruder Rudolph und seinen Erben aus Blanca, seiner Gemalin, übertragen. [1])

Auch an diesem sollte Gutenstein nur für eine geringe Reihe von Jahren einen neuen Herrn haben. Blanca starb schon am 19. März 1305. Rudolph vermälte sich im nächsten Jahre mit Elisabeth, der Witwe Königs Wenzel IV. von Böhmen, durch welche ihm dieses Land zufiel.

König Albrecht bestimmte nunmehr seinen Sohn Rudolph dahin, dass er auf Oesterreich und Steier zu Gunsten seines nächsten Bruders Friedrich Verzicht leiste. [2])

V. Friedrich der Schöne.

Als König Albrecht durch die Hand seines Neffen Johann von Schwaben am 1. Mai 1308 so unerwartet ein blutiges Ende

---

[1]) Diplomat. K. Albrechts im k. k. geh. H. H. und Reichs-Archiv. Lichnowsky II. Reg. B. Nr. 17.

[2]) Reimchronik bei H. Petz, Cap. 775, S. 777.

fand, bemächtigte sich des österreichischen Adels ein Geist der Unzufriedenheit, welcher im nächsten Jahre in einen offenen Aufstand gegen Herzog Friedrich den Schönen ausbrach, dessen Häupter die Herren von Pottendorf und Zelking waren. [1])

Als treu ihrem Herrn geblieben werden nur Heinrich von Stubenberg und der Burggraf von Gars bezeichnet. [2])

„An den von Stubenberg Her Haynreich
Vnd noch ain Herre chluog
Getrew und mandleich genug
Zu den Sachen sich nicht styes,
Der Purgkraf von Görs er hyes.
Die zwen huten sich ser
Vor alle dew, do jr Er
Mocht von sein gekrenchet."

Das Eigenthum des Landesherrn wurde überall mit Raub und Brand verwüstet, und vorzüglich scheint der heutige Kreis unter dem Wiener Walde der Schauplatz der heftigsten Kämpfe gewesen zu sein.

„Her Hadmar von Valchwerch
Vnd Herr Ortl von Chranchperg
Dy wärn so vnversunnen,
Das sy Glokhnics gewunnen,
Dy Munich sy aussticssen,
Wes sy mochten geniessen,
Er wer chunt oder Gast,
Der was jn als ein Past — —

erzählt die Reimchronik.

Der Aufstand des österreichischen Adels wurde durch die Steiermärker überwunden, an deren Spitze der Landeshauptmann Ulrich von Walsee stand, [3]) welcher an dem Erzbischof Conrad IV. von Salzburg (von Fanstorf und Breitenfurt, früher Bischof von Lavant) eine mächtige Stütze fand.

Als dem Herzog Friedrich besonders treu ergebene Herren nennt die Reimchronik den Bischof von Seckau (Friedrich Mitterkircher) den Grafen von Hohenlohe, Graf Friedrich von Heunburg, die Stubenberge, die beiden Liechtenstein, die von Pettau und von Sunneck. Ulrich von Walsee drang über den Hartberg

---

[1]) Chron. Salisb. bei H. Petz. I. 405.
[2]) Reimchronik, Cap. 829, S. 841.
[3]) Reimchronik, S. 843.

gegen die dem Herzog Friedrich ebenfalls treu gebliebene Neustadt vor:

> „Frey aller Zaghait,
> Daz jn Nyeman widerrait,
> Es was nu wol spat,
> Do sy chomen hincz der Newnstat,
> Sy herwergten gemainkleich
> Hievon pey Sand Vlreich."

Von hier aus wurden zuerst die Schlösser der Pottendorfer und der von Zelking angegriffen, sodann nacheinander alle übrigen Aufrührer bezwungen und das ganze Land wieder zur Ruhe gebracht.

An die Neustädter richtete Herzog Friedrich unterm 9. October von Ravensburg aus ein Schreiben,[1] worin er sie zur Beharrlichkeit ermahnt und ihnen verspricht, bis künftigen Martini nach Oesterreich zu kommen, um die Ruhe herzustellen.

Nachdem das Gutensteiner Thal durch die Veste Starhemberg, einer der stärksten Burgen des Landes, geschützt war, und die Reimchronik unzweifelhaft davon Erwähnung machen würde, falls ein solch wichtiger Platz in die Hände der Aufrührer gefallen wäre, so lässt sich schliessen, dass auch Gutenstein unbezwungen geblieben ist.

Der römische König Heinrich VII. (von Luxemburg) war am 24. August 1313 gestorben. Friedrich der Schöne bewarb sich mit vollem Eifer um die deutsche Krone.

Sein Gegner war Herzog Ludwig von Baiern, der auch den Beistand für die Wahl Herzog Friedrichs versprochen hatte, seine Zusage jedoch brach, als er sich unerwartet von der Luxemburgischen Partei unterstützt sah, und nun selbst als Kronbewerber hervortrat.

Beide Parteien sammelten sich mit grossen Kriegsschaaren nächst Frankfurt, welche Stadt jedoch, einer alten Sitte gemäss, während der Wahl Jedermann die Thore verschloss. Herzog Ludwig lag am rechten, Herzog Friedrich am linken Mainufer bei Sachsenhausen. Nachdem eine Verständigung und Vereinigung beider Parteien zu einer gemeinschaftlichen Wahl nicht erfolgte, wählten am 19. October 1314 der auch für Köln

---

[1] K. k. geh. Archiv. Lichnowsky, III. Band, Beilage B. Nr. 4.

bevollmächtigte Pfalzgraf Rudolph, der Bischof Heinrich von Gurk als Gesandter Herzog Rudolphs von Sachsen, und Herzog Heinrich von Kärnten, welcher sich einen rechtmässigen König von Böhmen nannte, den Herzog Friedrich von Oesterreich zum römischen König. Als diese Wahl der am rechten Ufer des Main versammelten baierischen Partei gemeldet wurde, wählten am 20. October 1314 die Kurfürsten von Mainz und Trier, König Johann von Böhmen und Markgraf Woldemar von Brandenburg, zur gleichen Würde den Herzog Ludwig von Baiern.

Letzterer wurde hierauf zu Aachen von dem Mainzer Erzbischof, Friedrich jedoch zu Bonn von dem Erzbischof von Kölln mit grosser Feierlichkeit gekrönt. Die Krönung Ludwigs fand somit in der alten Krönungsstadt mit der eigentlichen deutschen Krone, jedoch durch den hiezu nicht berechtigten Erzbischof von Mainz statt, Friedrich hingegen wurde in einer andern Stadt und mit einer andern Krone, jedoch von dem Köllner Erzbischof, dem diese feierliche Handlung von Rechtswegen zustand, gekrönt. Deutschland hatte somit zwei Könige, beide waren Enkel König Rudolphs. Es begann nunmehr ein langwieriger Krieg, welcher dem unglücklichen Lande auf lange Zeit das traurigste Los bereitete.

Friedrichs Bestreben die deutsche Krone zu erlangen, legte ihm und seinem Hause die grössten Opfer auf. Jene Verhältnisse, welche einst den Vater zu den äussersten Anstrengungen drängten, bestanden auch für ihn nach ihrem vollen Umfange aufrecht.

Dass der bevorstehende Kampf ungeheure Summen verschlingen werde, konnte nicht zweifelhaft bleiben. Um allen Vorwürfen zu entgehen und sein persönliches Bestreben zu einer Angelegenheit seiner ganzen Familie und seiner Länder zu machen, hatte er sein Vorhaben früher schon [1]) (September 1313) in einer zahlreichen Versammlung in Wien, seiner Mutter, seinen Geschwistern und Anverwandten, und auch dem höhern Adel vorgetragen, und sich ihren Rath und Beistand erbeten. Alle riefen ihm Beifall zu, Alle bestrebten sich ihn zu unterstützen und fanden sich selbst durch Friedrichs hohe Würde geehrt.

---

[1]) Kurz, Friedrich der Schöne, S. 103.

Um die erforderlichen Geldmittel beizuschaffen, fand eine erweiterte Verpfändung und Belastung der Familiengüter statt. Ziemlich zahlreich haben sich die diesfälligen Verschreibungen und Pfandbriefe bis auf unsere Zeit erhalten. Vorzüglich beachtenswerth ist diesfalls eine Handschrift des 14. Jahrhunderts, „Phanntschafften. 1313. Phanntbrieff." überschrieben, [1]) welche die von den österreichischen Landesfürsten vorgenommenen Verpfändungen aus den Jahren 1310—1314 eingetragen enthält. Gleich die erste der in diesem „Archivsregister" vorkommenden Verschreibungen betrifft Gutenstein. Sie lautet:

Anno domini millesimo Tricentesimo. Terciodecimo. Wir Fridrich von gotes gnaden e. e. Daz wir Heinrichen von Magenbuch vmb sinen Dienst, den er vns getan hat, vnd noch tun sol. vnd umb sinen schaden geben wir im sechzich march silber Greczer gewichtes vnd setzen im das vmb daz hous Gutenstein, vnd swaz darzů gehört, vnd daz dorf in Goltzwis (wohl Getzwiesen), di vogtey des dorfes ze Magen (Maigen?) vnd daz dorf ze Symeringen mit sogetaner bescheidenheit, daz er di selben satzungen in den selben rechte als sein brief vnd sein hantuest steht inne haben sol.

Die sechste Eintragung betrifft ebenfalls Gutenstein:

Anno domini millesimo tricentesimo tercio decimo. Notandum quod Vlrico magistro sagittariorum et suis heredibus castrum Gutenstein cum suis pertinenciis et prouentibus vniversis est obligatum pro mille quadraginta libris domino duci mutuatis fructibus perceptis in sortem minime computatis.

Durch Urkunde ddto. Ulm am Freitag nach Sct. Ulrichstag (2. Juli) 1316 weisen König Friedrich und sein Bruder Herzog Leopold neuerdings 171 Mark Silber Wiener Gewichtes als Satz auf Gutenstein. u. z. für ihren Schatzmeister Ulrich von Styr (Steier) an, welcher ihnen diesen Betrag als Zuschlag zu einem frühern, bereits auf die Burg Gutenstein versicherten Darlehen überlassen hatte. [2])

---

[1]) K. k. geh. Archiv. Archiv für Kunde österr. Geschichts-Quellen. Jahrg. 1849, S. 519.

[2]) Orig. auf Perg. im k. k. H. H. und Staats-Archiv. Lichnowsky. III. B. Reg. Nr. 401.

Der Krieg mit den grossen Opfern, welche er forderte, traf die Länder um so härter, nachdem demselben schwere Nothjahre vorausgegangen waren. Namentlich war das Jahr 1312 ein Unglücksjahr.[1] Misswachs, veranlasst durch Regengüsse, Ueberschwemmungen u. s. w. riefen eine grosse Hungersnoth hervor; Raub und Mord griff wieder um sich, so dass zur Ueberwältigung die strengsten Mittel angewendet werden mussten.[2]

In jene bewegten und unruhigen Zeiten fällt auch die Vermälung Friedrichs des Schönen mit Isabella oder Elisabeth, der Tochter des Königs Jacob von Arragonien. Auf dem nach Basel für den 11. Mai 1315 ausgeschriebenen grossen Hoftage[3] hielt Friedrich seine öffentliche Hochzeitsfeier mit grosser Pracht und setzte seiner Gemalin die königliche Krone auf.

In Gutenstein scheint das Königspaar, wahrscheinlich des Jagdvergnügens wegen, wiederholt seinen Aufenthalt genommen zu haben. Die Widmung der im Schlossthurm vorhandenen Kapelle der heil. Katharina dürfte aus jener Zeit stammen. Isabella scheint diese Heilige, an deren Festtag Friedrich zum König gekrönt worden war, besonders hoch gehalten zu haben. Auch in der Minoriten-Kirche zu Wien stiftete sie eine Katharinen-Kapelle,[4] in welcher sie später begraben wurde.

Wie sehr Friedrich der Schöne Gutenstein sein Wohlwollen zuwendete und dessen Aufnahme unterstützte, geht zunächst aus dem Umstande hervor, dass von ihm dieser Ort zu einem Marktflecken erhoben worden ist. Der Wortlaut des betreffenden, vom 18. Juni 1321 datirten Marktprivilegiums, dessen Original leider erst in neuerer Zeit in Verlust gerathen ist, ist folgender:

„Wir Friderich von gotes gnaden Römischer kunich allezit ein merer des Riches. Tun chunt mit disem brief allen den die in ansehend, oder hörent lesen. Daz wir den bescheiden Leuten ze Gutenstain, die besundern genade vnd furderung, getan haben, daz alle wochen an dem Montag, ein wochen marcht, da sol sein, vnd geben wir dem selben Marcht, aller die recht vnd

---

[1] Chron. Chlaust. bei H. Petz. I. S. 482.
[2] Kurz, Friedrich der Schöne. S. 61.
[3] l. c. S. 148.
[4] Lichnowsky III. S. 319, Note 10*. Hist. Carl. Maurb. bei H. Petz. I. Seite 347.

freyunge, die ander Mergte habent in Oesterrich, vnd gebieten aller Mennichlichen, daz si die selben Leute zv Gutenstain, an den rechten vnd freyunge, nicht irren, noch keinen gewalt tun als lieb in Vnser hulde sei, vnd daz in daz ewichlichen stet vnd vnzerbrochen beleib, geben wir in disen brief versigelten mit vnsern chunichlichen Insigel, der ist geben zv Wienn des Phintztages nach sant Veitestag. Da man zalt von Christes geburd, driuzehen huntert jar, darnach in dem ain vnd zweintzigisten Jar. vnsers Riches in dem Sibenden Jar."

König Friedrich brachte im Jahre 1321 überhaupt nur wenige Wochen — vom Anfang des Monates Juni bis zur Hälfte Juli — in Oesterreich zu. Möglich, dass er damals mehrere Tage in Gutenstein verlebte und diese Gelegenheit von den Insassen benützt wurde, um ihm ihr Anliegen vorzutragen.

Bemerkenswerth ist, dass er unterm 18. Juni 1321 [1]) auch für Lilienfeld eine Urkunde ausfertigte. Wahrscheinlich hatte sich der Abt diesfalls nach Gutenstein zum Könige begeben; somit beide Angelegenheiten zugleich ihre Erledigung fanden.

Ohne in irgend einer Richtung eine Entscheidung zu bringen, hatte der Krieg zwischen den beiden Gegenkönigen, Friedrich dem Schönen und Ludwig von Baiern, nun schon acht Jahre gedauert; unsägliches Elend und grenzenlose Verwirrung hatte er über Deutschland gebracht.

Da kam es am 28. September 1322 bei dem Dorfe Ampfing zwischen Mühldorf und Dornberg zur Schlacht um das römische Reich — eine deutsche Ilias in aller Wahrheit. Obenan König Friedrich, der erste Ritter seiner Zeit. „Da straitt Kunig Fridreich so Ritterleich, das man jn gab den preiss, das in allem dem streitt nie besser Ritter gewesen were: der vacht so mandleich, das nie khain Man chueneren Man in streitt ye gesechen hiett. [2])

Mit Friedrich kamen die zweiundzwanzig Trautmansdorfe, ferner Heroen, wie der Marschall von Pillichsdorf, der Wurmbrand, der Traun, der Kreuzbeck, die Brüder Walsee etc. etc. „Vnd was auch Kunig Johan von Behem auf die Erdt pracht,

---

[1]) Lichnowsky III. Reg. Nr. 569.
[2]) Anonymi narratio, bei H. Petz, I. S. 1003.

das Er lage vor den vorgenanntten Marschalichs Rosse von Pilichdorff unter den fuessen: dem wardt auffgeholffen von einem Namlosen Herren von Oesterreich, den man doch woll erchennet, wo man jn nennet, dauon der streitt verloren wart." [1])

An der Seite des abenteuerlichen Böhmenkönigs standen die Zierotins, die Sternberg, Riesenburg, Wartenberg, Kolowrat (aus denen immer Einer blieb, wo ein Böhmenkönig fiel, am Marchfeld 1278, bei Cressy 1348, bei Mohacz 1526). [2])

Mit Ludwig waren der Burggraf Ludwig von Nürnberg, Schlüsselberg, Griesenbeck, Bayerbrunn, zwei Oettingen, Montfort etc. etc.

Trotz der grössten Anstrengungen ging die Schlacht verloren für Friedrich; er wurde mit seinem Bruder Heinrich gefangen und auf die Veste Traussnitz in Sicherheit gebracht. Letzterer wurde nach Pürglitz in Böhmen abgeführt.

Die Katastrophe von Mühldorf, so grosses Unglück sie auch über Friedrich den Schönen gebracht hatte, führte dennoch nicht den Frieden herbei. Die Seele des Krieges und aller bisherigen Feldzüge war Herzog Leopold, genannt die Zierde der Ritter; er führte den Kampf gegen König Ludwig mit der äussersten Thätigkeit fort. Wo immer sich die beiden Heere entgegenstanden, musste sich Letzterer zum Rückzuge, ja zweimal zur Flucht entschliessen.

Ludwigs Lage wurde von Monat zu Monat bedenklicher, die Belagerung von Burgau musste er mit fluchtähnlicher Eile aufgeben. „Da bedacht sich der von Bairen, vnd zach gen Trawsenicht zu Kunig Friedreich, und vertaidingten sich mit einander nach jr paider Peichtiger ratt, Prior von Mawrbach, und ains Prior von der Augustiner Orden, und ward Kunig Fridreich ledig. [3])"

Der Vertrag, durch welchen Friedrich der Schöne seine Freiheit erhielt, wurde zu Traussnitz am 13. März 1325 abgeschlossen. [4]) Die Bedingungen desselben waren für ihn und sein Haus höchst drückend.

---

[1]) Ebendaselbst.
[2]) Anemonen, 4. Band, S. 225.
[3]) Schluss der Anon. narr. bei H. Petz I. S. 1003.
[4]) Kurz, Friedrich der Schöne. S. 484, Nr. 26.

Allerdings war Friedrich der Besiegte, allein die Lage war im März 1325 nicht mehr dieselbe, wie bei seiner Gefangennehmung im September 1322. Die Veränderungen, welche sich mittlerweile ergeben hatten, waren ihm unbekannt geblieben, denn Ludwig hatte, mit Friedrich sich allein besprechend, bereits alle Bedingungen festgestellt, als die beiderseitigen Vertrauten, von Ludwig der Graf Berthold von Henneberg, von Friedrich der mit ihm gefangene und noch immer in Haft befindliche Marschall von Oesterreich — Dietrich von Pillichsdorf — endlich die beiden Beichtväter Conrad Tattendorfer, Augustinerprior zu München, und der Karthäuserprior von Mauerbach, Gottfried, beigerufen wurden.

Nach vollzogener Ausfertigung der Versöhnungs-Urkunde kehrte Friedrich nach Oesterreich zurück. Er wurde hier mit Jubel empfangen. „Fridricus Austriam reversus, intonsa barba, vix cognitus a notis, immensum gaudium attulit universis" erzählt die Leobner Chronik.[1]

Seine drei Brüder, Albrecht, Heinrich und Otto traf er in Wien. Seine Gemalin Elisabeth fand er erblindet. An einem Augenübel leidend, hatte sich dasselbe durch Schmerz und Aufregung derart verschlimmert, dass sie im Jahre 1324 vollends um das Augenlicht kam.[2] Höchst wahrscheinlich hatte sie seit der Gefangennehmung ihres Gemals mehrmals den Aufenthalt in Gutenstein und Pottenstein genommen.

Herzog Leopold befand sich in Schwaben,[3] dort neue Bündnisse gegen König Ludwig suchend. Es kann daher nur als eine unbegründete Erzählung betrachtet werden, wenn im Wanderbuche eines verabschiedeten Lanzknechtes, I. Band, Seite 78, gesagt wird, dass das Wiedersehen der beiden Brüder Friedrich und Leopold in Gutenstein stattgefunden habe.

Friedrich der Schöne war nicht im Stande, seine Brüder zur Erfüllung der von ihm durch den Traussnitzer Vertrag eingegangenen Verpflichtungen zu bewegen, und zwar um so weniger, da Papst Johann XXII. — einer der heftigsten Gegner

---

[1] H. Petz Script. I. S. 925.
[2] Leobner Chronik. S. 924.
[3] Lichnowsky III. Reg. Nr. 681.

Ludwigs — untern 4. Mai 1325 [1]) ein strenges Schreiben erlassen hatte, in welchem vorgestellt wurde, wie alle Zusagen, Verträge und Eidschwüre, Ludwig geleistet und mit ihm eingegangen, gänzlich ungiltig seien, ja es ward Friedrich bei Strafe des Bannes verboten, denselben Folge zu leisten.

Diesem blieb somit kein anderer Ausweg, als seinem gegebenen Versprechen gemäss, sich nach München in die Gewalt seines Gegners zu stellen. Ludwigs Gemüth mag immerhin durch Friedrichs edle Rechtlichkeit ergriffen worden sein, allein die Verhältnisse erschienen für ihn nur wenig gebessert. Es war für Ludwig ebenso unmöglich, seinen Gegner in neue Haft zu nehmen, als in die Länge dem Andrange Herzog Leopolds zu widerstehen. Dieser hatte durch verstärkte Rüstungen und neue Bündnisse eine höchst drohende Haltung angenommen.

In dieser Lage, und aus den grossen Verwicklungen glaubte Ludwig einen Ausweg durch den in der deutschen Geschichte unerhörten neuen Vertrag vom 5. September 1325 zu finden. [2]) Durch denselben wurde eine gemeinschaftliche Regierung der beiden erwählten Könige vereinbart und die dabei zu beachtenden Formen und Einrichtungen festgestellt. Die Zeugen dieser merkwürdigen Urkunde waren: „Grafe Bertolt von Hennemberg, Friderich Burgrafe von Nvremberg, bruder Chunrat von Gundolfingen Maister dez devtschen Ordens in devtschen Landen, Herman von Lichtemberg Cantzeler, Maister Vlrich der Wilde Oberster Schreiber vnser Chvnig Ludowiges, Dytrich von Pilichtorf, Hans Truchtsätze von Dyezzenhofen, Weignant von Travsnicht, bruder Cvnrat Prior von Munchen, vnd bruder Götfrit Prior zv Mowerbach in aller Heiligental vnser beder Pichtiger. die alle do bei gewesen seint."

Das somit geschlossene Uebereinkommen ward einige Zeit geheim gehalten, denn da kein Gesetz kein Reichstagbeschluss, kein Herkommen, kein früheres Beispiel den beiden Königen irgend ein Recht zu einem solchen Schritte gab, wollten sie vor der Verlautbarung die Zustimmung der Kurfürsten erlangen.

---

[1]) Ebendaselbst Reg. Nr. 679.
[2]) Original im k. k. H. H. und Reichs-Archiv. Kurz, Friedrich der Schöne, Seite 489, Beilage Nr. 27. J. J. Fugger, Spiegel der Ehren. S. 295.

Herzog Leopolds Hass gegen Ludwig und seine Anhänger scheint sich durch diese Ereignisse nicht gemindert zu haben, denn er behielt seine Truppen selbst im Winter von 1325 auf 1326 unter den Waffen. Ganz unerwartet erkrankte er jedoch in Strassburg und hauchte nach wenigen Tagen, am 28. Februar 1326, kaum 34 Jahre alt, seinen starken Geist aus.[1]) Mit Leopold hatte Friedrich der Schöne seine kräftigste Stütze, Ludwig den am meisten gefürchteten Gegner verloren. Friedrich musste nur zu bald bemerken, dass mit seinem geliebten Bruder der wahre Beweggrund der Nachgiebigkeit Ludwigs verschwunden sei.

Das freundschaftliche Verhältniss der beiden Könige erkaltete sehr bald, Friedrich stellte in Reichsangelegenheiten und königlicher Machtvollkommenheit am 9. October 1326 die letzte Urkunde aus,[2]) seit dem ist keine mehr bekannt, welche auf Anderes als auf die Verwaltung der Erbfürstenthümer Bezug hätte. In Oesterreich stand ihm in diesen letzteren Geschäften sein Bruder Heinrich zur Seite, allein die harte Behandlung als Gefangener zu Pürglitz hatte dessen Körper geschwächt und seinen Geist verdüstert. Er starb zu Bruck an der Mur am Sct. Blasientag 1327.[3])

Zu all diesen schnell nach einander folgenden traurigen Ereignissen wurden dem edlen Friedrich noch durch die selbstsüchtigen Pläne seines jüngsten Bruders Otto neue und viel grössere Leiden beigefügt. Dieser verlangte eine Theilung der Erblande und verwüstete Oesterreich in Verbindung mit den beiden Königen von Ungarn und Böhmen in unerhörter Weise, als Friedrich in dieses Begehren nicht einging.

Während dieser trüben Zeit hatte Friedrich seinen Bruder Albrecht, einen Herrn von anerkannter Klugheit und wissenschaftlicher Bildung an seiner Seite, dieser half ihm die gefährlichen innern und äussern Feinde beschwichtigen.

Die beinahe ununterbrochene Reihe von schweren Unglücksfällen und bittern Erfahrungen hatten Friedrichs Gesundheit aufgerieben. Seine Kräfte nahmen rasch ab. Das Jahr 1329

---

[1]) Leobner Chronik bei H. Petz. I. S. 926.
[2]) Lichnowsky III. Reg. Nr. 716.
[3]) Leobner Chronik. S. 926.

brachte er abwechselnd in Oesterreich und Steiermark zu. Im Anfang des Monates August war er in Gutenstein, denn er vereinbarte hier durch Urkunde vom 6. August mit Heinrich dem Pfarrer zu Sct. Lyenhart und Friedrich den Leydmer, die Rückzahlung von 240 Mark Silber und 112 Pfunde Wiener Pfennige, welche er den Beiden zur Lösung des Hauses Peilstein dargeliehen hatte. [1]

Von Gutenstein [2] begab sich König Friedrich auf einige Tage nach Wien und von dort nach Graz. Hier stellte er unterm 29. October seine letzte Urkunde aus. [3] Er eilte nach dem ihm lieb gewordenen Gutenstein zurück und starb hier am 13. Jänner 1330. [4]

Seine Leiche wurde in seine Lieblingsstiftung, in die Karthause Mauerbach gebracht. „Fridricus Rex percussus morbo apoplexiae, ut quidam dicunt, alii autem eum dissenteriam habuisse ajunt. Coepit autem vehementer deficere, et invalescentibus morbis anno Domini 1330 in Octava Epiphaniae transiit — — — et in loco fundationis suae Maurbach Carthusiensis Ordinis, regali cultu et solemnibus exequiis sepelitur" erzählt die Leobner Chronik.

Seine Gemalin Elisabeth folgte ihm nach sechs Monaten, am 12. Juli 1330, [5] in das Grab nach. „IV. Id. Jul. Anno Domini MCCCXXX, obiit Illustris et Inclyta Domina Elisabeth, secunda Romanorum Regina, fundatrix capellae S. Ludovici Episcopi et Confessoris, tumulata in Choro ante altare immediate", bemerkt das Nekrologium der Minoriten in Wien.

---

[1] Original im k. k. H. H. und Reichs-Archiv. Lichn. III. Reg. Nr. 779.
[2] In einer im Geschichts-Forscher I. B. S. 35 mitgetheilten Klosterneuburger Kellerants-Rechnung vom Jahre 1329 kommt eine Anweisung vor, der gemäss auf Anordnung des Königs 35 Eimer (boni vini) nach Gutenstein gesendet wurden.
[3] Lichnowsky III. Reg. Nr. 788.
[4] Chron. Claust. Neob. bei H. Petz I. S. 487 sagt zum Jahr 1330: Rex Fridricus, quondam Dux Auctriae, in castro Guettenstain moritur, in Octava Epiphaniae.
Leobner Chron. S. 930.
Chron. Mon. Mell. bei H. Petz. I. S. 246.
Thom. Ebendorfer bei Petz. II. S. 790.
J. J. Fugger, Spiegel der Ehren. S. 302.
[5] H. Petz, Script. II. S. 489 und 509.

Friedrich der Schöne war ungefähr 41 Jahre alt geworden. Standhaft im Unglück, beharrlich, redlich und edel, unvergleichlich tapfer, bildet sein Leben eine wenig unterbrochene Reihe von schweren Leiden und Sorgen.

Die Geschichte seines Lebens ist seine beste Trauerrede.

Es sei hier noch die Bemerkung gestattet, dass Kaiser Max I., welcher die Erinnerung an Friedrich den Schönen überaus hoch hielt, dessen irdische Reste im Jahre 1514 durch den Wiener Bischof Georg Slatkonia, in eine zu Mauerbach neu erbaute Ruhestätte übertragen liess.[1]

Bei der türkischen Invasion im Jahre 1683 wurde jedoch auch Mauerbach geplündert und dieses Grab erbrochen.

VI. Albrecht II. der Weise.

Ein Jahrhundert der heftigsten Erschütterungen und Kämpfe hatte sich für die österreichischen Länder abgeschlossen. Mit dem Eintritt Friedrichs des Streitbaren in die Regierung, 1230, beginnend, eröffnete sich eine Reihe gewaltiger Stürme, wie sie sich später in einem gleichen Zeitraume nicht mehr in solcher Bedeutung zusammendrängten, und endeten mit dem Tode eines andern Friedrich im Jahr 1330.

An Wohlstand und innerer Entwicklung hatten diese Länder einen unverkennbaren Rückschritt gemacht, sie waren in jenem Zustande nicht mehr, in welchem sie die segensreiche Regierung Leopolds des Glorreichen seinem Sohne hinterlassen hatte. Es bedurfte eines gleich weisen Regenten, um Frieden mit den Nachbarn, Ruhe, Sicherheit und Ordnung im Innern wieder herzustellen. Dieses Ziel hielt Herzog Albrecht II. unverrückt im Auge und wurde, wie einst Leopold der Glorreiche, ein wahrer Vater des Vaterlandes.

Von den Söhnen König Albrechts I. waren nur noch die Herzoge Albrecht II. und Otto, genannt der Fröhliche, am Leben. Die verstorbenen Brüder hatten keine männlichen Nachkommen hinterlassen, die Regierung der österreichischen Lande fiel demnach an den Erstern, als das nunmehrige Haupt des

---

[1] Hormayr, Wien, VI. B. 2. Heft. S. 146.

Habsbürger Regentenhauses. Die Geschichte bezeichnet ihn mit dem Namen der Weise, oder in Folge der durch einen Vergiftungsversuch ihm zugestossenen Lähmung an Händen und Füssen, der Lahme.

Ohne diesfalls in blutige Kämpfe verwickelt zu werden, war es Albrecht dem Weisen gelungen, im Jahre 1336 Kärnten dauernd seinem Hause zu erwerben. Es muss diese Angelegenheit aus dem Grunde erwähnt werden, weil nunmehr in der Geschichte der österreichischen Landesfürsten, namentlich aber bei ihrer Güterverwaltung, vielfach von einem zweiten Gutenstein, jenem in Kärnten bei Bleiburg gelegen, die Rede ist. Bei dem Mangel an bestimmten Anhaltspuncten stösst es oft, trotz Einsichtnahme in die Original-Urkunden und Vormerkungen, auf grosse Schwierigkeiten, um mit Sicherheit beurtheilen zu können, ob sich eine gegebene Notiz auf das kärntnerische oder auf das österreichische, damals steierische Gutenstein bezieht.

Herzog Albrechts weise Regierung, seine milde Vorsorge für das Wohl seiner Unterthanen, sein rastloser Eifer, trotz seines gelähmten Körpers Alles selbst zu sehen und zu untersuchen, seine billige Gerechtigkeit gegen Reiche und Arme machten, dass sich seine Herzogthümer sichtlich wieder erholten, und dass er von seinen Unterthanen wie ihr Schutzgeist verehrt wurde.

Am 17. Februar 1339 starb dem Herzog der letzte seiner Brüder, Otto der Fröhliche. Von dem Stamme Rudolphs von Habsburg war nunmehr nur noch der sieche Herzog Albrecht und die beiden jungen Söhne Otto's, Friedrich und Leopold, am Leben. Bald jedoch sollte sich dieses Verhältniss ändern, denn am 1. November 1339 wurde Albrecht dem Weisen sein erster Sohn Rudolph geboren, welchem noch mehrere Kinder nachfolgten.

Des Herzogs Sorgfalt für die Aufrechthaltung der innern Ruhe und Ordnung wurde häufig in Anspruch genommen, so auch in Bezug auf Gutenstein bei Gelegenheit der Schlichtung eines mit dem Kloster Neuberg ausgebrochenen Grenzanstandes.

Auf Grundlage eines, durch an Ort und Stelle abgeordnete Gedenkmänner und Zeugen abgegebenen Gutachtens, behob er diesen Streit und stellte darüber zu Wien am 29. Mai 1343 eine eigene Handveste aus. Der Wortlaut derselben ist folgender:

„Wir Albrecht vou gots gnaden Hertzog ze Osterreich ze Steyr vnd ze Kernden. Tun chunt mit diesem Brief, vmb die gemerkhe zwischen der Prewn vnd Gutenstayn. di vutz Her ze chrieg gewesen sind. zwischen dem Chloster ze dem Newnperg vnd Gutenstayn. Daz wir fir vns vnd vnser veter Hertzog fridrich vnd Hertzog Leupolt mit wizzen vnd guten willen, des Abts vnd des Conuentz. zv dem Newnperg leut darauf. geschafft vnd gesant haben. die auch diselben gemerkhe von vnsern wegen beschawt habent, vnd vns ir chuntschaft darumb geschriben habent, alz di eltisten vnd di besten, gedenchent, di bi iren ayd, darvmb gesact habent. daz di gemerkhe di hernach geschriben stant, daz Chloster zv dem Newnperg mit wald mit holtz mit waid vischwaid. vnd Jayd, angehüren, vnd sind daz die gemerkhe von dem alten Sneperg, in Turnstayn vber den Trogrenperg zetal vber daz wazzer daz da haizzet Troguer in das grozze Hellental. von demselben tal. in den Hohenchopf ob dem wazzerstayn in di Mitterwant da der Hohenperger rayn anstozzet vnd di gegent, di haizzet di Prewn. vntz an di Spekhe, als daz Regenwazzer sait baidenthalben ze tal auf die Schwartzach. vnd wellen auch wir daz demselben Chloster zv dem Newnperg. di gemerkhe für baz also ewichlichen beliben in der weiz alz ez von alter zu der Prewn gehort hat, vnd dar veber zu vrchund geben wir disen brif versigelten mit vnserm Insigel. Geben ze Wienn an Phintztag nach sand Vrbanstag, Nach Christes, gepurd drewtzehen Hundert iar darnach in dem drewvnd virtzgistem Jar." [1]

Die Begleichung des in Rede stehenden Grenzanstandes betreffend, stellte Herzog Albrecht der Weise noch eine zweite Urkunde aus. Dieselbe ist mit dem Datum „Neustadt nach Sct. Urbanstag 1343" versehen, und hat in Bezug auf jene Grenzstrecke, bei welcher Gutenstein betheiliget war, folgenden Wortlaut: [2] „Wir Albrecht von gots gnaden, Herczog ze Oesterreich ze Steyr, vnd ze kernden. Tun kunt mit diesem brief, vmb di gemerkh, czwischen des Haws zw Reychenaw in . der Prawn, vnd Guettenstain vnd klain ob Schadwienn vnser geslosser, die

---

[1] Pergament-Urkunde mit Reitersiegel im k. k. H. H. und Staats-Archiv. Lichn. III. Reg. Nr. 1330.

[2] Pergament-Urkunde mit Reitersiegel im k. k. H. H. und Reichs-Archiv.

vncz her ze krieg gewesen sind tzwischen dem kloster ze dem Newnperg Jrs haws ze Reychenaw in der Prawn vnd Guettenstain vnd klam. Daz wir fur vns vnd vnser Vettern Herczog Friedreichen vnd Herczog Leupolten mitt wissen vnd guetten willen des Abbts vnd des Conuentts ze dem Newnperg lewt darauf gesandt vnd geschafft die auch dieselben gemerkch von Unsern wegen beschawt habent vnd Vns Ir kuntschaft darumb geschriben haben, als di Eltisten vnd die posten gedenckchent Ettleich vnser Burger aus der Newnstat von Newnkirchen von Schadwien, auch von Guettenstain vnsere Herschaften. Die vns bey Irem ayd darumb gesworen habent, daz die gemerkch, die hernachgeschriben stent des klosters zum Newnperg Auch des Haws zů Reychnaw, mit wald mit holcz, mit wayd, mit Vischwayd, vnd Jayde, angehorn, Vnd sint das di gemerkch vom marchstain in der Speck vber die Swarcza in den Rechgraben auf in den kolperg auf in den Erczperg, als die wassersag sait, in den Sawruessel in dy Feuchtrisen, in das Hintal, auf in das wenigkelbel auf den Altensneeperg. Auff den Turnstain vber den Trogrerperg, ze Tal vber das wasser das do haisset Trogner mitten in das gross Hellental, mitten durch den kloben, mitten in die grufft, in das haberueld. Die ganncz Rechsner Albm vnd den Amaspüchl, in den Rauchenstain, in die mitterwant, do Hochenberger Rain an stosst. — — —"

Vergleicht man diese beiden, denselben Gegenstand behandelnden Urkunden, so bemerkt man sogleich, dass die zweite eine wesentliche Vervollständigung der durch die erste Handveste gegebenen Grenzbeschreibung enthält. Während die erste Urkunde das bestimmte Datum „Wienn an Phintztag nach sand Vrbanstag 1343" trägt, erscheint die zweite lediglich mit „Neustadt nach Sct. Urbanstag 1343" datirt.

Die Ursache, dass Herzog Albrecht binnen wenigen Tagen zwei, dieselbe Angelegenheit berührende Urkunden ausstellte, dürfte in der Unvollständigkeit der ersten Handveste zu suchen sein. Die Angaben derselben waren derart mangelhaft, dass sie, statt den bestandenen Grenzstreit beizulegen, denselben nur noch mehr verwirren musste. Man scheint dieses auch sogleich, sei es von Neuberg, sei es von Gutenstein aus, oder auch von beiden Seiten eingesehen zu haben, und suchte daher vom Herzog eine neue Handveste zu erlangen, in welcher die streitige Grenze genauer beschrieben wurde. Diesem Bestreben hat auch die zweite Urkunde vollkommen entsprochen; der durch dieselbe festgesetzte Grenzzug besteht heute noch aufrecht.

Um einem etwaigen topographischen Irrthume zu begegnen, sei hier noch die Bemerkung gestattet, dass unter dem am Schlusse der zweiten Grenzbeschreibung genannten Rauchenstein der auf der Schneealpe, am südlichen Abhange des Windberges vorkommende Rauchstein, wo damals die Hohenberger Grenze zustiess, zu verstehen ist; und nicht jener zunächst dem Steinerkogel gelegene Rauchenstein, in dessen Nähe dermalen allerdings die Grenzen der Domänen Neuberg, Gutenstein und Hohenberg zusammenstossen.

Albrechts des Weisen Bestreben war mit besonderer Aufmerksamkeit dahin gerichtet, die von seinem Vater und seinen Brüdern übernommenen zahlreichen Verpfändungen seiner Hausgüter zu ordnen, dieselben theilweise abzulösen, oder die Verwaltung verpfändeter Güter in die eigene Hand zu nehmen. Das Letztere hatte namentlich mit Gutenstein sehr bald stattgefunden, denn im Jahre 1345 wird urkundlich Ulrich der Lasperger als des Herzogs Burggraf zu Gutenstein genannt.[1]

Der Ueberlassung verpfändeter Güter in die Administration der Gläubiger, wie dieses später so häufig zum grossen Nachtheile der Landesfürsten stattfand, suchte Herzog Albrecht mit weiser Sorgfalt auszuweichen.

Durch eine in einem Diplomatarium desselben[2] Seite 8 eingetragene Verschreibung, ddto. Wien, 3. Juli 1353, wurden Gutenstein und was dazu gehört, so wie die Mauten zu „Neudorf und Salchenaw" an Meister Johannes, Bischof von Gurk und erster Kanzler des Herzogs, für fünftausend dreihundert Gulden „guter florin", welche derselbe dem Herzog Albrecht dargeliehen hatte, verschrieben. Letzterer setzte überdies für sich und seine Söhne Rudolph, Friedrich, Albrecht und Leopold den Stephan von Meissau als Bürgen, mit dem Versprechen, denselben zur rechten Zeit von dieser Bürgschaft entledigen zu wollen.

---

[1] Lichnowsky III. Reg. Nr. 1391. Chmel, Mat. I. Reg. Nr. 177 und II. S. 44, Urkunde 25.

[2] Original im k. k. H. H. und Reichs-Archiv.

Durch eine zweite auf Seite 89 des genannten Diplomatars vorkommende Eintragung, ddto. Wien, 15. April 1356,[1]) erklärt Herzog Albrecht, dass er Heinrich dem Vinken, seinem Kämmerer, durch zwei Jahre jährlich 100 Pfunde Wiener Pfennige, auf Gutenstein, woselbst er ihn „behaust", angewiesen habe, und verfügt, dass, falls Heinrich innerhalb der zwei Jahre mit Tod abgehen sollte, die Hausfrau desselben Elsbeth an dessen statt, die angewiesene Behausung und das verschriebene Geld zu benützen und zu beziehen habe.

Die segensreiche Regierung Herzog Albrechts des Weisen war getrübt durch mannigfache Landplagen, namentlich durch die im Jahre 1349 aus dem Orient über Europa hereinbrechende Pest. Es starb ein Drittel, vielleicht die Hälfte der Bevölkerung aus; seit der Sündfluth hatte wohl nie noch der Tod auf Erden so grauenvoll gewürgt. „Do wart der sterb in allem Oesterreich gar gross, und doch besunder datz Wienn, also, das man alle lewt, arm und reich, muest legen inn den Gotsakker ze Sand Cholman. Vnd sturben zo vil lewt, an einem tag czweliff hundert leich, die gelegt wurden inn den Gotsakker: und wurden daselbs Sechs grueb gegraben, untz auf das wasser, und man legt inn die ain grueb vierczigtausent leich, an die haimlich begraben wurden in den Klöstern und in andern Kirchen: wann der Hertzog floch aus der Stat gen Purchartsdorff, und verpot, daz man nyemand torft gelegen auff dye Freythöff über all inn der Stat. Vnd auch fluhen vil lewt aus der Stat, der vil auf dem lannd sturben" erzählt die Leobner Chronik.[2])

In dem Bestreben, die von ihm hergestellte und erhaltene Ordnung auch über seine Lebensdauer den Herzogthümern zu sichern, berief Herzog Albrecht am 25. November 1355, seine vier Söhne und die Häupter der vorzüglichsten Adelsgeschlechter nach Wien, und setzte nach vorher empfangenen Eiden die nach ihm genannte Hausordnung fest.[3])

Dieselbe war in ihren wichtigsten Sätzen, wie die gleiche Anordnung König Rudolphs, vorzüglich gegen die Theilung der

---

[1]) Lichnowsky III. Reg. Nr. 1851.
[2]) Petz Script. I. B. S. 970.
[3]) Lichnowsky III. B. S. 302 und Reg. Nr. 1821.

Länder gerichtet und verordnete, dass „die hochgebornen Fürsten, Rudolph, Friedrich, Albrecht und Leopold, seine lieben Söhne, in Tugend und in brüderlicher Liebe vereint, stets mit einander bleiben mögen." Es scheint in dem weisen Herrn die Ueberzeugung gelebt zu haben, dass mit einer Theilung der Erbländer eine Entkräftung, ja der Ruin seines Hauses unvermeidlich verbunden wäre, er demnach auch auf ein Mittel bedacht war, welches seine Söhne von diesem Gedanken ferne halten sollte.

Den Geist des Friedens und der Versöhnung bei jeder Gelegenheit bis an sein Ende darlegend, starb Herzog Albrecht der Weise oder Lahme zu Wien, am 20. Juli 1358.

VII. Rudolph IV. der Stifter.

Herzog Albrecht der Lahme hinterliess vier Söhne: Rudolph IV. genannt der Stifter, geboren 1. November 1339, Friedrich den Prächtigen, geboren 1347, Albrecht III. mit dem Zopfe, geboren 1349 und Leopold III. den Biedern, geboren 1351.

Rudolph IV. war beim Ableben seines Vaters nahe 19 Jahre alt. Bei der grossen Jugend seiner Brüder fiel ihm zunächst die Obsorge für die Regierung der Länder und die Verwaltung des Hausvermögens zu. Er war ein thatkräftiger, durch viele gute Eigenschaften ausgezeichneter Herr, dessen Handlungsweise jedoch eben so oft einen grossen Hang zur Eitelkeit, Prunksucht, Ehrgeiz und Unzuverlässigkeit erkennen lässt. Er war in vieler Beziehung das Gegentheil seines klugen und schlichten Vaters. Bekannt ist seine Titelsucht. Er nannte sich einen Pfalzerzherzog des Reichs, einen Erzherzog, einen Herzog in Schwaben und im Elsass, einen Reichs-Oberjägermeister, und fügte sich noch eine grosse Zahl von Titeln, darunter auch den eines Markgrafen von Drosendorf bei.

Viele Misshelligkeiten und Demüthigungen hat ihm diese schwer zu erklärende Schwäche zugezogen. In Uebereinstimmung mit seinem grossen Ehrgeiz stand die Eifersucht auf die Machtvollkommenheit in seinen Ländern. „Egomet volo esse Papa, archiepiscopus, episcopus, archidiaconus, decanus in mea terra" [1]) ist diesfalls eine sehr bezeichnende Aeusserung.

---

[1]) Chron. Salisb. bei H. Pez. I. S. 417.

Herzog Rudolph war der erste Fürst in Deutschland, welcher die von ihm ausgestellten Urkunden selbst fertigte, indem er unter dieselben entweder „Hoc est verum" oder die Formel: „Wir der Herzog Rudolph sterken diesen Brief durch die Unterschrift unser selbs Hand" setzte.

Wesentliche Veränderungen und Neuerungen führte der junge Fürst bald nach der Uebernahme der Regierung ein. Sein Bestreben war vorherrschend auf eine dauernde Vermehrung seiner Einkünfte gerichtet. Die Einführung der Tranksteuer oder des Ungeldes ist eine der wichtigsten Folgen dieser seiner Bemühungen.

„Anonymi Tegernscensis breve Chronicon Austriae" bemerkt höchst lakonisch „Item anno Domini 1359. Ist das Ungelt in Osterreich auferstanten." [1])

Die Entstehung des Ungeldes steht mit einer wesentlichen Reform im Münzwesen im unmittelbaren Zusammenhange. Als eines der einträglichsten Rechte der Münzherren bestand die alljährlich zur bestimmten Zeit erfolgende Einwechslung (der Verruf) der Münze. Das bereits oben Seite 93 erwähnte Rationarium über die Einkünfte der österreichischen Herzoge bemerkt diesfalls gleich im Anfange: „Moneta per Austriam debet singulis annis circa festum beati Johannis baptiste in Wienna, in Noua ciuitate, et in Anaso renouari". [2]) Im Juni eines jeden Jahres musste die gesammte Münze zu einem herabgesetzten Preise eingeliefert werden, sie wurde jedoch sogleich wieder in dem ursprünglichen höhern Satz ausgegeben, oder sie wurde umgeprägt und sodann im höhern Werthe wieder in Umlauf gebracht; oder es erschienen kleinere Pfennige, welche im Werth der eingewechselten grösseren angenommen werden mussten.

Das unaufhörliche Abliefern und Einsenden, Umwechseln und Neuannehmen der Münze war an sich schon lästig, kostspielig und zeitraubend, das damit der Bevölkerung aufgelegte Opfer bedeutend, die ganze Massregel war verhasst und gegen den Münzherrn erbitternd.

---

[1]) Pelz Script. II. S. 469.
[2]) Ad. Rauch Script. II. S. 3.

Herzog Rudolph erkannte das Schädliche dieser Uebung, oder er gab vielleicht den dringenden Vorstellungen und Bitten der Landherren und des Adels nach und führte unterm 21. März 1359 die neue Ungeld-Ordnung [1]), jedoch vorerst, nachdem es sich um eine seiner wichtigsten Einnahmsquellen handelte, versuchsweise bis zum St. Georgstag 1360 geltend, ein.

Durch die betreffende Urkunde wurde festgesetzt, dass für die Dauer „ditz gegenwurtig Neun vnd funftzkisten Jars" der Münzverruf unterbleiben solle, dem Herzog jedoch als Ersatz „von allem dem wein, met, oder Pyer, so in dem Land ze Oesterreich vnder der Ens, vnd ob der Ens geschenchet wirt", der zehnte Pfennig verabfolgt werde.

Obwohl Herzog Rudolph bei der Einführung der Tranksteuer mit grosser Bedachtnahme auf seinen Vortheil vorging, ist doch auch die Schonung beachtenswerth, mit welcher er dabei gegen die Landherren handelte. Die gegen Uebertretung der erlassenen Vorschriften verhängten Strafen fielen den Gerichtsherren zu, ihnen blieb die Wahl zwischen den beiden Leistungen, ihrem Nutzen gemäss, die ganze Last der neuen Einführung fiel demnach auf die Aermeren, und dass dieses auch in der Absicht des ganzen Vorganges lag, geht nur zu deutlich aus der Urkunde selbst hervor. Die Herren und Ritter — — — sollen aus diesem Ungeld „chain beswerung noch schaden emphahen, Sunder daz es tragen vnd geben allermaist fremde leut vnd gest, die von andern Landen zů vns gen Oesterreich wandelnt, vnd ander gemain volch, daz gewönlich vailen wein, met, oder pyr vom zaphen trinchet."

Durch das Ungeld-Patent wurde dem Herzog Rudolph und seinen Brüdern das Recht gewahrt, nach Verlauf des Probejahres nach ihrem Nutzen, zwischen dem Münzverruf und der neuen Abgabe zu wählen; fanden sie die Letztere vortheilhafter, so soll die alte Münzsitte abgeschafft und das Ungeld als Ersatz bleiben.

Dass der Herzog aus der neuen Tranksteuer einen grösseren Nutzen als aus dem aufgegebenen Münzverrufe gezogen habe,

---

[1]) Abgedr. bei Kurz, Rudolph IV. S. 321, Beilage I. Weniger genau bei Hergott Mon. II. 1, S. 258. Lichnowsky IV. Reg. Nr. 35.

geht aus einer späteren Urkunde vom 24. November 1362 [1]) hervor: „von der munss wegen dy wir etliche iar nidergelegt haben durch ander nucz willen dy wir in andern wegen in vnserm lannd genommmen haben."

Das Ungeld blieb somit fortbestehen, neben demselben fand jedoch auch noch durch eine lange Zeit und bis in die Regierung Friedrichs IV. reichend, eine früher gar nicht erhörte Verschlechterung der Münze statt.

Die Einführung des Ungeldes, welches zugleich als der Anfang unserer Verzehrungssteuer zu betrachten ist, musste hier aus dem Grunde einer besonderen Erörterung unterzogen werden, da sie von einer auf alle Verkehrs- und Lebensverhältnisse, namentlich der untern Bevölkerungsclassen tief eingreifenden Wirkung war. Uebrigens kömmt zu bemerken, dass die Anwendung desselben als Tranksteuer keineswegs Rudolphs eigene Erfindung war. Es waren ihm damit schon König Johann von Böhmen im Jahre 1336 und Papst Innocenz VI. im Jahre 1358 vorausgegangen. [2])

Ein näheres Eingehen in jene Aenderungen, welche Herzog Rudolph namentlich im Urbarwesen einführte, würden hier zu weit führen.

Mit wesentlichen Freiheiten und Rechten begünstigte er die Bürger landesfürstlicher Städte und Märkte, sowie die Insassen solcher Orte, für welche er zugleich der Grundherr war. Nur zu gut erkannte er, wie sehr es seinem eigenen Vortheile zusagte, wenn der Wohlstand und die Steuerkraft seiner Herrschafts-Unterthanen gehoben wurde.

Beneidenswerth war damals das Los der Letztern im Vergleiche zu den Unterthanen des Landadels und der Ritter, die nur zu häufig dem grössten Drangsal unterworfen waren und für welche es beinahe keinen staatsrechtlichen Schutz gab.

Auch Gutenstein besitzt von Herzog Rudolph IV. eine Bestätigung der ihm schon von Friedrich dem Schönen verliehenen Befugniss zur Abhaltung eines Wochenmarktes an jedem Montage und damit verbundene Erhebung in die Rechte eines landes-

---

[1]) Ad. Rauch Script. III. §. 103.
[2]) Kurz, Rudolph IV. S. 31.

fürstlichen Marktes. Der Wortlaut der vom 20. Mai 1362 ausgestellten Urkunde, deren Original mit schönem Reitersiegel noch erhalten ist, ist folgender: [1])

„Wir Rudolf der Vierd von Gottes gnaden Erczherczog ze Oestereich ze Steyr vnd ze Kernden herre ze Chrain, auf der marich vnd ze Portenaw Graf ze Habspurch ze phirt vnd ze kyburch, marichgraf ze Purgow, vnd Landgraf in Elsazz. Tun chunt, daz wir vnsern getrewn den Purgern vnd den Leuten gemainlich ze Gutenstain, von besundern gnaden, erlaubet haben, vnd erlauben auch mit diesem brief daz sie ewichlich an einem iglcichen montag wochenmarcht haben daselbes ze Gutenstain, in aller weis alz ander wochenmarcht in vnsern Landen sind. Dauon emphelhen wir ernstlich allen vnsern Lantherren, Rittern vnd Knechten, allen Amptleuten vnd andern vnsern vndertanen, daz sie die vorgenanten Purger, vnd Leut, von Gutenstain bei dem egenannten wochenmarkt beleiben lazzen, an all ierrung mit vrchund diz briefs, der geben ist ze Wienn an freytag vor dem auffarttage, do man zalt von Kristes gepürd dreuczehen hundert iar darnach in dem zwai vnd sechczigisten iare. vnsers alters in dem drey und zwaintzigisten vnd vnsers Gewaltes in dem vierden iare.

† Wir . der . vorgenant . Herzog . Ruodolf . sterken . disen . prief . mit . dirr . vnterschrift . vnser . selbs . hant . †"

Für Gutenstein hatte schon das oben Seite 115 mitgetheilte Privilegium Friedrichs des Schönen vom 18. Juni 1321 eine wesentliche Bedeutung. Nicht auf die Befugniss zur Abhaltung eines Wochenmarktes an jedem Montage beschränkten sich die durch diese Urkunde verliehenen Rechte, dieselbe sagt ausdrücklich: „vnd geben wir demselben Marcht allev die recht vnd freyunge, die ander Mergte habent in Oesterreich."

Welches waren aber diese „rechte vnd freyunge"?

In den landesfürstlichen Märkten wohnten wie in den Städten nur freie Bürger, es gab dort keine Leibeigenen mehr. Nach der durch mehrfache Belege nachweisbaren Rechtsübung

---

[1]) Pergament-Urkunde im Besitze der Gemeinde Gutenstein. Das Reitersiegel erscheint abgebildet im November-December-Heft 1867 der Mitth. der k. k. Central-Commission zur Erf. und Erh. der Baudenkmale, Tafel VIII., Fig. 29, und das Contrasiegel S. 178, Fig. 35.

der damaligen Zeit schloss die Verleihung des Marktrechtes an einen Ort, die Befreiung seiner Bewohner von der Leibeigenschaft in sich.[1]

Dort wo die Landesfürsten zugleich die Grundherren waren, war dieses ein von ihnen häufig angewendetes Mittel, um einen Ort in Aufnahme zu bringen; oder um den übermässig gedrückten Leibeigenen benachbarter Landherren und Ritter die Flucht von ihren harten Gebietern zu ermöglichen und zu erleichtern; denn dieselben fanden in den landesfürstlichen Städten und Märkten freudige Aufnahme und volle persönliche Freiheit.

König Friedrich der Schöne verlieh das Marktprivilegium ddto. 18. Juni 1321 „den bescheiden Leuten ze Gutenstein", die Bestätigungs-Urkunde Rudolphs IV. vom 20. Mai 1362 spricht schon von „den getrewn den Purgern vnd den leuten gemainlich ze Gutenstain". Hörige Leute hätte der Herzog sicher nicht Bürger genannt; die Marktinsassen von Gutenstein waren daher damals bereits von der Leibeigenschaft frei. Allein der Markt Gutenstein war auch im Besitze jenes wichtigen Rechtes, in Folge dessen fremde Zuzügler durch die Aufnahme in denselben, von der Leibeigenschaft frei wurden.

Das alte Banntaidingbuch von Gutenstein [2] enthält gleich im Anfange Bestimmungen, welche diesfalls keinen Zweifel bestehen lassen. Dieselben lauten:

„Vermerckt dye Freyhet hie zu guettenstain die ist so starck als jm land zu Osterreich."

„Wan Einer herein kumbt auf vnser freihet als paldt er kumbt vber denn reyn zu dem ersten nachpäurn der mach jm die freiheit verleihen vnb XII dr. Wer der aber so arm das er der XII dr. nit het So soll er die VI dr. geben. Wer er noch so arm so soll er die II dr. geben, Het er aber nit II dr. So sol der nachpaur in sein daschen greifen vnd sol im die XII dr. leihen darnach sol der selbig nachpawr mit im zu dem richter gen darnach so soll der richter mit im gen Hof gen vnd sullen die sach fur den hern pringen darnach hot der her dem die freyhet zu verleihen vmb XII dr."

---

[1] Vergleiche Kurz, Rudolph IV. S. 93.
[2] Pergament-Manuscript im Besitze der Gemeinde Gutenstein, S. 3.

Aus dem Dargestellten ergibt sich die grosse Wichtigkeit, welche die Privilegien Friedrichs des Schönen vom 18. Juni 1321 und Rudolphs IV. vom 20. Mai 1362 für Gutenstein und seine Bewohner besassen.

Herzog Rudolphs nächstfolgender Bruder Friedrich, genannt der Prächtige, war am 10. December 1362 gestorben. Bei dem Heranwachsen der beiden noch übrigen Brüder schien es nöthig und zweckmässig, die bestehenden Hausordnungen, namentlich jene seines weisen Vaters, Herzog Albrechts II. vom 25. November 1355 zu erneuern, und in mehreren wichtigen Puncten zu vervollständigen und zu erweitern.

Diesem Geiste der Einigkeit und Zusammengehörigkeit entsprechend, wurde von den drei herzoglichen Brüdern durch Urkunde ddto. Wien, 18. November 1364 eine neuerliche Hausordnung, die Fortführung der Regierungsgeschäfte und die gemeinschaftliche Verwaltung des Hausvermögens betreffend, abgeschlossen und durch eine zweite an demselben Tage ausgestellte Urkunde den Fürsten, Grafen und Insassen aller herzoglichen Länder zur Befolgung bekannt gemacht. [1])

Diese Urkunden sollten leider durch eine geraume Zeit die letzten sein, durch welche die Absicht dargelegt wurde, jene Einigkeit, welche das Habsburger Regentenhaus bisher stark und mächtig gemacht hatte, auch für die Zukunft zu bewahren und zu erhalten.

Herzog Rudolphs Bestrebungen zur Errichtung eines selbstständigen Bisthumes in Wien scheiterten, wie die gleichen Bemühungen Herzog Leopolds des Glorreichen, an dem Widerstande des Bisthums Passau, dagegen aber gelang es ihm, die Stephanskirche in Wien, deren Vergrösserungsbau er wesentlich förderte, durch die Bulle Urbans V. vom 5. August 1364 [2]) zu einer Collegiat-Kirche mit einem Capitel von vierundzwanzig Canonikern erhoben zu sehen. Rudolphs wichtigste Stiftung war jedoch die der Universität zu Wien mittelst Urkunde vom 12. März 1365. [3])

---

[1]) Original im k. k. H. H. und Staats-Archiv. Lichnowsky IV. Reg. Nr. 624 und 625.

[2]) Lichnowsky IV. Reg. Nr. 655.

[3]) Hormayr, Wien, Urkundenbuch S. 47.

Wenige Wochen später starb der Herzog, am 27. Juli 1365, zu Mailand, wo er an einem hitzigen Fieber erkrankt war, im sechsundzwanzigsten Jahre seines Alters. Sein Leichnam wurde in der Stephanskirche zu Wien beigesetzt. „Hic est sepultus Dei gratia Dux Rudolfus Fundator" ist der Inhalt einer mit räthselhaften Zeichen in der Halle des kleinen linken Seiteneinganges dieser Kirche angebrachten Aufschrift.

Herzog Rudolph IV. wird, vorzüglich mit Rücksicht auf die Begründung der Wiener Universität und der Collegiat-Kirche bei Sct. Stephan der Stifter genannt, der grosse Stammbaum des Hauses Habsburg in der Ambraser Sammlung nennt ihn „der Listig".

Thomas Ebendorfer hat das Urtheil aufbewahrt, welches die Zeitgenossen über Rudolph bald nach seinem Tode aussprachen: „Er würde Oesterreich entweder bis zum Himmel erhoben oder an den Rand des Verderbens gebracht haben." „Fertur siquidem, quod, nisi fuisset sublatus de medio, Austriam usque ad coelum extulisset, aut penitus casui exposuisset." [1]

VIII. Albrecht III. mit dem Zopfe.

Nach dem Tode Rudolphs IV. zählte das Habsburger Regentenhaus nur zwei männliche Mitglieder. Es waren dieses die beiden Herzoge Albrecht III. mit dem Zopfe und Leopold III., genannt der Biedere. Der Erstere war 16, der zweite 14 Jahre alt.

Bei der Jugend der Fürsten war die Umgebung derselben von grossem Einfluss. Misshelligkeiten unter den Mitgliedern der beiden Hofstaaten scheinen sich bald auf die jungen Herren selbst übertragen zu haben, gefördert noch durch die grossen Unterschiede, welche sich frühzeitig in Charakter und der Handlungsweise derselben aussprachen. Mag die Geschichte den Herzog Leopold immerhin „den Biederben" nennen, gegen seinen Bruder war er ungerecht, für sein Haus hat er unsägliches Ungemach für eine lange Reihe von Jahren eingeleitet, seinen eigenen Ruhm schmälerte er durch leidenschaftliche Herrschsucht. Dem ent-

---

[1] Thom. Ebend. de Haselbach, Chron. Aust. bei H. Petz, II. S. 807.

gegen zeichnete sich Herzog Albrecht durch Milde und Versöhnlichkeit, so wie durch grosse Gerechtigkeitsliebe aus.

Nach dem Antritt der Regierung hatte der Letztere seinen Aufenthalt in Wien genommen, Herzog Leopold war in Tirol. So verwalteten Beide anfangs gemeinschaftlich, die einem Jeden nahe liegenden Gebiete und Länder.

Wenn auch mitbelastet durch den erheblichen Schuldenstand der Herzoge, scheinen sie in jener Zeit Gutenstein fort und fort in eigener Regie, und zwar durch von ihnen bestellte Burggrafen verwaltet zu haben. Von einer speciellen Pfandgabe an einen der Gläubiger findet sich für jene Periode keine urkundliche Spur vor.

Die Austragung der noch von Rudolph IV. übernommenen Kriege, die doppelte Hofhaltung, endlich die Vorbereitungen zu dem höchst kostspieligen Zuge des Herzogs Leopold nach Preussen hatten den Schuldenstand der Herzoge in hohem Grade gesteigert.

Zwei Erfahrungen waren es, welche sie bei diesem Zustand machen mussten, nämlich, dass sie alles Zutrauen Anderer verloren hatten und dass auch das Selbstvertrauen geschwunden war, sich aus dieser peinlichen Lage durch eigene Anstrengungen befreien zu können.

Um kund zu geben, wie sehr ihnen daran gelegen war, Zutrauen zu erwerben und Ordnung in ihren Geldangelegenheiten von Grund aus herzustellen, fassten die beiden Herzoge den Entschluss, sich für eine geraume Zeit von der Verwaltung ihrer Gelder ganz zurückzuziehen und diese Männern zu übertragen, deren Rechtlichkeit, gewissenhafter Sinn und Erfahrung allgemein anerkannt war. Durch die Urkunde „geben ze Wyenn, An Sontag vor Goczleichnamtag (9. Juni) 1370" [1] übergaben sie „Hansen von Liechtenstain von Nicolspurg Herczog Albrechtens Hofmaister, Reynharten von Wehingen Herczog Levppolts Hofmaister, Jansen von Tyerna Huobmaister und Mvnzzmaister in Oesterreich, Christoffen dem Syrueyer Kellrmaister, vnd Niclasen dem Stayner Purger ze Wyenn" alle ihre „Land vnd Herschafte, Gepiet, Stett, vnd Merkt, wie, die, genant, oder wa, die, gelegen

---

[1] Original im k. k. H. H. und Staats-Archiv, abgedruckt bei Lichnowsky IV. Beilage II. Nr. 2.

sind, mit aller ir zuogehoerung, vnd mit allen geniezzen, vellen, gülten vnd nüczen" bis auf Weihnachten, und von da auf vier Jahre zur Verwesung derselben; die Herzoge behielten sich zu ihrem Unterhalt nur 17,000 Pfunde Wiener Pfennige jährliche Rente bevor und verfügten, dass alles Andere zur Schuldentilgung zu verwenden sei.

Wie lange diese freiwillig übertragene Sequestration dauerte und welche Folgen sich aus ihr ergaben, erscheint nicht ersichtlich gemacht; wesentliche Resultate mag sie kaum gebracht haben.

Wie oben Seite 124 dargestellt worden ist, hatte Herzog Albrecht der Lahme durch eine wiederholt ausgefertigte Handveste einen zwischen Gutenstein und Kloster Neuberg ausgebrochenen Grenzstreit geschlichtet. Herzog Albrecht III. bestätigte dem Abt zu Neuberg diese Entscheidung durch einen zu Wien, Eritag, nach Sct. Jacobstag 1371 erlassenen Privilegienbrief.[1]) In demselben erscheint der Wortlaut der verbesserten Grenzbeschreibung, wie derselbe in der zweiten von Herzog Albrecht dem Lahmen erlassenen Handveste vorkommt, inserirt. Diese Handveste findet sich auch nach ihrem vollen Inhalt in einem grossen Bestätigungs-Privilegium Kaiser Friedrichs III., ddto. Wiener Neustadt 8. März 1455, enthalten.[2])

Vom Jahre 1372 zeigen sich die ersten Spuren von Misshelligkeiten zwischen den beiden Herzogen Albrecht und Leopold bezüglich der Regierung der Länder und der Verwaltung des Hausvermögens. Diese scheinen zunächst aus der Besetzung der Aemter hervorgegangen zu sein. Böser Rath und übler Einfluss der Umgebung dürften hiezu viel beigetragen haben.

Die einmal eingeleiteten Schwierigkeiten steigerten sich in rascher Aufeinanderfolge und gaben zu einer erheblichen Zahl von Verträgen und Uebereinkommen die Veranlassungsursache. Es ist nothwendig, die einzelnen Vereinbarungen wenigstens ihrem Wesen nach anzudeuten, um jene verhängnissvolle Ländertheilung, welche durch sie vorbereitet und herbeigeführt, und

---

[1]) Pergam.-Orig. mit Reitersiegel im k. k. H. H. und Reichs-Archiv. Lichnowsky IV. Reg. Nr. 1047.

[2]) Original mit grossem Reichssiegel ebendaselbst. Chmel Reg. II. S. 384, Nr. 3314.

durch welche auch Gutenstein unmittelbar betroffen wurde, klarer beurtheilen zu können.

Die Reihenfolge dieser Urkunden ist: Vertrag ddto. Wien, 25. Juli 1373, zwischen den beiden Brüdern, Herzog Albrecht III. und Herzog Leopold III., die Theilung des Länderregiments betreffend. [1])

Vertrag ddto. Wien, 31. December 1373, wodurch sich Herzog Albrecht mit seinem Bruder Herzog Leopold wegen Schuldentilgung einiget, und für sie Beide die Bezahlung von 36,848 Gulden übernimmt, wofür er in Oesterreich und Steiermark Güter versetzen oder Zuschläge auf Sätze machen soll, wogegen Herzog Leopold 22,648 Gulden auf gleiche Weise in Krain, Tirol, Schwaben, Argau, Turgau, Elsass, Suntgau und Breisgau tilgen soll. [2])

Gegenbrief des Herzogs Leopold ddto. Schloss Tirol, 31. December 1373, in derselben Angelegenheit. [3])

Erklärung desselben vom 3. Jänner 1374, womit er gelobt, alle Verpfändungen und Zuschläge gut zu heissen, und mit seinen Briefen zu bestätigen, welche sein Bruder Albrecht zur Bezahlung der auf sich genommenen Schulden nach der ihm ertheilten Vollmacht machen würde. [4])

Vertrag ddto. Wien, 3. Juni 1375, mit einer erneuten Ordnung der beiden Herzoge über die Verwaltung ihrer Länder für ein Jahr von Jacobi an. [5])

Erklärung ddto. Walsee, 5. Jänner 1376, durch welche Herzog Albrecht verheisset, dass, wenn wider Vermuthen zwischen ihm und seinem Bruder Leopold Streitigkeiten entstünden und dieser eine Theilung der Länder verlangen sollte, er darein willigen werde. [6])

---

[1]) Original im k. k. H. H. und Reichs-Archiv. Kurz, Albrecht IV., I. B., S. 238, Urkunde Nr. 24. Lichn. IV. Reg. Nr. 1129.

[2]) Kurz, l. c. S. 248, Urk. 27 mit der fehlerh. Jahrz. 1374. Lichn. IV. Reg. Nr. 1142.

[3]) Orig. wie oben. Lichn. IV. Reg. Nr. 1143.

[4]) Orig. wie vorstehend. Kurz, l. c. S. 255. Urk. 28. Lichn. IV. Reg. Nr. 1147.

[5]) Orig. wie oben. Kurz, l. c. S. 262. Urk. Nr. 32. Lichn. Reg. Nr. 1221.

[6]) Orig. wie oben. Kurz, l. c. S. 268. Urk. Nr. 33. Lichn. Reg. Nr. 1255.

Gegenbrief, ddto. Walsee, 5. Jänner 1367, von Herzog Leopold in derselben Angelegenheit. ¹)

Neuer Vertrag ddto. Wien, 6. August 1376, der beiden Herzoge über die Verwaltung ihrer Länder. ²)

Vertrag ddto. Wien, 7. Juli 1379, eine erneute Theilung der Einkünfte der Länder durch die Herzoge Albrecht und Leopold enthaltend, und bis 10. Februar 1385 giltig. ³)

Alle bisher aufgezählten Verträge führten noch immer nicht eine eigentliche Ländertheilung herbei, sie betrafen nur eine Theilung des Regimentes und der Einkünfte und Renten, allein der Raum bis zur gänzlichen Trennung war nur noch sehr klein. Herzog Leopolds ungestümes Drängen und dessen Ungerechtigkeit gegen seinen Bruder liess sich nicht mehr aufhalten. Bei dem letzten Abkommen sollte es nur zwei Monate bleiben, denn am 25. September 1379 kamen die beiden Brüder zu Kloster Neuberg in Steiermark zusammen und vereinbarten dort jenen Ländertheilungs-Vertrag, von dem alles Unheil herzuschreiben ist, welches die österreichischen Länder fast durch ein volles Jahrhundert betroffen hat; durch welchen die Kraft des Habsburgischen Regentenhauses grade in einer Zeit gelähmt wurde, in welcher die vollständigste Entwicklung derselben so dringend nothwendig gewesen wäre.

Nachdem durch diese verhängnissvolle Urkunde Gutenstein unmittelbar berührt worden ist, erscheint es nothwendig, jene Stellen derselben, welche sich darauf und auf das Wiener Neustädter Gebiet beziehen, hier einzuschalten. ⁴)

„Wir Albrecht vnd Leupolt gebrüder, von Gottes gnaden, Herczogen ze Oesterreich e. e. Bekennen vnd tun kunt, offenleich mit disem brief, daz wir nach rat, vnsers Rates, mit guter vorbetrachtung, durch gemaches vnd frides willen vnserselbs,

---

¹) Original wie oben. Lichn. IV. Reg. Nr. 1256.

²) Original wie vorstehend. Kurz, l. c. S. 271. Urk. Nr. 34. Lichn. IV. Reg. Nr. 1286.

³) Original wie vorstehend. Kurz, l. c. S. 174. Lichn. IV. Reg. Nr. 1435.

⁴) Original in Duplo, jedes Exemplar mit zwei grossen Reitersiegeln im k. k. H. H. und Reichs-Archiv. Abgedruckt aus dem Codex Coroninus bei Rauch III. S. 395, nicht ganz genau. Noch mangelhafter im 12. Bande der kirchl. Topographie, S. 275. Urkunde 7. Lichn. IV. Reg. Nr. 1446.

vnd aller vnserer erben vnd nachkommen, vnd auch aller vnsrer Land vnd Leut, vberrain kommen sein wizzentleich ainer sölichen tailung, vnsrer Land vnd herscheften als hienach geschriben stet. Des ersten, daz wir, Herzog Albrecht, vnd vnser erben, zu vnserm tail, haben vnd besiczen süllen, ewickleich, das Land vnd Herczogtum ze Osterreich, oberthalb vud niderthalb der Ens, mit sampt der vest vnd Stat ze Steyr, vnd aller irer zügehörung die in die gemerk, des Landes ze Steyr, nicht treffen noch rüren, als verre, die hofschrann vnd Haubtmannschaft ze Greacz, geet, vnd mit der Halstat vnd dem Ischenland, vnd allem dem, so darczu gehört, von dem Payrschen gemerk, an des von Salczburg gebiet, derichts dem Steyrischen gemerk nach ab, vncz an das Vngarisch, vnd darczu, was in die Hofschrann ze Wienn gehört, mit allen Herren Rittern vnd knechten, vnd mit allen den vesten Stetten, Mearkten Dörffern vnd Gütern, Mautten zöllen Gerichten, Vogteyn, Gelaitten wiltpeann, vnd allen andern Ampten, nüczen vnd gülten, wie die genant, oder wa die gelegen sein, mit fürstlicher herschaft, vnd vollen ganzen gewealten, vnd mit aller Lehenschaft vnd manschaft, gaistlicher vnd weltlicher, als das alles, in die egenant Hofschrann ze Wienn vnd die Haubtmanschaft ob der Ens, oder die Pfleg ze Steyr gehört, als das ein Lantmarschalich in Oesterreich, vnd ein Haubtman ob der Ens, oder ein Purggraf ze Steyr vncz her inngehebt habent, Ausgenommen der Stat ze der Newnstat mit allen irn Rechten freyhaiten vnd guaden, in Stetten auf wazzer vnd auf Land, als si die, bei dem Hochgeborn fürsten, vnserm lieben herren vnd vater, Herczog Albrechten sealiger gedeachtnüzz gehebt hat, vnz an vns vnd mit dem kirchenlehen daselbs, vnd dem Lantgericht das von alter darczu gehört, vnd dem Markt ze Newnkirchen, vnd der vest klamm vnd Schadwienn dem Markt, vnd Aspang, vest vnd Markt, mit allen irn zugehörungen, vnd darczu den Zehenden vnd Perkrechten, in demselben Lantgericht ze der Newnstat gelegen, die yczund verseczt sind, dieselben Stuck alle vorbenaut, vns Herczog Leupolten vnd vnsern erben beleiben süllent ewikleich, doch mit solichen ausztigen, daz die vesten Starhenberg, Püten, Ternberg, vnd Swaerczenpach, mit allen zügehörungen, vnd mit sampt dem Lantgericht auf allen den Gütern, die darczu gehörent, dem egenanten vnserm brüder, Herczog Albrecht beleiben süllent,

Aber vmb das Lantgericht, auf den velden, vnd auch auf den Strazzen, die auf denselben vealden geend, die zu Pütten gehörent, Sol es steen, An vnsern lieben getrewn Haidenreichen von Meissaw obristen Schenken in Oesterreich Hansen von Liechtenstain, vnserm Herczog Albrechts hofmaister, Gotfriden Müller hofmaister vnd Hainreichen Gessler kamermaister, vnser des egenanten, Herczog Leupolts, Also was die vier, darnach so si das beschawt habent, zwischen vns darumb sprechen, daz wir das bed, genzleich steat haben, vnd dabey beleiben süllen. Es süllent auch vnser Salczsieder ze Ausse vnd an der Halstat, vnd das Salcz ze Gmünden, mit dem Salczfüren vnd verkauffen, steen vnd beleiben, als es vncz herkomen ist. Auch süllen wir Herczog Albrecht, die Purkhüten, vnd dienst, auf die vesten Gutenstain Püten, Starhenberg Ternberg vnd Swearczenpach alain auzrichten, vnd sol vnser brüder, Herczog Leupolt, fürbaz nichts gebunden sein darczü ze geben. Es süllent auch, all herren vnd edel Leut Ritter vnd knecht, vnd all Phaffen, die in dem vorgenanten Lantgericht zü der Newnstat gesezzen sind, vnser Herczog Albrechts sein, vnd in vnser hoftaiding gen Wienn komen, vnd vns in allen sachen, mit vollen vnd ganczen gewealten zugehören vnd gehorsam sein, als irm rechten Herren, vnd süllen auch wir, derselb Herczog Albrecht, alle Lehen, in dem ogenanten Lantgericht, leihen. Aber die phaffhait in der Newnstat ze Newnkirchen ze Schadwienn vnd ze Aspang vnd irn zügehörungen, als oben geschriben ist, süllen dem egenanten vnserm brüder, Herczog Leupolten beleiben. Dagegen süllen wir, Herczog Leupolt, vnd vnser erben, zu der Newnstat vnd andern Stuken die vns daoben auzbeschaiden sind, haben vnd besiczen ewikleich zu vnserm tail, das Land vnd Herczogtum ze Steyr. u. s. w. — — — Das ist beschehen vnd ist dieser brief gegeben in dem Closter ze dem Newnperg, an Sunntag vor sand Michelstag, do man zalt, nach krists geburt, dreuczehenhundert iaren, vnd darnach, in dem Newnvnd Sibenczigisten Jare."

Obwohl Herzog Leopold durch diesen Vertrag seinem ältern Bruder Albrecht, den grössten Theil der Erbländer abgedrungen hatte, war er damit noch immer nicht zufrieden. Der Letztere musste schon am 29. September 1379 zu Wien eine neue Urkunde ausstellen, womit er die Erklärung abgab, dass er seinem Bruder aus der Ländertheilung hunderttausend Goldgulden schuldig sei, und dieselben binnen Jahresfrist zahlen werde. Der verhängnissvolle Ländertheilungsvertrag vom 25. September 1379 erhielt schliesslich auch vom römischen Könige Wenzel mittelst Urkunde ddto. Prag, 17. Jänner 1380 [1]) seine Bestätigung. Das Haus Luxemburg konnte nur mit Befriedigung Massregeln gutheissen, durch welche die Kraft und Machtentwicklung des Habsburger Regentenhauses für lange Zeit hinaus lahm gelegt wurde.

In diesem Theilungsvertrage ist dem an der Nordseite der Alpen gelegenen Neustädter Gebiet eine besondere Aufmerksamkeit zugewendet. Dasselbe war bishin, obwohl es in die Hofschranne nach Wien gehörte, dennoch als zur Steiermark gehörig betrachtet worden. Bei der Theilung scheinen es beide Herzoge angesprochen zu haben. Während alle die übrigen weitläufigen Erbländer in der Urkunde, je nachdem sie einem der Brüder zugewiesen wurden, nur einfach aufgezählt werden, ergab sich eine Verständigung über dasselbe nur auf Grundlage der im Vertrage ersichtlich gemachten eigenthümlichen Zersplitterung des Gebietes und der damit verbundenen Regalien, wobei das nach Pütten gehörige Landgericht überdies noch streitig blieb, und erst durch ein Schiedsgericht einem der Vertrags-Paciscenten zugewiesen werden sollte.

Während ferner die Stadt Wiener Neustadt mit ihrem Zugehör an Herzog Leopold fiel, wurden die, diese Stadt in einem weiten Bogen umgebenden Vesten Starhemberg, Pütten, Ternberg und Schwarzenbach sammt Zugehör, [2]) und überdies mehrfache Regalien aus dem Neustädter Landgericht, dem Herzog Albrecht zugewiesen. Bezüglich Gutenstein fällt es auf, dass dasselbe nicht unter jenen Schlössern aufgezählt wird, welche dem Letztern als Eigenthum zuerkannt wurden, indem sich doch später auch bezüglich dieser Veste Herzog Leopold eines jeden Beitrages zur Erhaltung und Ueberwachung derselben ausdrücklich entschlägt, und diese Lasten Herzog Albrecht allein über-

---

[1]) Kurz, Albrecht III., I. Seite 305, Urkunde Nr. 44. Lichn. IV. Reg. Nr. 1483 und 1484.

[2]) Das Ungeld betreffend vergleiche Lichn. IV. Reg. Nr. 1449.

nimmt. Es ist nämlich unter „Purghut" ¹) die Verpflichtung zur Beistellung und Erhaltung jener Mannschaft zu verstehen, welche zur Ueberwachung einer Veste erforderlich war, deren Zahl in Friedenszeiten nur gering war, in Kriegszeiten jedoch nach dem Stande der Gefahr und der übrigen Verhältnisse vermehrt worden ist.

Das oben bereits erwähnte Banntaidingbuch enthält auf Seite 22 die Bemerkung, dass zur Bewachung des Schlosses Gutenstein, der Herr auf seine eigenen Kosten zwei Mann zu halten habe, im Falle jedoch „Wann dem land ab wurd gesagt — die gancz herschaft auf sein müsse".

In Bezug auf die eigenthümliche Behandlung des Neustädter Bezirkes konnte es kaum zweifelhaft sein, dass durch den Theilungsvertrag der Keim neuer Zerwürfnisse und Zwistigkeiten in reichem Masse gelegt worden ist.

Dass Gutenstein nicht nur bezüglich der Lasten, sondern auch seiner Renten und Verwaltung nach von Herzog Albrecht III. übernommen wurde, ergibt sich aus einem Zukauf, welchen er schon im Jahre 1389 hier machte.

Laut Urkunde ddto. Wien, Sct. Petersstuhlfeier (22. Februar) 1350 ²) erkaufte Herzog Albrecht von Andre dem Grünwald, wie es in der Urkunde heisst: „mit des ehrbaren Mannes hand, Heinrichs des Kamrers, zu den Zeiten Burggrafen zu Gutenstein" ein zu Gutenstein im Markt gelegenes Haus, „das früher Heinrichs gewesen, und davon man jährlich 52½ Wiener Pfennige Grundrecht zur Veste Gutenstein dient", für 45 Pfunde Wiener Pfennige. Als Zeugen erscheinen aufgeführt: „Burggraf Heinrich der Kamerer, Bernhart der Gotschacher und Otto von Drostetten." Soweit Anhaltspuncte für eine Beurtheilung vorliegen, entstand aus diesem Hause der zum Schlosse gehörige Maierhof, an dessen Stelle dermalen das alte Pfarrhofgebäude vorkömmt.

Albrechts III. haushälterischer Sinn war auf das Streben gerichtet, die Hilfsquellen, welche das reiche, wenn auch schwer

---

¹) Hergott, Mon. Toni. III. I. Seite 6. Urkunde Nr. 10, in welcher das Wort „Purchhutta" erklärt wird.

²) Pergament-Original im k. k H. H. und Staats-Archiv. Lichn. IV. Reg. Nr. 1501.

verschuldete Allodialbesitzthum seines Hauses in sich barg, möglichst zu erschliessen und frei zu machen. Bleibende Pfandgaben von Domainenbesitz sind aus seiner Regierungszeit wenige bekannt, mit geringer Ausnahme war es stets nur die Rente, welche von ihm verpfändet wurde.

Als eine solche Rentenverpfändung kann es auch nur betrachtet werden, wenn Herzog Albrecht III. im Jahre 1379 bezeuget, dass er dem Conrad von Potendorf zehn Pfunde Pfennige schuldig sei, [1]) und selbe an die Losung seiner Veste Gutenstein gewiesen habe, denn er versprach zugleich, diese Schuld von den nächsten Weihnachten übers Jahr zu tilgen und stellte auch Heidenreich von Meissau, Cadold von Eckardsau und Hanns von Tirna als seine Bürgen auf.

Unter den Ankäufen, welche Herzog Albrecht III. wahrscheinlich in der Absicht machte, um seinen Besitz zu arrondiren, verdient zunächst die Erwerbung der Veste Herrandstein, „ein Drittheil an dem Paunwald genannt an der Maendlikch, ferner einen Hof zu Piestinkch", welche Stücke laut Vertrag ddto. Wien, 12. März 1380 [2]) Conrad von Potendorf um 3121 Pfunde 5 Schillinge Wiener Pfennige dem Herzog verkaufte, Beachtung.

Grade der Boden des nördlich dem Semmering gelegenen Theiles der Steiermark, nämlich das Wiener Neustädter Gebiet, scheint Gegenstand wesentlicher Rivalitäten zwischen den beiden herzoglichen Brüdern gewesen zu sein.

Bald nach dem vollzogenen Ländertheilungsvertrage, und ungeachtet der ohnehin bestandenen tiefen Verschuldung, kaufte auch Herzog Leopold von Albero dem Suchsen von Trautmannsdorf, laut Vertrag ddto. 14. April 1381 [3]) die Vesten Stuchsenstein, Buchberg, Losenheim und zu dem Hof um 4000 Pfunde Wiener Pfennige.

Es liegt die Vermuthung nahe, dass das Bestreben beider Brüder dahin ging, ihren in der Umgebung von Wiener Neustadt gelegenen Besitz thunlichst abzuschliessen und zu kräftigen.

---

[1]) Kirchliche Topographie V. Band, Seite 204, jedoch ohne Quellen-Angabe.

[2]) Original im k. k. H. H. und Reichs-Archiv. Lichnowsky IV. Reg. Nr. 1509.

[3]) Joanneums-Archiv in Graz. Lichnowsky IV. Reg. Nr. 1574.

Schon die Erbauung resp. der Umbau der Burgen zu Wiener Neustadt und Lachsendorf erscheint in dieser Beziehung beachtenswerth.

Es sei hier noch die Bemerkung gestattet, dass es in gleichem Grade beachtenswerth ist, die erst im Jahre 1381 durch Herzog Leopold angekauften Vesten Stuchsenstein, Buchberg und zum Hof schon nach kurzer Zeit im Besitze Johanns von Liechtenstein auf Nikolsburg, des „gewaltigen Hofmeisters" zu finden. Wann und wie dieselben an den Letztern gelangten, ist aus Mangel eines jeden urkundlichen Beleges dermalen nicht nachzuweisen. Ich halte die Vermuthung für berechtiget, dass Hanns von Liechtenstein die genannten Vesten nur im Pfandbesitz hatte.

In dem Urtheilsspruch, welchen Herzog Albrecht III. in Gemeinschaft mit dem Burggrafen Friedrich von Nürnberg und dem Grafen Herman von Cilly ddto. „Wienn an Sand Dorothentag" (6. Februar) 1395, [1]) gegen das Haus der Liechtenstein-Nicolsburg fällte, lautet der erste Ausspruch „daz vns vorgenantem herzog Albrechten vnd vnsern erben vorauz sullent genczlich ledig vnd los sein, vnd auch für sich ingeantwurtt werden, vnsre vier geslos, Haymburg, Weitenegg mit sambt Persenpeug vnd Rechperg mit iren zugehörungen, Valkenstain mit seiner zugehörung, vnd Stuchsenstain mit seiner zugehörunge, die vest zum Hof vnd Puchperg mit allen iren zugehörungen, Als die egenanten vesten alle, Hans von Liechtenstain hat innegehabt." Wenn nun die vier Schlösser Haimburg, Weiteneck, Persenbeug und Rechberg als an Hanns von Liechtenstein verpfändet bezeichnet werden, [2]) so kann dasselbe auch nur von den Vesten Stuchsenstein, Buchberg und zum Hof angenommen werden, da geschlossen werden muss, dass in dem ziemlich umfangreichen Urtheil, in den einzelnen Aussprüchen, nur gleichartige Gegenstände zusammengefasst worden sind.

Nach Herzog Leopolds III. Tod bei Sempach (9. Juli 1386) übernahm Albrecht III. laut Abkommen ddto. „Wienn an Mitichen vor sand Colmanstag" (10. October) 1386, [3]) für seine

---

[1]) Original im k. k. H. H. und Reichs-Archiv. Abgedruckt bei Kurz, Albrecht III. II. B. S. 299. Urk. Nr. 84. Lichn. IV. Reg. Nr. 2460.

[2]) Kurz, Albrecht III., II. B. S. 185.

[3]) Original im k. k. H. H. und Reichs-Archiv. Rauch Script. III. B. S. 400. Lichn. IV. Reg. Nr. 2020 und 2021.

Lebensdauer, auch die Regierung der seinen Neffen angefallenen Länder und die Verwaltung ihres Hausvermögens.

Leider sollte die wiederhergestellte Eintracht und Einheit im Länderregimente und in der Vermögensgebarung nur für eine mässige Reihe von Jahren Dauer haben. Herzog Albrecht III. mit dem Zopfe starb zu Lachsenburg am 29. August 1395. Er wurde bei Sct. Stephan neben seinem ältesten Bruder Rudolph beigesetzt.

Aus der Regierungszeit desselben verdienen zwei Gegenstände einer besondern Erwähnung.

Durch die Verordnung ddto. „Wien am Eritag vor sand Marie Magdalene tag" (20. Juli) 1372 [1]) wurde das unter dem Namen Wiener Mass heute noch in Uebung stehende Getränkemass eingeführt.

Ferner sei die Bemerkung gestattet, dass in dem Kriege, welchen die Herzoge Albrecht und Leopold im Jahre 1376 gegen die Republik Venedig führten, in österreichischen Kriegen Schiesspulver das erste Mal in Anwendung kam. Es wurden mittelst demselben aus metallenen Röhren, Bombarden genannt, abgerundete Steine gegen Festungsmauern geschleudert. „Quelli di Feltre e di Cividal intesa la partita de' Veneziani da Quero, mandarono due bombarde, uno sul Monte di Corveta, etc.," erzählt Chinazzo. [2]) In Italien scheint das Schiesspulver jedoch schon seit längerer Zeit in Anwendung gewesen zu sein, denn es wird dessen Gebrauch schon bei einer im Jahre 1330 stattgefundenen Belagerung der Stadt Lucca erwähnt. [3])

Nur sehr allmälig wurde durch diese Erfindung eine gänzliche Umänderung des Bewaffnungs- und Kriegswesens herbeigeführt.

IX. Gemeinschaftliche Verwaltung unter den Herzogen Wilhelm und Albrecht IV.

Bisher war es, wenn auch mehrfach unter grossen Schwierigkeiten, dennoch stets mit ausreichender Zuverlässigkeit möglich

---

[1]) Rauch l. c. III. S. 116. Lich. IV. Reg. Nr. 1077.
[2]) Muratori Script. XV. B. S. 709.
[3]) v. Sacken, Ambraser Sammlung. I. Th. S. 95. Anmerkung 2.

gewesen, unter den Herzogen des Habsburger Regentenhauses jene zu bezeichnen, welche im Laufe der Zeit die Eigenthümer des Schlosses und der Herrschaft Gutenstein waren. Nach dem Tode Herzog Albrechts III. steigern sich die Schwierigkeiten für diesen Theil meiner Aufgabe sehr wesentlich.

Durch den Theilungsvertrag vom 25. September 1379 war der an der Nordseite des Semmering gelegene Theil der Steiermark, nicht nur dem Boden nach, sondern auch bezüglich der verschiedenen herzoglichen Rechte und Einkünfte, auf eine eigenthümliche Weise behandelt und zersplittert worden. Zu diesem Antheil der Steiermark gehörten auch Schloss und Herrschaft Gutenstein

Der genannte Vertrag lässt nicht mit Bestimmtheit erkennen, ob Gutenstein dem Albertinischen oder dem Leopoldinischen Länderantheil zugewiesen worden war, denn an Herzog Albrecht III. fiel durch denselben lediglich die Verpflichtung zur Erhaltung und Bewachung dieser Veste; unter den Schlössern, welche ihm als Eigenthum zugewiesen wurden, ist Gutenstein nicht genannt.

Herzog Albrecht III. betrachtete sich allerdings als den Eigenthümer, und so lange er als das hochgeachtete Haupt seines Hauses regierte, fiel es wohl Niemanden ein, ihm diesen Besitz in irgend einer Richtung in Frage zu stellen. Nach seinem Tode scheint sich dieses Verhältniss wesentlich geändert zu haben.

Herzog Albrecht IV. war beim Ableben seines Vaters nahe 18 Jahre alt. Er war ein wenig thatkräftiger Herr, dessen Zukunft schon dem Vater bedenklich schien. Diesem hatte die Herrschsucht seines Bruders Leopold einst vieles Ungemach bereitet, und er hatte es bitter erfahren, welches Unheil durch Uneinigkeit im Regentenhause diesem und den Ländern bereitet wurde.

Durch seinen letzten Willen wollte er der Wiederholung solcher Zustände vorbauen und verordnete, dass sein Neffe Herzog Wilhelm und sein Sohn Albrecht IV. das Länderregiment gemeinschaftlich führen sollten. Rührend beinahe lautet eine diesbezügliche Stelle seines Testamentes: „Darnach schaffen Wir vnd bitten mit allem dem vleisse, so Wir ymmer pest kunnen vnd mugen vnsern lieben vettern vnd vnsern Sun, vnd raten In auch mit trewen, daz Sy durch eren frumen vnd aufnemen irselbs, vnd aller irr erben vnd nachkömen, vnd aller vnser vnd irr vndertanen land vnd leut, mit allen iren landen vnd leuten vngetailt beioinander beleiben, Also daz yedemtail gelcich geschech vnd liebleich vnd freuntleich miteinander leben in allen sachen, vnd nieman völgen, der Sy auf dhain anders verweisen wolt. Ob aber gescheach des got nicht welle, daz das ye nicht möcht gesein Sunder, daz, Sy ye mainten ze tailen So nemen für sich die tailbrief die weilent vnser Brueder vnd Wir gegeneinander gegeben haben, vnd was die sagen, des halten sich baidenthalben. — —" [1]) Wie bald jedoch sollte sich Alles ändern.

Herzog Wilhelm, welchen die Geschichte „den Ehrgeizigen" nennt, strebte nach dem Tode seines Oheims mit dem Aufwand aller Mittel nach der Regierung in seinem gesammten Hause. Nach dem Tode seines Vaters bei Sempach hatte er sich, wenngleich bereits volljährig, durch den oben Seite 145 erwähnten Vertrag unter das Regiment Herzog Albrechts III. gestellt.

Diese seine frühere Unterordnung unter die Obmannschaft des Aeltesten seines Hauses und das Testament des Letztern legte er nun derart aus, dass eine Art Seniorat gebildet sei, dem gemäss ihm die Leitung der gesammten Hausgeschäfte und die Regierung der Länder gebühre.

In der unverkennbaren Absicht, den Streit unter den Prinzen zum eigenen Vortheil auszubeuten, standen sich bald allerorts Parteien drohend gegenüber.

Wien schloss sich an Herzog Wilhelm an, der grösste Theil des österreichischen Landadels erkannte jedoch den Herzog Albrecht als seinen rechtmässigen Erbherrn. Die Flamme eines allgemeinen Aufstandes wurde noch mehr angefacht durch Abgeordnete des Ersteren, welche auch andere Städte zum Anschluss an die Partei Herzog Wilhelms bewegen wollten.

In Oesterreich war allerdings der Anhang Herzog Albrechts an Zahl und Macht der stärkere, allein nebst Wien hatte sich an die Gegner beinahe der gesammte Adel jener Länder angeschlossen, welche durch den Theilungsvertrag vom Jahre 1379 der Leopoldinischen Linie des Regentenhauses zugefallen waren. Der Ausschlag des Bürgerkrieges für eine oder die andere

---

[1]) A. Rauch Script. III. S. 409.

Partei war zweifelhaft, gewiss war nur das unabsehbare Elend und die Verheerung, welche er über die Länder gebracht hätte.

Herzog Albrecht IV. „der Geduldige" suchte dieses Unglück zu verhindern, er verzichtete auf einen Theil seines Erbrechtes und schloss bei einer Zusammenkunft mit Herzog Wilhelm zu Holenburg, am 22. November 1395, [1]) einen neuen Vertrag ab. Diesem gemäss blieben die Länder der beiden Herzoge vereiniget, die Regierung und die Verwaltung des Hausvermögens sollte gemeinschaftlich erfolgen, die Einnahmen getheilt werden, allein in mehreren Puncten hielt sich Herzog Wilhelm einen Vorrang bevor, aus welchem sich nur zu bald neue Reibungen, Zwiespalt und Klagen über Eingriffe und Verletzungen persönlicher Rechte ergaben. Wie hätte auch der Wohlstand der Länder gehoben werden können unter der gemeinschaftlichen Regierung zweier Herren, welche ihrer Denkweise nach so verschieden waren und auch nach Aussen nur zu bald eine verschiedene Politik befolgten?

Herzog Wilhelms herrschsüchtiges Auftreten scheint seinem Vetter Albrecht die Theilnahme an den Regierungsgeschäften in hohem Grade verleidet zu haben, so zwar, dass der Erstere nicht nur das Regiment der Erbländer, sondern auch die Verwaltung des gesammten Hausvermögens an sich brachte.

Wie sehr Albrecht III. in wahrhaft haushälterischer Weise bemüht war, den schwer verschuldeten Allodial-Besitz seines Hauses von weiteren Belastungen frei zu halten, habe ich oben angedeutet. Herzog Wilhelm scheint weniger ängstlich auf die ungeschmälerte Wahrung des reichen Stammcapitales seines Hauses an Grundbesitz Bedacht genommen zu haben, indem er bleibende Verpfändungen von Herrschaften oder deren Zutheilung als Leibgedinge veranlasste. Dass derartige Vergabungen von ihm in grösserem Massstabe erfolgten, geht ziemlich klar aus dem §. 32 des von den Ständen erlassenen Ausspruches vom 5. September 1406 [2]) hervor.

Bald nach der Uebernahme der Gesammtregierung gab er Schloss und Herrschaft Gutenstein als ein Leibgedinge an seinen

---

[1]) Orig. im k. k. H. H. und Reichs-Archiv. Rauch Script. III. S. 411. Lichn. V. Reg. Nr. 9.

[2]) Rauch Script. III. S. 464.

Hofmeister Ulrich von Walsee, den letzten Sprossen aus der von Eberhart II. abstammenden Linie dieses weitverzweigten mächtigen und reichen Hauses.[1] Die betreffende Urkunde ist mir zwar nicht bekannt geworden, allein das Factum selbst unterliegt keinem Zweifel.

Von Ulrich von Walsee wird erzählt,[2] dass er die Absicht hatte, bei Gutenstein oder Potenstein eine Karthause für zwölf Conventualen und einen Prior zu stiften. Die Ausführung dieser seiner Stiftung soll er Herzog Albrecht IV. als Obmann, seinem Schwager Hanns von Eberstorf und Vincenz von Sunberg übertragen haben. Bei dem Umstande, dass Herzog Albrecht IV. ein besonderer Freund des Karthäuser-Ordens war, gewinnt diese Angabe wesentlich an Glaubwürdigkeit.

Zur Ausführung kam die Stiftung jedoch nicht. Die ausserordentlichen Wirren der damaligen Zeit, sowie der baldige Tod Ulrichs von Walsee, verbunden mit dem Umstande, dass der Letztere diese Stiftung an einem Platze errichten wollte, welcher nicht einmal sein Eigenthum war, scheinen sie wieder gänzlich in Vergessenheit gebracht zu haben.

Ulrich von Walsee besass Gutenstein als ein Leibgedinge, nur eine geringe Reihe von Jahren, denn Hoheneeks Angabe (III. B. S. 816), dass derselbe erst im Jahre 1406 gestorben sei, beruht auf einem Irrthum. Dessen Todestag fällt jedenfalls vor den 7. September 1399; denn in dem Urtheilsspruch von diesem Tage,[3] zur Beilegung der Fehde zwischen den Oesterreichern und den böhmischen Herren von Lippa, wird nicht mehr Ulrich, sondern bereits Rudolph von Walsee als Herzog Wilhelms Hofmeister genannt.

Dass Gutenstein schon mehrere Jahre vor dem Ableben Albrechts IV. (14. September 1404) an die Landesfürsten zurückgefallen war, geht unwiderlegbar aus dem Punct 5[4] des grossen, von Kaiser Sigismund unterm 30. October 1411 erlassenen Spruchbriefes, auf welchen ich später zurückkommen werde, hervor.

---

[1] Hoheneck, Genealogie der Stände Oberösterreichs. III. S. 812.
[2] Hoheneck III. S. 816.
[3] Kurz, Albrecht IV. I. B. S. 191.
[4] Rauch Script. III. B. S. 502.

Aus dem Jahre 1402 ist ein Tausch bekannt, welchen der damalige Pfarrer Jacob von Gutenstein mit Hanns dem Inprukker und dessen Erben über ein halbes Pfund Wiener Pfennige Dienstgeld, welches der Letztere von seinen Gütern zu „Chienperg" jährlich dem Pfarrer und der Kirche zu Gutenstein zu leisten hatte, abschloss. Woraus diese Giebigkeit ihren Ursprung genommen, und wie lange sie bereits gedauert hatte, wird sich dermalen wohl kaum mehr ermitteln lassen.

Mittelst Urkunde vom Mittwoch nach Sct. Jacobstag (26. Juli) 1402 [1]) verzichtete der Pfarrer Jacob auf dieses Dienstgeld und bekam dafür als „Wiederwechsel" eine jährliche Dienstgabe von 52 Pfennigen auf einer Hofstatt „zu Chruswisen", 38 Pfennige, gelegen auf einer Hofstatt zu Wopfing, und 26 Pfennige, gelegen auf einer Hofstatt zu Hörnstein. Als Zeugen werden auf der Urkunde genannt: „Ulrich der Eybesprunner, Purkgraff ze Gutenstain" und „Hanns der Eytzynger Purkgraf ze Starhenberg".

Mannigfaltige Veranlassungsursachen, sicher aber auch der üble Einfluss, welchen die nächsten Umgebungen der Herzoge auf dieselben ausübten, hatten die Zwietracht unter den Mitgliedern des Regentenhauses, ihnen und ihren Ländern so vielfach zum höchsten Nachtheile, auf das Aeusserste gebracht. Eine Verständigung im Wege eines Schiedsgerichtes war das einzige Mittel, um den drohenden Bürger- und Bruderkrieg noch einmal zu verhüten. „Doch hatten die Fürsten noch so viel Gefühl für Schicklichkeit, und für das, was sie ihrem Hause schuldig waren, keinen Fremden aufzufordern, zwischen ihnen zu schlichten." [2])

Herzog Albrecht ertheilte am 23. Februar 1404 [3]) seinen Vettern Ernst und Leopold IV. die Vollmacht, ein Urtheil zwischen ihm und Herzog Wilhelm zu fällen. Der Letztere stellte eine gleiche Vollmacht unterm 25. Februar 1404 aus. [4])

Unter Beiziehung von zwölf herzoglichen Räthen erliessen die beiden Bevollmächtigten unterm 17. März 1404 [5]) ihren

---

[1]) Pergament-Original im k. k. Hofkammer-Archiv.
[2]) Lichnowsky V. B. S. 48.
[3]) Kurz, Albrecht IV. I. Band, S. 231. Lichnowsky V. Reg. Nr. 593.
[4]) Lichnowsky, Reg. Nr. 597.
[5]) Orig. im k. k. H. H. und Reichs-Archiv. A. Rauch Script. III, B., S. 419.

Schiedsspruch. Durch denselben sollte eine grosse Zahl von Streitpuncten, welche Geldschulden, Herrschaften, Lehen, verschiedene Renten und Bezüge u. dgl. betrafen, geschlichtet werden. Die Gemeinsamkeit der Regierung und der Güterverwaltung wurde jedoch aufrecht erhalten und schliesslich den streitenden Herzogen Versöhnung und Eintracht anempfohlen.

Der Ausspruch im Punct 21 dieses umfangreichen Urtheils betrifft auch Gutenstein und lautet wie folgt: „Denn vmb Starchemberg, Potenstein Gutenstain vnd wartenstain, Sprechen wir daz dieselben vesten, vnd auch all ander geslos vnd vesten mit Sweren vnd den nuczen, vnd anderen Sachen vnd zugehörungen vngeuearleich gleich ausgericht vnd getailt werden, vnd sullen auch Sy zu baiderseitt die miteinander mit Burggrauen, vnd phlegearn, mit iren dienearn besetzen, vnd entsetzen vngeuearleich. Hiert aber ir ainer derselben geslos vnd vesten, oder der nutz dauon mer denn der ander versetzet oder von Im gegeben, das sol dem, der die denn, also versatzt, oder von Im gegeben hat, an seinem tail der nutz so im ain gebüret vnd zugehöret abgeen, vnd auch dem andern in ander weg an geslossen vesten oder nutzen erstatt vnd eruollet werden."

Aus diesem einzelnen Ausspruch ist zu entnehmen, wie weit die Uneinigkeit bereits in geringen, für das grosse Ganze wenig wesentlichen Dingen gedrungen war, und wie am Ende bestehende Zwiste nur durch den Keim zu neuen Zerwürfnissen behoben werden konnten. Heute wie damals wird es wohl Niemanden geben, der im Stande wäre, die Administration der genannten vier Herrschaften, auf Grundlage der Weisungen des Schiedsspruches, derart zu ordnen, dass Schwierigkeiten bleibend vorgebauet wäre.

Aus dem oben angeführten Ausspruch ergibt sich noch weiters, dass im Jahre 1404 Gutenstein weder als Leibgedinge vergeben war, noch sich im Pfandbesitz eines Gläubigers befand, sondern durch herzogliche Pfleger und Burggrafen verwaltet wurde.

Die endlosen Zwistigkeiten unter den Mitgliedern des Regentenhauses hatten die Regierungsgewalt vollständig gelähmt und am flachen Lande Oesterreichs die traurigsten Zustände herbeigeführt, die von den Folgen eines eigentlichen Krieges nur wenig verschieden waren. Der Landadel lebte in einer gesetzlosen Unabhängigkeit und in steter Fehde unter einander, welche das flache Land schliesslich dem ungebändigten Toben und Wüthen von Räuberhorden überlieferten.

Wie weit dieses Unwesen gediehen war, lässt sich schon aus dem einzelnen Falle beurtheilen, dass der herzogliche Pfleger Linzer zu Hörnstein mehrere Jahre sein Räuberhandwerk auf die unverschämteste Weise ausüben konnte.[1] Er war der Schrecken der Reisenden, plünderte und brandschatzte die Umgebung auf die Entfernung von mehreren Meilen, und als er endlich in seinem Bette erdrosselt gefunden wurde, sagte man, es habe ihm, zum Lohne seiner zahllosen Frevel, der Teufel das Genick gebrochen.

Um dem berüchtigten Heinrich von Chunstatt und Jeuspitz, gewöhnlich Dürnteufel genannt, und seinem Spiessgesellen Albrecht von Vettau, welche vom Schlosse zu Znaim aus, das ihnen durch Bestechung in die Hände gefallen war, Niederösterreich bis an die Donau verwüsteten und brandschatzten, endlich das Handwerk zu legen, sammelte Herzog Albrecht IV. in Uebereinstimmung mit Kaiser Sigismund ein grosses Heer und zog im Sommer des Jahres 1404 vor Znaim.

Das Unternehmen misslang aus mehrfachen Ursachen, zugleich verfielen Albrecht und Sigismund, wahrscheinlich in Folge einer Vergiftung, in eine tödtliche Krankheit. Die Belagerung Znaims wurde am 27. August aufgehoben. Herzog Albrecht IV. liess sich in einer Sänfte nach Klosterneuburg bringen, dort nahm seine Krankheit derart überhand, dass er ihr am 14. September 1404 erlag. Er war 27 Jahre alt geworden. An der Seite seines Vaters erhielt er seine Ruhestätte.

X. Die Zeiten Herzog Albrechts V.

Herzog Albrecht IV. hinterliess einen einzigen Sohn, wie der Vater, Albrecht genannt. Nachdem derselbe erst sieben Jahre alt war, stand eine mehrjährige vormundschaftliche Regierung bevor, welche Herzog Wilhelm, als der Aelteste seines Hauses, übernahm.

---

[1] Thom. Ebendorfer, bei H. Petz. II. Band, S. 827.

Schon dem Vater gegenüber hatte dieser sein herrschsüchtiges Wesen so vielfach dargelegt, der siebenjährige Albrecht V. durfte um so weniger eine Schonung seiner Rechte und Interessen gewärtigen. Eine grosse Stütze ergab sich für den Letzteren aus dem Wohlwollen, welches Kaiser Sigismund von dem Vater auf den Sohn übertragen hatte, wodurch auch die Anhänger des jungen Herzogs in ihrer Treue gegen denselben bestärkt wurden. Mag die Geschichte über Kaiser Sigismund immerhin so manchen wohlberechtigten Tadel auszusprechen haben, seine Handlungsweise gegenüber Herzog Albrecht V. blieb stets wahrhaft edel und grossmüthig.

Ahnungsvoll, die unheilvollen, stürmischen Zeitverhältnisse bedenkend, hatte der todtkranke Albrecht IV. über die an seine Sänfte herandrängende Landbevölkerung zu Haselbach ausgerufen: „O, wie werden diese verarmen". [1] Ausserordentliche Elementarunfälle trugen dazu bei, die Furcht vor einer unglücklichen Zukunft zu vergrössern und die Verwirrung und Verzagtheit des Volkes zu vermehren. Ununterbrochene Regen hatten die Ernte des Jahres 1404 ganz verdorben. Die nächste Folge war eine drückende Theuerung der Lebensmittel, welche sich im Jahre 1405 zu einer schrecklichen Hungersnoth, von einer pestartigen Seuche begleitet, steigerte. Zahlreiche Opfer erlagen dem Hungertode, Viele machten aus Verzweiflung als Selbstmörder ihrem Leben ein Ende. [2]

Das Trostlose solcher Zustände wurde noch vermehrt durch die immer wiederkehrenden Schwierigkeiten und Zerwürfnisse unter den Mitgliedern des Regentenhauses. Herzog Wilhelm scheint den Zeitpunct als geeignet erachtet zu haben, um seine habsüchtigen Ansprüche, mit denen er Albrecht IV. gegenüber nur theilweise durchgedrungen war, gegen den siebenjährigen Albrecht V. neuerdings geltend zu machen. Unter die Objecte seines grossen Eigennutzes gehörte auch Gutenstein.

Die unklare Bestimmung, welche der Ländertheilungsvertrag vom Jahre 1379 über diese Veste enthielt, scheint die Ansprüche der Herzoge aus der Leopoldinischen Linie auf dieselbe

---

[1] Thom. Ebendorfer S. 825.
[2] Thom. Ebendorfer S. 825.

immer wieder hervorgerufen zu haben. Erst unterm 17. März 1404 hatten die Herzoge Leopold IV. und Ernst der Eiserne zwischen Wilhelm und Albrecht IV. einen Schiedsspruch gefällt, dessen auf Gutenstein Bezug nehmende Stelle oben mitgetheilt ist. Unverkennbar absichtlich liess dieser Ausspruch die Frage, wem Gutenstein eigenthümlich angehöre, ganz unberührt, denn nur die Gemeinschaftlichkeit der Verwaltung und die Theilung der Rente erscheint durch denselben angeordnet.

Das Schiedsgericht hatte sich in dieser Beziehung ganz sachgemäss, durch die letztwillige Anordnung Herzog Albrechts III. und durch das Uebereinkommen von Holenburg vom 22. November 1395 leiten lassen. Allein durch den Tod Herzog Albrechts IV. war für beide diese Urkunden die bindende Kraft erloschen, für Albrecht V. hatten sie keine Wirkung mehr. Der Gegensatz der verschiedenen Ansprüche trat aufs neue in seiner ganzen Schärfe hervor. Ueber Gutenstein that der damalige Oberstlandmarschall Ulrich von Meissau einen Ausspruch. Der vollständige Wortlaut dieser Urkunde ist leider nicht mehr bekannt, allein das Wesen derselben ergibt sich aus dem Abschnitte 5 des grossen, von Kaiser Sigismund erlassenen Spruchbriefes ddto. 30. October 1411. [1])

Während Albrechts III. Zeiten wurde Gutenstein als ein Eigenthum dieses Fürsten betrachtet. Die Art, wie die beiden Herzoge, durch welche der Ländertheilungsvertrag vom Jahre 1379 abgeschlossen worden war, die Verfügung über diese Veste selbst ausgelegt hatten, sprach für die volle Begründung der von der Albertinischen Linie erhobenen Ansprüche. Herzog Wilhelm musste demnach für seine eigennützigen Forderungen einen anderen Ausgangspunct suchen. Er behauptete Ulrich von Walsee habe Gutenstein und Potenstein in seinem letzten Willen, welche Urkunde Reinprecht von Walsee in Händen habe, ihm und dem Herzoge Albrecht IV. gemeinschaftlich vermacht.

Das Unzulässige dieser Behauptung ergibt sich sogleich, wenn berücksichtiget wird, dass Ulrich von Walsee Gutenstein nur leibgedingsweise, d. h. für seine Lebensdauer in Genuss hatte und demnach auch nicht berechtiget war, über diese

---

[1]) A. Rauch Script. III. S. 502.

hinaus darüber irgend eine Verfügung zu erlassen. Ulrich von Meissau sprach sohin Gutenstein Herzog Albrecht V. zu. Durch diesen vollkommen berechtigten Schiedsspruch war jedoch der Streit um diese Herrschaft nur für wenige Jahre unterbrochen.

Herzog Wilhelm starb ganz unerwartet am 15. Juli 1406. Dieses Ereigniss eröffnete für Oesterreich eine Zeit blutiger Greuel und unsäglichen Elends, wie solche ein Bürgerkrieg nur immer in seinem Gefolge haben kann. Leider nennt die Geschichte die Mitglieder des eigenen Regentenhauses als die Urheber dieser trostlosen Zustände.

Nachdem Gutenstein wiederholt eines der Streitobjecte wurde, ist es nothwendig, wenigstens die Hauptmomente anzudeuten, wodurch Zusammenhang und Uebersicht, so weit sie eben zur Aufhellung der Schicksale dieser Herrschaft erforderlich sind, erhalten bleiben.

Herzog Wilhelms unerwartetes Ableben scheint zunächst einen Zustand vollständiger Rathlosigkeit zur Folge gehabt zu haben. Herzog Leopold IV. befand sich in Schwaben. Er eilte nach Wien zurück, um als der älteste Prinz seines Hauses die Vormundschaft über Herzog Albrecht V. zu übernehmen. Nach demselben Ziele strebte aber auch der jüngere Bruder, Ernst der Eiserne. In der grenzenlosen Unordnung suchte zunächst Jeder von ihnen, namentlich aber Herzog Ernst, an sich zu bringen, worauf sie nur die Hand zu legen vermochten, ohne zu untersuchen, wessen Eigenthum es sei.

Da traten eine Anzahl von Landherren Oesterreichs und des Landes ob der Enns in Wien zusammen und schlossen unter dem Vorsitze des Erzbischofs Berthold von Salzburg, zugleich Verweser des Bisthums Freising, und des Bischofs Georg von Passau am 6. August 1406 [1]) eine Vereinigung ab, welcher sämmtliche Prälaten und Vorstände der österreichischen Stifter und Klöster, die Häupter der vorzüglichsten Adelsgeschlechter und die wichtigeren Städte beitraten.

Die durch diese Urkunde Vereinigten erkannten den Herzog Albrecht V. als ihren Erbherrn an, bestimmten, dass in Betreff der Vormundschaft und der Regierung von Oesterreich und

---

[1]) Rauch Script. III. S. 448.

des Landes ob der Enns nur dasjenige zu gelten habe, was sie selbst einhellig oder nach der Mehrzahl annehmen würden, und sicherten sich wechselweise mit vereinter Macht Schutz und Beistand zu, falls Einer aus ihnen dieser Vereinbarung wegen einen Angriff zu erleiden hätte.

Die Versammelten, welche später Stände des Landes genannt wurden, mögen in dem Bestreben, das Entstehen von Parteiungen zu verhüten, einen Beweggrund für ihr Vorgehen gefunden haben, dasselbe blieb jedoch immer ein Schritt der Eigenmächtigkeit, wozu sie weder durch ein Gesetz noch durch ein Herkommen berechtiget waren. Sie hatten kein Recht, etwas über die Vormundschaft des jungen Fürsten festzusetzen und durch Einhelligkeit oder Stimmenmehrheit das zu erzwingen, was ihnen gut dünken würde.

Es war dieses der erste Fall, in welchem die Stände als geschlossene Körperschaft dem Landesfürsten gegenüber auftraten, und dass sie dabei auch auf ihren eigenen Vortheil bedacht waren, kann wohl nicht zweifelhaft sein. Die Landherren suchten sich möglichst unabhängig von den Landesfürsten zu machen und manche Gesetze, welche den Schutz der Unterthanen zur Absicht hatten, wurden seitdem unbeachtet gelassen, wie denn unverkennbar von jener Zeit das Verkommen des öffentlichen Gemeindelebens, wovon zahlreiche Banntaidingbücher und Weissthümer Zeugniss geben, seinen Anfang nahm.

Die Herzoge Leopold und Ernst waren nicht in der Lage, die Forderungen der Stände zurückweisen zu können, sie mussten, um Zeit zu gewinnen, sich dem Ausspruche derselben unterwerfen. Bei dem vielfach dargelegten Stolz des Herzogs Leopold und der Festigkeit Herzog Ernsts konnte ein aufrichtiges Ergeben in einen Spruch, welcher ihr Erbe betraf, nicht erwartet werden, sondern Jeder scheint bestrebt gewesen zu sein, durch Nachgiebigkeit die Versammelten für sich zu gewinnen.

Die Herzoge Leopold und Ernst gaben am 2. September 1406, Jeder für sich, eine Erklärung ab,[1]) in welcher sie verlangten, dass durch die Stände bestimmt werden möge, welcher

---

[1]) Orig. im k. k. geh. H. H. und Staats-Archiv. Rauch Script. III. S. 452. Lichnowsky V. Reg. Nr. 792 und 793.

von ihnen die Vormundschaft über Herzog Albrecht V. zu führen habe, und dass mehrere dahin einschlägige Puncte geordnet worden.

Der Ausspruch der Versammelten erfolgte schon am 5. September 1406 zu Wien. In der umfangreichen Urkunde werden eine grosse Anzahl der mannigfaltigsten Angelegenheiten und Gegenstände behandelt,[1]) es wurde festgesetzt (Abschnitt 14 des Ausspruches), dass die Vormundschaft am 24. April 1411, bei alsdann erreichtem vierzehnten Lebensjahre Herzog Albrechts, ihr Ende zu nehmen habe, allein welchem von den Herzogen, Leopold oder Ernst, dieselbe obliege, bestimmten die Stände nicht, sondern sie überliessen die Lösung dieser Frage einer Vereinbarung der beiden Brüder. Diese scheinen sich über diesen Punct schon früher verständiget zu haben, denn schon unterm 14. September 1406 gab Leopold die Erklärung ab,[2]) dass er die Vormundschaft übernehmen und dem Ausspruche der Stände nachkommen werde, mit dem wichtigen Beisatz, er wolle am 24. April 1411 dem Herzog Albrecht die Regierung von Oesterreich und des Landes ob der Enns abtreten, thäte er es nicht, so sollen die Prälaten, Herren, Ritter und Knechte, und die Städte ihres Eides gegen ihn als Vormund ledig sein und sich ihm widersetzen können.

Der Vormundschaftsstreit war wohl für den Augenblick zur Ruhe gebracht, allein es bestand noch eine grosse Zahl untergeordneter Differenzpuncte, welche gleichfalls geschlichtet werden sollten. Die Stände hatten im Abschnitt 28 ihres Ausspruches vom 5. September 1406 bestimmt,[3]) dass die Herzoge bis zum nächsten „sand Jörgentag" alle ihre „henndel vnd sach mit tegen vnd taydingen, an gelegen stetten enden sullen."

Herzog Leopold bevollmächtigte mittelst Urkunde, „geben ze Wyenn am Freytag vor vnser Frawentag zu der Liechtmess" (28. Jänner) 1407,[4]) seinen Hofmeister Friedrich von Walsee,

---

[1]) Original im k. k. H. H. und Reichs-Archiv. Rauch Script. III. S. 455 mit dem Datum 12. September. Lichnowsky, V. Reg. Nr. 794.

[2]) Orig. wie oben. Rauch III. S. 466. Lichnowsky, V. Reg. Nr. 796.

[3]) Rauch III. S. 463.

[4]) Orig. wie oben. Kurz, Albrecht II. I. Band, S. 70. Lichnowsky, V. Reg. Nr. 833.

unter Beigabe mehrerer Rathsmitglieder, mit den Räthen seines Bruders Ernst „zu teidigen von den Sachen wegen zwischen ihm vnd seinem Bruder, ausgenommen vmb die Newnstatt vnd Neunkirchen."

Es scheint, dass zwischen den beiderseitigen Räthen eine Einigung nicht erzielt werden konnte, und somit auf Grundlage der gepflogenen Verhandlungen auf einen Schiedsspruch angetragen worden ist. Beide Herzoge wählten als Schiedsrichter den Grafen Hermann von Cilli und ertheilten ihm unterm 21. und 23. Februar 1407 die erforderlichen Vollmachten.[1] Dieser fällte zu Wiener Neustadt, wohin sich das Schiedsgericht und die beiden Herzoge begeben hatten, schon unterm 23. Februar (am Mittichen nach dem Suntag, so man singt, Reminiscere, in der Vasten) 1407 zwei Schiedssprüche.[2] Die eine dieser Urkunden betrifft die Angelegenheiten von Neustadt und Neunkirchen, der zweite sehr umfangreiche Spruchbrief enthält auch Aussprüche über die Herrschaften Gutenstein und Stixenstein.

Der erstere lautet wie folgt: „von Potenstain vnd Gutenstain wegen, die herczog Wilhelm seliger, vnserm herren herzog Ernsten soll, haben gegeben, nach seinen brief sag, den wir nicht haben gesehen Sprechen wir, das wir dieselben brief noch darumb wellen sehen vnd horn, vnd darnach Rat haben, vnsern herren vnd freund, wie wir darvmb awssprechen, dabey sol es dann beleiben." Wegen Stixenstein wurde bestimmt, Stüchsenstein gehört zur Steiermark, bleibt also dem Herzog Ernst, ausgenommen er vergliche sich mit Leopolden zu einem andern brüderlichen Vertrag.

Der Ausspruch über Potenstein und Gutenstein kann wohl nicht anders gedeutet werden, als eine in bessere Form gekleidete Abweisung der von Herzog Ernst auf diese Herrschaften erhobenen Ansprüche. In Bezug auf Gutenstein hatte, wie oben Seite 156 nachgewiesen erscheint, der Oberstmarschall Ulrich von Meissau vor kurzer Zeit einen Ausspruch gethan.

---

[1] Orig. im k. k. H. H. und Reichs-Archiv. Kurz, l. c. S. 70. Lichnowsky V. Reg. Nr. 843 und 845.

[2] Orig. wie oben. Lichnowsky, V. Reg. Nr. 846. Kurz, Albrecht II. I. B. S. 71.

Dieser hatte die Herrschaft dem Herzog Wilhelm ab- und dem Herzog Albrecht V. zugesprochen. Herzog Leopold war demnach bezüglich derselben nicht für seine Person, sondern lediglich im Namen seines Mündels betheiliget.

Zu einem Vermächtniss über Gutenstein war Herzog Wilhelm nicht befugt, es scheint auch eine dahin zielende Urkunde gar nicht bestanden zu haben, dem Schiedsgericht konnte sie wenigstens nicht vorgelegt werden. Graf Hermann von Cilli erledigte diesen Anspruch des Herzogs Ernst ganz einfach damit, dass er seinen Ausspruch bis dahin verschob, wo dem Schiedsgericht die mangelnden Urkunden vorgelegt sein werden. Damit blieb das frühere Urtheil aufrecht, d. h. Gutenstein blieb dem Herzog Albrecht zugesprochen.

Anders war die Angelegenheit wegen Stixenstein gestaltet. Diese Herrschaft hatte einst, zugleich mit mehreren anderen Vesten, Herzog Leopold III. käuflich an sich gebracht. (Seite 144.) Die Herzoge der Albertinischen Linie hatten darauf keine Ansprüche und haben meines Wissens auch niemalen derartige Forderungen geltend gemacht. Leopold IV. war bei dem Streit um diese Veste nicht im Namen seines Mündels, sondern für seine Person betheiliget. Schon die Stände hatten wegen Stixenstein im Abschnitt 35 des Ausspruches vom 5. September 1406 [1]) auf einen Vergleich angetragen. Graf Hermann von Cilli sprach nunmehr mit allem Recht diese Veste sammt Zugehör, als zur Steiermark gehörig, dem Herzog Ernst zu.

Bei der allgemeinen Verwirrung scheint man von allen Seiten recht viel angesprochen zu haben, um bei der Austragung doch etwas zu erlangen.

Das erfolgreiche Auftreten der Stände gegen die Landesfürsten musste nothwendiger Weise den unruhigen und trotzigen Geist namentlich der kleinern Landherren, ihre Fehdelust und Neigung, mit Feuer und Schwert zu wüthen und sich keinem Gesetze zu unterwerfen, noch mehr steigern. Parteiungen, Fehden, Räubereien, Verwilderung und Verarmung des Volkes waren die Folgen solcher trauriger Zustände. Namentlich litt das linke Donauufer durch mährische und ungarische Freibeuter, an ihrer

---

[1]) Rauch Script. III. S. 464.

Spitze den berüchtigten Johann Sockol von Lamberg, von den Oesterreichern Scheckel genannt.

Um das Mass des Elends voll zu machen, brach der lange zurückgehaltene Groll der beiden herzoglichen Brüder Leopold und Ernst im Herbste 1407 in offenen Krieg aus.

Der Erstere hatte durch sein stolzes und hartherziges Vorgehen die Gemüther längst von sich abgewendet, nunmehr wurde ihm auch noch der Vorwurf gemacht, dass er die Absicht habe, die Regierung gänzlich an sich zu reissen. Für Herzog Ernst war dieses eine willkommene Veranlassung, sich selbst in die Vormundschaft Albrechts V. einzudrängen und zunächst als dessen Beschützer aufzutreten. Dass der Verdacht gewaltthätiger Absichten Herzog Leopolds gegen den Letztern nicht ohne allen Grund war, wird in etwas wenigstens bestätiget durch das rasche Uebertreten der beiden mächtigen Brüder Friedrich und Reinprecht von Walsee zur Partei des Herzogs Ernst.

Leopold hatte dieselben auf ausgezeichnete Weise begünstiget, um sie an seine Person zu fesseln, und hatte sie wahrscheinlich bezüglich seines Vorhabens in sein Vertrauen gezogen. Allein sie blieben ihrem angestammten Erbherrn treu und traten in der Absicht, diesem zu nützen, rasch auf die Seite der Gegner; denn nur auf diese Weise lässt sich der Anschluss dieser beiden Herren an Herzog Ernst erklären. Für diesen waren auch, zum Theile offen, zum Theile mittelbar, der König Sigismund von Ungarn, Erzbischof Eberhard von Salzburg, Bischof Georg von Passau, die Grafen von Cilli und Ortenburg, und Viele aus den ersten Adelsgeschlechtern des Landes.

Die Stadt Wien war getheilt, der Rath und die Bürger waren für Herzog Ernst, die Handwerker und Gemeinen auf Seite Leopolds. Verwirrung und Krieg wurden bald allgemein, und es gab kein Unheil, von dem das unglückliche Land nicht wäre heimgesucht worden.

Die streitenden Herzoge verständigten sich zwar bei Gelegenheit einer Zusammenkunft zu Korneuburg am 13. Jänner 1408,[1]) allein ein unglücklicher Zwischenfall, der Tod Friedrichs

---

[1]) Original im k. k. H. H. und Reichs-Archiv. Kurz, K. Albrecht II. I. B. S. 289. Urk 12. Lichnowsky V. Reg. Nr. 982.

von Walsee, welcher in Folge einer Pulver-Explosion zu Walsee Ende Februar 1408 [1]) starb, hielt den alten Hass und die feindliche Stellung der Parteien gegen einander aufrecht.

Wieder wurden die Stände aufgefordert, zwischen den beiden Herzogen einen Schiedsspruch zu fällen (Erklärung ddto. Krems, 25. April 1408), [2]) es gelang auch denselben, eine Versöhnung zu erzielen, worüber zu Krems und Stein am 2. Juni 1408 die Urkunden ausgefertiget wurden. [3]) Da liess Herzog Leopold bald nach seiner Rückkunft nach Wien den Bürgermeister und sechs der angesehensten Rathsherren am 7. Juli verhaften, und schon am 11. um sechs Uhr Morgens öffentlich den Bürgermeister Vorlauf und die beiden Räthe Rockh und Ramperstorffer enthaupten. [4])

Diese blutige Gewaltthat gegen die ersten Magistratspersonen Wiens entzündete den Krieg auf neue. Ausländer wurden herbeigerufen und Herzog Leopold scheute sich nicht, den verrufenen Freibeuter Sockol in Dienst zu nehmen, welcher über die Donau bis Lilienfeld drang, um dort Hanns von Hohenberg zu befehden. [5]) Es schien, als ob sich die beiden Herzoge Leopold und Ernst in der Absicht vereiniget hätten, Oesterreich seinem angestammten Herrn, Herzog Albrecht V., ihrem Mündel, als eine Wüste zu hinterlassen.

Abermals wurden Vermittlungen angestrebt, zunächst von dem Bischof Georg von Trient, aus dem Hause Liechtenstein-Nikolsburg, dann von dem König Sigismund von Ungarn, allein die Gemüther waren bereits derart erbittert, dass eine geraume Zeit verging, ehe ein Resultat erzielt wurde. Der Letztere konnte als Obmann des neu zusammengestellten Schiedsgerichtes,

---

[1]) Ebendorffer bei Petz. II. S. 833.

[2]) Original im k. k. H. H. und Reichs-Archiv. Kurz l. c. I. B. S. 99. Lichnowsky V. Reg. Nr. 1006.

[3]) A. Rauch Script. III. S. 473. Kurz l. c. I. S. 100. Lichnowsky V. Reg. Nr. 1021 und 1022, jedoch in der letzteren der unrichtige Ausstellungsort Krems statt Stein.

[4]) Th. Ebend. S. 835.

[5]) Hauthaler Fasti Campil. T. II. P. II. S. 37. Kirchliche Topographie. VI. B. S. 111.

von Ofen aus erst unterm 13. März 1409 seinen Ausspruch fällen. ¹)

Zu all dem grenzenlosen Elend, welches der Bürgerkrieg hervorgerufen hatte, gesellte sich im Herbste des Jahres 1410 eine pestartige Seuche, welche bis Ende Jänner 1411 dauerte. Um den Herzog Albrecht vor Ansteckung zu sichern, wurde er nach dem Schlosse Starhemberg gebracht, ²) hier jedoch, nachdem trotz des abgelaufenen 24. April 1411 von den beiden Vormündern keine Anstalt gemacht wurde, den jungen Herzog aus der Vormundschaft zu entlassen, von Reinprecht von Walsee und Leopold von Eckartsau, wahrscheinlich in Folge eines Einverständnisses mit dem Burggrafen des Schlosses, übernommen und nach Eggenburg gebracht.

Dort traten alsbald die Stände zusammen, um darüber zu berathen, auf welche Weise dem nunmehr volljährigen Herzog Albrecht die Landesregierung zu übergeben und zu sichern sei, als die Nachricht einlangte, Herzog Leopold IV. sei am 3. Juni 1411 plötzlich gestorben. Dieser erlag wahrscheinlich einem Schlagflusse, in Folge einer Aufwallung des höchsten Zornes über das Vorgehen der Stände; aber auch Herzog Ernst zeigte sich darüber im hohen Grade aufgebracht; er bestritt die Fähigkeit Herzog Albrechts, selbst zu regieren, und verlangte die Fortsetzung der Vormundschaft bis zum vollendeten sechzehnten Lebensjahre desselben. Allein die Stände wollten nur von Albrecht V. als dem rechtmässigen Herrn des Landes hören. Reinprecht von Walsee war der Erste, welcher Einsprache erhob. Dieser Mann stand, wie einst dem Herzog Leopold, nun auch dem Herzog Ernst wie ein Fels, an dem sich die schäumenden Meereswogen brechen, entgegen. Unverzagt opferte er seine zahlreichen Burgen und Besitzungen, um seinem väterlich geliebten Herzog Albrecht das ihm gebührende Erbe zu erhalten. An der unerschütterlichen Treue und Standhaftigkeit dieses ausserordentlichen Mannes, des damals noch einzig übrigen seines reichen und höchst angesehenen Hauses, scheiterten alle Bestrebungen der Gegner.

---

¹) Orig. im k. k. H. H. und Reichs-Archiv. Kurz l. c. I. B. S. 295. Urkunde Nr. 14. Lichnowsky V. Reg. Nr. 1078.

²) Th. Ebend. S. 840. Fugger, Spiegel der Ehren, 412.

Herzog Ernst eröffnete sogleich wieder die Feindseligkeiten, allein die drohende Haltung, welche nunmehr auch König Sigismund gegen ihn annahm, bestimmte ihn bald zur Nachgiebigkeit. Er unterwarf sich einem Schiedsgerichte, welches der König als Obmann in Pressburg aus einer grossen Zahl von Erzbischöfen, Bischöfen, Prälaten, Fürsten, Landherren, Rittern und Knechten zusammengesetzt hatte.

Am 30. October 1411 erfolgte der Ausspruch König Sigismunds.[1]

Die umfangreiche Urkunde entscheidet eine grosse Zahl von Streitfragen. Der Abschnitt 5 handelt auch über Gutenstein; er lautet: „Item als vns dann der vorgenannt Albrecht sein zuspruch die er zu dem vorgenannten Ernsten getan hat, auch in ainer versigelten zedl gegeben hat, also lauten, daz im derselb Ernst vor halte die Vesten vnd Gesloss Gutenstain Potenstain, laxendorff, Hintperg, kirchlingen vnd ain Hof zu Vteldorf mit iren zugehorungen, vnd die Hewser zu Wienn, daz alles sein veterlich erb sey, vnd Im nach ausgang der vorgenanten vormundschaft, die sich nu zu sand Jorgen Tag geendet hab, billich solt in geantwurt sein, nach des vorgenant seines Vetter, abtret brief lautt, vnd begert derselb sein vetter, Im der aller noch abtret, hett er aber brief daruber, die Im ichts rechtes daran geben, daz er die furbring, was er dann rechtlich darumb gen Im tun sull, des sey er Im nicht wider vnd als der yetzgenant Ernst, in sein versigelten zedel, darauf antwurt, vnd von erst sunderlich von gutenstain vnd Potenstain wegen, daz die weylent Vlreich von Walsee, seinem Bruder Herczog Wilhalm vnd Hertzog Albrecht seinem Vettern seligen geschaft hab als das sein geschefft brief lautt, den Reinprecht von Walsee Innehab, vnd dieselben Vesten, hab Im sein Bruder Hertzog Wilhalm gegeben, bei des yetz genanten seines Vetters seligen Lebendigen zeiten, als er des seins Bruders brief hab, Auch hab er nach vleissiger pet sein gunst gegeben, daz man Potenstein dem Valbacher, für ain merkliche geltschuld, die Im sein Veter selig Hertzog Albrecht schuldig wear, desselben Valbachers lebteg

---

[1] A. Rauch Script. III. S. 491. Vergl. M. Herrgott, Monum. T. III. P. I. S. 17. Urk. 24.

versatzt hab, vnd doch hab er die verhengnuss also getan, wenn der Valbacher abging, daz dann dieselb herschaft wider an In komen solt, vnd also hab er sich der nach des Valbacher tod wider vnderwunden So sey. halber tail am gutenstain voraus sein, dann der ander tail, sey seinem Bruder Hertzog Leopolden seligen vmb ain Sum gelts in gegeben, als wol wissenlich sey, darauf sprechen wir zum ersten von Gutenstain wegen, wan wir vernomen haben daz der Vlreich von Walssee seliger leibgeding gewesen, vnd mit des tod, an den egenanten Albrecht, des vorgenanten Albrecht vnsers Suns Vatter seligen komen sey, vnd das der denn auch bis an sein abgang Inne gehabt hat vnd daz der von Meyssaw, darnach daruber ain ausspruch vnd seinen Spruchbrief daruber gegeben hab, Sey dem also, Seydemal dann der yetzgenant von Meissaw daruber ausgesprochen vnd sein spruchbrief daruber gegeben hab, So sull es billich bei demselben Spruch beleiben, vnd von baiden tailen also gehalten werden. Dann vmb Pottenstain sprechen wir, Seidemal daz der obgenant Hertzog Wilhalm selig, an dem vorgenanten land zu Osterreich vnd ob der Enns vnd iren zugehorungen, nicht mer gewalts gehabt hat, dann die weil er lebet, Als dann das, die obgenante vnd ander brief, darüber gegeben, wol betzeugen, darum hab er nicht gewalt gehebt, den Potenstain oder andere des vorgenanten landes ze Osterreich vnd ob der Enns Gesloss vnd zugehorung erblich zu vergeben, Als dann das auch In ain ausspruch, den weilent die vorgenant Leupold Selig vnd Ernst zwischen den vorgenant Wilhalm iren bruder vnd Albrechten iren Vettern seligen getan haben, begriffen ist mit solchen worten. „Wir sprechen auch daz ietweder, tail, Ir Vesten, Stett, geslos Vrbar oder güter, wie die genant sind nichts ausgenomen, die Si gegenburtiklich haben, oder kunftiklich gewinnen, nicht verkauffen versetzen, noch von Im geben sulle, ain an des andern wissen willen vnd gunst in dhain weis angeuerd."

Wiederholt waren von den Herzogen der steiermärkischen Linie des Regentenhauses Ansprüche auf Gutenstein erhoben worden, allein sie waren niemals in der Lage, die Begründung ihrer Forderungen urkundlich nachweisen zu können. Dasselbe war auch gegenüber dem grossen Pressburger Schiedsgericht der Fall. Dieses fällte demnach auch ein abweisliches Erkenntniss und sprach Gutenstein nebst den übrigen bestrittenen Herrschaften abermals dem Herzog Albrecht zu. Der Ausspruch Ulrichs von' Meissau wurde ausdrücklich bestätiget.

Bemerkenswerth ist noch die etwas scharfe Form, in welcher das Schiedsgericht diesen Theil der von Herzog Ernst erhobenen Ansprüche erledigte, indem in nahezu ironischer Weise, nun als Entscheidungsgrund, eine Stelle wörtlich gegen den Herzog angewendet wurde, welche er selbst einst als Schiedsrichter in dem von ihm untern 17. März 1404 gefällten Ausspruche zwischen den Herzogen Wilhelm und Albrecht IV. (§. 24 desselben) [1]) aufgestellt hatte.

Gutenstein war allerdings durch einen mit dem Aufwande aller Mittel zusammengesetzten grossartigen Gerichtshof dem Herzog Albrecht V. zugesprochen worden, allein Herzog Ernst war im factischen Besitze der Veste, er gab dem gegen ihn gefällten Ausspruch keine Folge und Albrecht war nicht in der Lage, das zu seinem Vortheile gefällte Urtheil executiren zu können.

Herzog Ernst war mit dem Schiedsspruche vom 30. October 1411 höchst unzufrieden, er nannte ihn parteiisch und eilte nach Steiermark, wo er den Krieg sogleich wieder aufnahm, der nun vorzüglich gegen Reinprecht von Walsee und dessen reiche Besitzungen in diesem Lande gerichtet war. Der Kampf wurde wie gewöhnlich von beiden Seiten mit grosser Erbitterung und wilder Grausamkeit geführt.

Neuerlichen Vermittlungen König Sigismunds gelang es, Waffenstillstand und endlich Friede zu stiften.

Durch die Urkunde ddto. Wien am „sant Veytstag" (15. Juni) 1417 [2]) versprach Herzog Ernst, dass er an Herzog Albrecht Stadt und Herrschaft Steyr, Bruck an der Leitha, die Schlösser Gutenstein, Pottenstein, Hintberg u. m. a., an Reinprecht von Walsee jedoch die demselben abgenommenen Vesten „beide Ruckersburg, Ganawicz, Stettemberg, Eybeswalde, Görtschach, Newnburg auf der Gankger vnd Wyndischgrecz die Stat" und alle die übrigen Vesten, Schlösser und Güter, welche

---

[1]) Rauch Script. III. S. 426.
[2]) Orig. im k. k. H. H. und Reichs-Archiv. Kurz, Kaiser Albrecht II. II. B. S. 313. Urk. 18. Lichn. V. Reg. Nr. 1719 und 1720.

er im Laufe des Krieges an sich brachte, u. z. „auf Sand Larenczentag schirist kunftig" abtreten werde.

Dagegen lautet die von Herzog Albrecht V. übernommene Verpflichtung wie folgt: „Darngegen suellen wir auf denselben sant Larenczen tag, beczalen vnd ausrichten fünf vnd Czwainczig Tausent guldein Ducaten und Vnger, oder ob wir, alsuil guldein vngeuerlich auf dieselb zeit nicht gehaben möchten So sullen wir Im halben tail derselben Summ, an guldein vnd halben tail an Wyenerpfeningen in söllhem wechsel, als denn die guldein gang habent, Vnd darczu auch Sechs tausend phunt wyenner phening, die dieczeit gib vnd geb sind ausrichten vnd beczalen. Vnd suellen wir dieselben guldein vnd phening, antwurtten vnd ingeben, vnserm lieben getrewn Hertneiden von Pottendorf, gen Ebenfurt in sein Haus. In sölchermazz, daz er die da ynnhalte, alslang, vncz daz wir, vnd der egenant von Walssee, die egemeldten Geslos, vesten vnd güter mit iren zugehörungen, geneczleich innhaben, als die vnser Vetter, vnd die seinn von seinen wegen ingenomen vnd gehebt habent vngeuerleich Vnd wenn das also geschicht So sol vnserm vettern, der von Pottendorf, denn dasselb gelt alles an verczichen antwurtten."

Die Auszahlung dieser sehr erheblichen Geldbeträge, so wie die Uebergabe der verschiedenen Städte und Schlösser au Herzog Albrecht und Reinprecht von Walsee, scheint in bedungener Weise vor sich gegangen zu sein, denn schon unterm 7. September 1417 (Eritag vor unserer Frauen nativitatis) quittirt Herzog Ernst,[1] von Neustadt aus, dem Hartneid von Pottendorf den Empfang der vereinbarten Geldbeträge, welche derselbe, nach bereits erfolgter Uebergabe der Städte und Vesten, an Hannsen, Pfarrer zu Perchtoldsdorf, Herzog Ernsts Kammerschreiber, ausgefolgt hatte.

Jetzt erst war Gutenstein wieder im Besitze seines rechtmässigen Herrn, nachdem es durch eine lange Reihe von Jahren, mit einer der Zankäpfel von blutigen Kriegen und Fehden war. Während dieser Zeit werden unzweifelhaft verschiedene Versuche gemacht worden sein, um sich des Schlosses und der

---

[1] Notar. Vidim. ddto. Wien, 13. Sept. 1417 im k. k. geh. H. H. und Reichs-Archiv. Lichnowsky, V. Reg. Nr. 1734.

Herrschaft gewaltsam zu bemächtigen, wodurch Mord und Brand auch in diese Thäler getragen wurde.

Der Streit um Gutenstein und die oben genannten Städte und Vesten war wohl ausgeglichen, allein wie dieses bei mehrjährigen Zwistigkeiten stets der Fall ist, die Bedingungen des Ausgleiches wurden nicht überall genau eingehalten, oder es blieben einzelne Gegenstände unentschieden, genug, zwischen den Herzogen Albrecht V. und Ernst entstanden neuerdings Reibungen und Klagen wegen Verletzung des Eigenthums und vermeintlicher Rechte. Dass dabei der Neustädter Bezirk, dessen Verhältnisse, wie ich mehrfach darauf hingewiesen habe, durch den Theilungsvertrag vom 25. September 1379 in ausgesuchter Weise verwirrt worden waren, eine Hauptrolle spielte, versteht sich beinahe von selbst.

Es möge gestattet sein, unter den vielen Streitpuncten nur einige zu nennen: Die Bürger von Neustadt behaupteten, dass ihnen alte herzogliche Privilegien das Recht einräumen, im Kehrbache zu fischen. Herzog Albrechts Burggraf zu Pütten widersprach dem und verjagte sie.

Die Bürger hatten eine an der Schwarza vorhandene Wehre gewaltthätig abgebrochen.

Die Neustädter beschwerten sich, dass Holz in Wöllersdorf verkauft wurde, während es ihrem Rechte gemäss auf ihren Stapelplatz zu bringen gewesen wäre.

Die Unterthanen der Herrschaft Starhemberg behaupteten, alten Privilegien gemäss, von der Mauth und dem Zolle in Neustadt befreit zu sein.

Die Mauth zu Fischau wollte sich Herzog Albrecht zueignen, dagegen sträubte sich wieder der Richter zu Neustadt u. s. w. Alle diese Streitigkeiten wurden endlich durch eine Reihe von Verträgen beigelegt, welche die beiden Herzoge Albrecht und Ernst zu Wien am 28. October (an Sant Symons vnd Sant Judastag der heiligen Czwelfpoten) 1423 abschlossen.[1] Am meisten dürfte jedoch zur Beendigung aller dieser Schwierigkeiten der schon am 10. Juni 1424 erfolgende Tod des stets streitsüchtigen Herzogs Ernst beigetragen haben.

---

[1] Lichn. V. Reg. Nr. 2151 bis incl. 2157. Kurz l. c. II. B. S. 65.

In einem dieser Verträge, in welchem es sich um die Ordnung verschiedener Pfandschaften handelt, wird neben Schloss Starhemberg auch Frohberg genannt; ein Beweis, dass diese im Miesenbachthal gelegene kleine Veste damals noch bewohnt und benützt wurde.

Herzog Ernst des Eisernen Tod befreite Albrecht V. von einem rücksichtslosen, zu unausgesetzten Anfeindungen geneigten Verwandten, allein schon am 2. Juli 1422 hatte er mit Reinprecht von Walsee auch einen seiner treuesten Anhänger und Vertheidiger verloren. [1]

Während Oesterreich in Folge der im Vorhergehenden angedeuteten Kämpfe und Fehden aus tausend Wunden blutete, waren mittlerweile die verheerenden Hussitenkriege ausgebrochen. Herzog Albrecht V. wurde sehr bald, durch die seinem Schwiegervater, König Sigismund gewährte Hilfe, in dieselben verwickelt. Es liegen ziemlich bestimmte Nachrichten darüber vor, dass die Hussiten ihre Emissäre in geistlicher und weltlicher, in Männer- und Weibertracht, bis in die entferntesten Gebirgsorte entsendeten, um ihre Lehren zu verbreiten, und zum Widerstande gegen die bestehenden Herrscher aufzuregen. Die erfolgreichen Kämpfe der Schweizer scheinen die Ueberzeugung erweckt zu haben, dass durch Aufstände in den Gebirgsländern die österreichischen Herzoge in ihrer anderweitigen Machtentwicklung am sichersten zu lähmen seien. Herzog Albrecht war gezwungen, sehr strenge Edicte gegen das Treiben der hussitischen Emissäre zu erlassen (ddto. 23. Juli 1418). [2]

Die kostspieligen Kriege drängten zu vielen Verpfändungen, darunter laut Urkunde ddto. 24. Mai 1428 an Herzog Friedrich den Aeltern, für geliehene 18,000 Ducaten, die Vesten Starhemberg und Wartenstein, das Ungeld zu Pütten und im Landgericht Neustadt. [3] Gutenstein scheint verschont geblieben zu sein. Wahrscheinlich liess der damals sehr geringe Ertrag dieser Herrschaft nur einen unbedeutenden Pfandbetrag erwarten;

---

[1] Hoheneck III. S. 824.
[2] Hormayr, Wien II. 1. Heft, S. 97, Urk. Nr. 89. Lichnowsky, V. Reg. Nr. 1856.
[3] Chmel, Mater. zur Oesterr. Gesch. 2. Heft, S. 2. Reg. Nr. 36. Lichn. V. Reg. Nr. 2643.

anderseits musste es Herzog Albrecht als bedenklich erscheinen, ein derart umfangreiches und wichtiges Grenzgebiet, wie solches die Herrschaft Gutenstein war, abermals in die Hände der Herzoge aus der Leopoldinischen Linie gelangen zu lassen.

Im Jahre 1430 liess Herzog Albrecht V. den damaligen Oberstmarschall und obersten Schenken im Herzogthume Oesterreich, Otto von Meissau, nach Gutenstein in Haft bringen. Die eigentliche Veranlassungsursache dieser, gegen den ersten Würdenträger des Landes gerichteten Massregel ist bisher noch zu wenig aufgeklärt.

Das Schicksal Otto's von Meissau gleicht in vielen Beziehungen jenem, welches im Jahre 1395 Hanns von Liechtenstein getroffen hatte. Beide verfielen durch ein Verbrechen, welches nicht näher angegeben wird, in die Ungnade der Landesfürsten, Beide überliessen den Ausspruch ihres Strafurtheiles, mit Umgehung der ordentlichen Gerichte, dem Herzog und verloren einen grossen Theil ihrer reichen Besitzungen.

In der Urkunde ddto. „Gutenstain an Montag nach sant Mathiastag des heiligen Zwelfpoten" (27. Februar) 1430,[1]) durch welche sich Otto von Meissau dem Ausspruche des Herzogs unterwarf, kommt folgende Stelle vor: „Vmb die Vngnad darinn Ich gewesen pin gegen dem Hochgeborn Fursten — Hertzog Albrechten — von einer Puntnuss wegen, die Ich an sein willen vnd wissen wider lands Recht vnd gewohnhait mit ettleichen leuten in sein land gesessen hab getan vnd auch vmb ander Sachen die Ich wider In gehandelt hab vnd darumb er mich zu seinen handen in venknuss hat genomen vnd sich auch ettlicher meiner Vesten leut Guter vnd varender hab hat vnder wunden."

Dieses Bekenntniss, im Zusammenhange mit andern urkundlichen Belegen, lässt erkennen, dass am Schlusse des Jahres 1429 und Anfang 1430 eine Verschwörung gegen Herzog Albrecht V. eingeleitet worden war. Die häufigen Kriegssteuern und das wiederholte Aufgebot hatten unter den österreichischen Landherren, namentlich am linken Donauufer, Unzufriedenheit hervorgerufen. Mehrere aus ihnen scheinen sich in dem Bestreben vereiniget zu haben, die Regierung Oesterreichs den Herzogen

---

[1]) Origin. im k. k. H. H. und Reichs-Archiv. Kurz, Kaiser Albrecht II. II. B. S. 152. Lichn. V. Reg. Nr. 2854.

der Leopoldinischen Linie zuzuwenden. Sie erwarteten vielleicht dadurch jene Drangsale zu beheben, welche aus den durch das nahe Verwandtschaftsverhältniss Herzog Albrechts mit König Sigismund hervorgerufenen vielen Kriegen für das Land hervorgingen. Otto von Meissau dürfte das Haupt dieser Verbindung gewesen sein, [1]) er verlor viele seiner Besitzthümer, wurde jedoch später wieder in die Gnade des Herzogs aufgenommen.

Er war der Letzte seines überaus reichen und mächtigen Geschlechtes und starb, wie sich dieses durch seinen in der ehemaligen Karthause zu Agsbach, einer Stiftung seines Hauses, vorkommenden Grabstein ergibt, im Jahre 1440.

Ich habe oben bereits auf den Umstand hingedeutet, dass es vielfach mit Schwierigkeiten verbunden ist, bezüglich ganzer Urkunden oder einzelner historischer Notizen, welche sich auf eine Veste Gutenstein beziehen, mit Zuverlässigkeit zu entscheiden, ob dabei das kärntnerische oder unser, nunmehr bereits nach Oesterreich gehöriges Gutenstein gemeint ist.

Unter den Urkunden des k. k. geheimen Haus-Archives findet sich ein Pflegrevers, ddto. Wiener Neustadt 12. Mai 1437, [2]) von Friedrich Predinger an Herzog Friedrich den Jüngern über die Veste Gutenstein und für die Dauer von 17 Jahren lautend, vor.

Nachdem im Jahre 1437 die österreichische Herrschaft Gutenstein im Besitze Herzog Albrechts V. war, konnte Herzog Friedrich der Jüngere, welcher der Leopoldinischen Linie des Regentenhauses angehörte, eine Vergabung oder Verpfändung dieser Herrschaft unmöglich veranlassen. Es liegt keine urkundliche Beweisesstelle vor, dass Herzog Albrecht V. während seiner Lebenszeit Friedrich den Jüngern, mit dessen Vater er einst vieljährige Processe und blutige Kriege um sein Besitzthum, darunter auch um Gutenstein, führen musste, weder zu Regierungsmassregeln noch zu Verwaltungsangelegenheiten seines Allodial-Vermögens bevollmächtigt hatte.

Im Gegentheile, Albrecht bestellte für Oesterreich, mit Ausschluss seiner Verwandten, eine aus vierzehn Mitgliedern

---

[1]) Kurz, Kaiser Albrecht II. II. B. S. 157 und 334. Beilage 24.
[2]) Lich. V. Reg. Nr. 3723 und 3724. Chmel, Mat. I. 1. S. 179.

(darunter auch Stephan von Hohenberg) gebildete Regentschaft, welcher die Besorgung der Geschäfte während seiner Abwesenheit oblag. ¹)

Der genannte Pflegrevers kann sich daher nur auf das kärntnerische Gutenstein beziehen. Eine directe Bestätigung dieser meiner Schlussfolgerung ergibt sich auch aus der Vergleichs-Urkunde vom 23. August (an sand Bartlmesabend) 1440, zwischen König Friedrich IV. und seinem Bruder Albrecht VI. dem „Verschwender", ²) worin dem Letztern unter Andern auch „Pleiburg haws vnd stat mit samt Gutenstein" zugewiesen werden, aber auch bestimmt wird, dass diese Zuweisung „an schaden sein sull Friedrichen Predinger an der pfleg vnd verschreibung die er auf Gutenstein hat."

Aus den Jahren 1437 und 1438 finden sich die ersten, freilich nur sehr unvollständigen Angaben über das Erträgniss von Gutenstein.

Ein Verzeichniss „über all Nütz, vnd gült, ³) so denn vonn Oesterreich in allen iren lannden, ausswendig Schwaben, gewönndlicher diennst, in Aembtern vnd vrbarn zugehörn" führt unter den „nucz des Fürstenthumb Oesterreich", und zwar unter der Rubrik „Vrbar" auch „Guettenstain" mit 59 Pfund Pfennigen auf. In der Fortsetzung dieses Verzeichnisses, unter der Ueberschrift „Vermerckht insunderhait die nucz vnd gült, auch Rünt des Fürstenthumb Ossterreich die verrait sind worden 1438", findet sich abermals unter der Rubrik „Vrbar" Guettenstain hat in beraiten gelt . . . 137 Pf. 7 Schill. 11 Pfenn.
Zehennt vnd vogthabern bey . . 26 Pf. — Schill. 19 Pfenn.

Summa . 159 Pf. — Schill. 17 Pfenn.

und endlich in einer weiteren Fortsetzung „Auszug aller fürstlichen Einkhumen vnnd geistlichen Lehenschafften 1438" unter „Redditus Austriae" Rubrik „Vrbar" wieder Guetenstain mit 79 Pfund Pfennigen. ⁴)

---

¹) Lichnowsky, V. Reg. Nr. 3853. Kurz, l. c. II. S. 353. Urk. Nr. 29.
²) Lichnowsky, VI. Reg. Nr. 115. Chmel, Mat. I., 2. S. 82. Urk. Nr. 9.
³) Chmel, Mat. I. 1. S. 82.
⁴) Vergl. ferner Chmel, Mat. II. S. 372.

In allen diesen Verzeichnissen kommt Gutenstein jedesmal unter den österreichischen Herrschaften aufgezählt vor. Aber auch der Neustädter Bezirk, enthaltend: „Newstatt, Neukhürchen, Khlam, Stuchsenstein, Wartenstain, Starnberg" und endlich noch „Ortt", erscheint nicht der Steiermark einverleibt, sondern es wird derselbe ganz selbstständig aufgeführt.

In administrativer Beziehung hatte man damals bereits aufgehört, den genannten Bezirk als zur Steiermark gehörig zu behandeln. Von Orth (U. M. B.) konnte dieses selbstverständlich schon seiner Lage wegen niemals der Fall sein. Diese Herrschaft war ein, der steiermärkischen Linie des Regentenhauses zustehendes Lehen des Bisthums Regensburg.

Herzog Albrechts letzte Lebensjahre waren im gleichen Grade mit vielem Glanze, sowie mit vielem Kummer erfüllt. Der greise Kaiser Sigismund erkrankte bei einer Reise von Prag nach Ungarn zu Znaim sehr bedenklich und starb dort den 11. December 1437. Mit ihm ging der Mannesstamm des Hauses Luxemburg zu Grabe. Seinem Schwiegersohne Albrecht hinterliess er die sorgenvollsten Kronen Europa's, jene von Böhmen und Ungarn, wozu sich auch noch durch die am 18. März 1438 [1]) zu Frankfurt vollzogene Wahl jene des deutschen Reiches gesellte. Als römischer König erhielt er nunmehr den Namen Albrecht II.

Ungarn war von den Türken bedroht, das Land selbst durch Parteiungen zerrissen, es bereiteten sich allmälig jene Zustände vor, welche endlich zum „Verderben von Mohacz" und zur vieljährigen Unterjochung des Landes unter die Türkenherrschaft führten. König Albrechts Unternehmen gegen die Osmanen blieb aus Mangel an Unterstützung von Seiten des Landes erfolglos, er eilte krank nach Oesterreich zurück, starb aber schon am Wege dahin zu Nessmely, Komorner Comitates in Ungarn, am 27. October 1439, vielleicht vergiftet. Er war zweiundvierzig Jahre alt geworden, und wurde in Stuhlweissenburg bei den ungarischen Königen beigesetzt.

---

[1]) Helwig, Zeitrechnung. S. 187.

XI. Ladislaus Posthumus.

König Albrechts II. allzufrühes Ableben stürzte Oesterreich in neue Verwirrungen. Die Verhältnisse waren um so schwieriger, da keine männlichen Nachkommen vorhanden waren, dagegen des Königs Witwe Elisabeth sich im fünften Monate der Schwangerschaft befand. Wieder traten die Stände Oesterreichs in Wien zusammen. Sie übertrugen durch Beschluss vom 15. November 1439 [1]) dem Herzog Friedrich von Steiermark die Verwesung des Landes und erkannten ihn zugleich als Vormund an, falls die verwitwete Königin einen Sohn gebären würde.

In den weiten Ländern, welche Albrecht II. ohne Erben hinterlassen hatte, entstanden überall Parteiungen; da wurde zu Komorn am 22. Februar 1440 Ladislaus Posthumus geboren. Es liegt wohl gänzlich ausserhalb dem Rahmen meiner Darstellungen, jene Bedrängnisse zu schildern, [2]) welche die verlassene Königin endlich dazu brachten, ihren Sohn an Friedrich zu übergeben, welch Letzterer bereits am 2. Februar 1440 zum römischen König erwählt worden war. Von Neustadt aus hatte sie unterm 26. November 1440 [3]) die diesfällige Zusage gemacht. Die Uebergabe scheint bald darauf stattgefunden zu haben. Elisabeth hatte jedoch ihren Sohn bereits am 15. Mai 1440 durch den Graner Erzbischof zu Stuhlweissenburg mit der Krone des heiligen Stephan krönen lassen. [4]) König Friedrich nahm den jungen Ladislaus mit sich nach Steiermark, statt ihn in eines der Erbländer zu bringen. Krieg, Parteifehden, Elend und unaufhörliches Drängen der verschiedenen Landesstände, ihn zurückzuführen, waren die, zwölf Jahre dauernden Folgen dieser Massregel.

„Wehe dem Lande, dessen König ein Kind ist."

---

[1]) Lichnowsky, VI. Reg. Nr. 8. Kurz, Friedrich IV. I. S. 243. Urk. Nr. 2.

[2]) Vergl. Beiträge zur Gesch. der Königin Elisabeth von E. Birk, in den Quellen und Forsch. S. 212.

[3]) Lichnowsky, VI. Reg. Nr. 147.

[4]) Fugger, Spiegel der Ehren, S. 518.

König Friedrichs Habsucht und rücksichtslose Geldgier rief zahllose Conflicte mit den Ständen Oesterreichs hervor. Er betrachtete sich nicht als den zeitlichen Verweser des Landes, sondern schaltete wie der Herr desselben. Die Opposition der Stände wurde auf das Aeusserste angefacht durch den üblen Einfluss, welchen König Friedrichs Bruder, Albrecht VI., ein leidenschaftlicher, leichtsinniger und verschwenderischer Herr, ausübte.

Die Königin Elisabeth hatte in der grossen Noth, in welcher sie sich befand, an Friedrich IV. durch die Verschreibung vom 23. November 1440 [1]) ihre Witwengüter, Stadt und Burg Steier, Persenbeug, Weiteneck, Isper und Trautmannsdorf, verpfändet. Als die Königin schon am Weihnachtstage 1442 zu Gran, [2]) nach kurzer Krankheit, die erhaltenem Gifte zugeschrieben wurde, starb, gab Friedrich die genannten Herrschaften, obwohl deren Pfandgabe durch den Tod der Königin erloschen war, nicht heraus, sondern hielt sie mit seinen Söldnern besetzt.

Durch das Festhalten von Schlössern und Burgen in allen Theilen des Landes strebte er seine Macht und seinen Einfluss in demselben sicher zu stellen, eine Massregel, welche er durch die Pfandgabe von Herrschaften an ihm ergebene Personen zu erweitern suchte.

Das letztere fand auch mit Gutenstein statt.

Durch den Leibgeding und Pfandbrief ddto. Neustadt, 4. November 1443 übergab König Friedrich IV. für sich und König Ladislaus, dem Wolfgang Wolfenreutter die Veste Gutenstein als ein Leibgedinge. [3]) Wolfenreutter war Rath des Königs Friedrich. Die diesfällige Urkunde bestimmt, dass demselben „die vesten Gutenstain, mit allen nüczen, gülten, Rennten vnd zugehörwngen" verschrieben wird, „Also dacz er die sein lebtag in leibgedingsweis, mit alle nüczen, gülten vnd zugehörwngen unverkumbert ynn haben verwesen nuczen vnd niezzen sol vnd mag, vnd sol nicht phlichtig sein dhainerley Raittung davon zetun noch ichts heraws zogeben sundern dieselben nucz vnd gült, für sein Burkhut zu haben." Ferner erscheint festgesetzt, dass

---

[1]) Lichn. VI. Reg. Nr. 146. Chmel, Reg. Nr. 166.
[2]) Lichn. l. c. S. 30.
[3]) Pergament-Original im k. k. H. H. und Reichs-Archiv. Chmel, Reg. I. Nr. 1549. Lichn. VI. Reg. Nr. 674.

Wolfenreutter dem Könige oder den von ihm Abgeordneten im Schlosse stets Ein- und Ausgang, sowie Aufenthalt, jedoch auf des Königs Kosten gestatten musste.

Der Schluss der Urkunde enthält die Bestimmung, dass nach Wolfenreutters Tode die Veste sammt Zugehör wieder an König Friedrich oder seine Erben fallen solle.

Diese letztere Bedingung lässt nur zu klar erkennen, dass Friedrich schon damals die Absicht hatte, Gutenstein sich selbst oder seinen Erben zuzuwenden.

Wie sehr König Friedrich bemüht war, seine Macht und Stellung in der Umgebung von Neustadt und überhaupt diesseits der Alpen zu kräftigen und zu consolidiren, geht ferner aus dem Umstande hervor, dass er Herzog Sigmund dem Münzreichen durch Vertrag ddto. 14. Februar 1445 [1]) die Schlösser Lachsenburg, Mödling, Starhemberg und Wartenstein, sowie das Ungeld zu Pütten und im Landgericht Neustadt, welche Objecte König Albrecht II. an Herzog Friedrich den Aeltern verpfändet hatte (Seite 169), ablösete. Friedrich IV. wurde somit der Pfandgläubiger des Königs Ladislaus, und seine an sich schon habsüchtigen Ansprüche an Oesterreich mussten dadurch nur noch gesteigert werden. Die genannten Herrschaften wurden meines Wissens während dem Leben des Königs Ladislaus nicht mehr eingelöset.

Die Stände der verschiedenen Erbländer hatten wiederholt in eindringlicher Weise die Zurückführung ihres Königs Ladislaus in eines dieser Länder verlangt. König Friedrich setzte dem immer stürmischer werdenden Andrängen Unterhandlungen, Zögern und unkluges Schwanken in seinen Entschlüssen entgegen, und reizte dadurch die ihm entgegenstehenden Parteien, an ihrer Spitze den herrschsüchtigen und trotzigen Ulrich Eytzinger von Eytzing, dem sich der eben so ehrgeizige und leidenschaftliche Graf Ulrich von Cilli anschloss, zu offenen Gewaltschritten.

Friedrich war am 19. März 1452 zu Rom als Kaiser gekrönt worden und nannte sich als solcher nunmehr Friedrich III.

---

[1]) Lichnowsky, VI. Reg. Nr. 986. Chmel, Reg. I. Nr. 1859.

Gegen den Rath seiner Umgebung begab er sich im Sommer 1452 mit seinem Mündel Ladislaus nach Wiener Neustadt. Da erschien am 27. August 1452 Eytzinger mit einem auf 24,000 Mann angegebenen Heer vor dieser Stadt [1]) und forderte die Auslieferung des Letztern. Als diese vom Kaiser verweigert wurde, wurde Neustadt am 28. aus grobem Geschütz beschossen und von den Belagerern noch an demselben Tag ein Sturm versucht, dessen Gelingen nur durch die ausserordentliche Tapferkeit des steirischen Ritters Andreas Paumkirchner, eines riesigen Mannes, vereitelt wurde.

Nachdem sich der Kaiser ohne Hilfe sah, gab er der Vermittlung nach und liess am 4. September 1452 König Ladislaus bei dem sogenannten Spinnerkreutz nächst Neustadt, an den Grafen Ulrich von Cilli ausfolgen.

Des Kaisers Vormundschaft über Ladislaus hatte somit durch die trotzige Empörung der österreichischen Stände ein unerwartet schnelles Ende gefunden; allein es blieb nunmehr eine grosse Anzahl der mannigfaltigsten Schwierigkeiten und Streitpuncte auszutragen.

Eine von den Ständen aller Länder beschickte zahlreiche Versammlung trat im Jahre 1453 zusammen. Nach stürmischen Berathungen und von allen Seiten erhobenen Beschwerden, wurde dem Kaiser endlich von den ungarischen Ständen und der österreichischen Landschaft der Antrag gemacht, dass er alle an ihn verpfändeten Herrschaften und Schlösser behalten, jene jedoch, welche er auf andere Weise in Besitz genommen habe, sowie die ungarische Krone herausgeben möge. Die Oesterreicher versprachen dem Kaiser zur Ablösung der von ihm versetzten Güter die Summe von 80,000 Gulden zu zahlen und rechneten ihm nach, dass er dabei 50,000 Gulden gewinne.

Friedrich verwarf diese Anträge.

Da übernahm nunmehr Herzog Albrecht VI. die Vermittlung. Es gelang demselben unterm 26. März 1453 [2]) eine Verständigung zwischen dem Kaiser und „der lanndschaft des kunig-

---

[1]) Th. Ebendorfer bei Petz, II. S. 870.

[2]) H. Petz, Script. II. S. 557. Chmel, Mater. II. S. 46. Urkunde 40. Lichnowsky VI. Reg. Nr. 1771.

reichs Vngern vnd des fürstentumbs Oesterreich" anderntheils zu vereinbaren.

Der umfangreiche Vergleichs-Vorschlag enthält mehrfache Bestimmungen über Herrschaften und Schlösser und deren Verpfändung oder Leibgedinggabe, darunter auch über Gutenstein. Die betreffenden Stellen lauten: „Item so sullen dem offtgenantn vnserm allergnedigsten herren dem Römischen kayser von dem egenanten vnserm gnedigsten herrn kunig Lasslaw, auf disen geslossen Steyr, Weytenegk, Gutenstain, mitsambt der zugehörung, ain summ, mit namen, dreissig tausent vngrisch guldein, verschriben werden, vnd wann solh dreyssig tausent guldein von kunig Lasslawen oder seinen erben vnserm herren dem kayser oder desselben erben betzalt vnd ausgericht sein, so sullen die obgenantn geslos kunig Lasslaw, oder seinen erben, ledigklich auch mit ir zugehörung widerumb vallen, vnd darumb verschreibung vnd brief, von beden tailen, geben werden, nach notdurfft."

Ferner wurde bestimmt: „Item Weytenegk vnd Pösenpeug ist ainding, wann Weytenegk gelost wirdet, ist Posenpeug auch gelost, vnd vmb das leibgeding steet zu kunig Lasslaw. Item Gutenstain beleibt in der phanndtschafft, wann das gelöst wurd, steet auch zu kunig Lasslaw."

Die von Friedrich veranlasste Pfandgabe von Gutenstein an Wolfgang Wolfenreuter wäre somit wohl aufrecht geblieben, allein die Ablösung wurde dem Ermessen Königs Ladislaus anheimgestellt, in der Erwartung, dass er sich mit dem „leibdinger wol verainen" werde.

Die ganzen, mit grosser Mühe vereinbarten Verständigungs-Vorschläge sollten jedoch völlig erfolglos bleiben. Herzog Albrecht VI. hatte sich in Begleitung der übrigen Räthe, von Neustadt nach Wien begeben, um bei König Ladislaus die Annahme der Vorschläge zu erwirken. Dieser wies dieselben jedoch zurück. Er hatte dem Grafen Ulrich von Cilli diese Abweisung versprochen, und nachdem auch von andern Seiten den Gesandten vorgeworfen wurde, zu weit gegangen zu sein, blieb Alles wieder in dem alten unsichern Zustande. Die Spannung zwischen Kaiser Friedrich III. und König Ladislaus drohte jeden Augenblick in Krieg auszuarten.

Während dem Verlaufe der eben dargestellten Verhandlungen erliess Kaiser Friedrich III. von Wiener Neustadt aus unterm 6. Jänner 1453 jene Urkunde, durch welche er aus kaiserlicher Machtvollkommenheit, den Fürsten seiner Linie des Habsburger Regentenhauses, und ihren Erben und Nachkommen: „quibus Styrie Carinthie et Carniole ducatus in gubernationem obtigerit" den Titel Erzherzoge von Oesterreich verliehen hatte. [1])

Die Parteien, welche sich am Hofe des jungen Königs Ladislaus unter herrschsüchtigen, ehrgeizigen und habsüchtigen Führern ununterbrochen bekämpften, verbunden mit der steigenden Osmanengefahr, liessen die Länder nicht zu der ihnen so nothwendigen Ruhe kommen. Solche Zustände mussten unvermeidlich zu Katastrophen führen

Ein Ereigniss von höchst bedenklichem Charakter war die zu Belgrad am 9. November 1456, beinahe unter den Augen des Königs stattgefundene Ermordung des Grafen Ulrich von Cilli, durch die Häupter der Corvin'schen Partei. [2])

Der König, welcher nunmehr als ein Gefangener betrachtet wurde, traf in Begleitung von Ladislaus Hunyad kurz vor Weihnachten 1456 zu Ofen ein.

Eine gegen seine Person gerichtete höchst gefährliche Verschwörung wurde durch den Woiwoden von Siebenbürgen, Nikolaus Ujlak, verrathen.

Da wurden am 14. März 1457 die beiden Hunyaden sammt sechzehn ungarischen Herren ihrer Partei verhaftet, und Ladislaus Hunyad schon am 16. März, einige der Mitverschwornen wenige Tage später, enthauptet. Mathias Hunyad wurde auf der Ofner Burg gefangen gehalten.

König Ladislaus eilte in der zweiten Hälfte des Monates Juni nach Wien zurück, wohin er den Letztern mit sich führte.

Nur unter grosser Mühe war es bisher durch mehrseitige Vermittlungen gelungen, den Ausbruch eines offenen Krieges zwischen Kaiser Friedrich III. und König Ladislaus zu verhüten.

Die Ursachen des Streites lagen stets noch in den nicht ausgetragenen wechselseitigen Ansprüchen. Friedrich hielt fortwährend eine Zahl von österreichischen Herrschaften und Schlössern

---

[1]) Orig. mit gold. Bulle im k. k. H. H. und Reichs-Archiv. Chmel, Mitth. II. S. 36, Urk. Nr. 34. Lichnowsky, VI. Reg. Nr. 1730.

[2]) Birk in den Quellen und Forschungen S. 229.

besetzt, [1]) unter ihnen auch Gutenstein. Ladislaus beschwerte sich namentlich, dass ihm noch immer das Witthum seiner bereits im Jahre 1412 verstorbenen Mutter, welches nach deren Ableben rechtlich doch nur ihm verfallen konnte, sammt dem Ertrage desselben zurückbehalten werde.

Des langen Zögerns müde und durch anderweitige Massregeln des Kaisers gereizt, befahl König Ladislaus bald nach seiner Rückkunft nach Wien, die gewaltsame Wegnahme und Besetzung der fraglichen Städte und Schlösser. Es waren dieses, und zwar aus dem Witthum der Königin Elisabeth, Stadt und Schloss Steyer, Persenbeug und Weiteneck, ferner Bruck an der Leitha, Strudel, Rabenstein, Klingenberg und Gutenstein. [2])

Thomas Ebendorffer erzählt, dass die Wegnahme und Besetzung der genannten Orte und Burgen mit Ausnahme von Gutenstein, in kurzer Zeit und ohne Mühen erfolgte, Gutenstein jedoch nicht ohne grosse Anstrengungen und mit erheblichen Kosten erobert werden konnte.

Ebendorffer's Angabe stimmt mit den Aufzeichnungen, welche im „Kammer-Raittungsbuch" der Stadt Wien 1845 (1457) von Ulrich Matzleistorfer enthalten sind, vollkommen überein. [3]) Diese lauten:

„Ausgaben auf die Rais (Kriegszug) für den Gutenstein."

„Item am Suntag vor vnser frauntag der Schidung als man von der Stat zuhilff den die in dem veld vor dem Gutenstain warn sckickt XLV zu rossen pringt die zerung mitsambt der fur, ut Register . . . . XVIII Pfd. XXVIII dr.

„Item zum andern mal dem Jäxi kunzen piessen Petern lang wilhalmen Spies vnd andery auf II^c zufussen ain Moned Iren sold, yedem ain wochen I Pfd. dr. Dem Jaxi auf sein Ros die wochen III Schill. dr. mer dem Spies auf III Fuess knecht I wochen sold VI Schill. dr. das alles pringt nach laut Iro quittung . . . . CCCCXIII Pfd. dr.

---

[1]) Chmel, Mater. II. S. 95, Urk. 82 und Verz. S. 99.

[2]) H. Petz Script. II. S. 882.

[3]) Orig. im Wiener Stadt-Archiv. Auszugsweise bei J. E. Schlager, Wiener Skizzen. V. S. 160.

„Item als der Jaxi zu paden auf VIIII tag enbracht ward ist verzert worden I Pfd. LXXXVI dr.

„Item zum andern mal als man hinaus schikt sew zu entrichten pringt die zerung mit samt dem furmann III Pfd. VI Schill. XXVII dr.

„Item als In der sold ward abgesagt ist verzert worden . II Pfd. VI Schill. XVI dr.

„Sume der Reis für den Gutenstein sag CCCCXXXVIIII Pfd. XXXVIII dr."

In demselben „Wiener Kammer-Raittungsbuch" kommt noch eine zweite auf Gutenstein Bezug nehmende Verrechnung vor und zwar:

„Item für pullver pheil · puchsen, püchsenstain vnd pheiltruhen So man seiner gnaden (König Ladislaus) von der Stat an die Türken für den Gutenstain vnd klingenberg gelihen das man an der Raittung von hof an der Schatzsteuer mitsambt den Zwain hofgeld. der Steur vnd anslags des LVIsten vnd LVIIsten Jars hat abgezogen VI°LXX Pfd. VI Schill. X dr."

Nachdem in dieser zweiten Verrechnung auch von puchsen und puchsenstain (die damals aus Sandstein angefertigten Kanonenkugeln) die Rede ist, scheint es, dass zur Belagerung von Gutenstein auch grobes Geschütz verwendet werden musste. Vielleicht stammen die an mehreren Stellen der Schlossmauer eingesetzten Steinkugeln noch aus jener Zeit.

Aus dem Eingange der oben dargestellten Verrechnung geht hervor, dass die Soldtruppen der Stadt Wien lediglich zur Verstärkung eines anderen Aufgebotes dienten, welches bereits „in dem veld vor dem Gutenstain" lag, wahrscheinlich jedoch zu schwach oder zu wenig gut ausgerüstet war, um diese Burg bezwingen zu können.

Dieses Aufgebot war von Abt Peter I. von Lilienfeld, welchem König Ladislaus die Wegnahme der beiden Burgen Rabenstein und Gutenstein übertragen hatte, für diese Unternehmung abgeordnet worden.[1]) Rabenstein wurde von den Söldnern des Abtes leicht überwältiget, nicht aber Gutenstein, welches

---

[1]) Chr. Hanthaler, Fasti Camp. II. 2. S. 273. Kirchl. Topographie VI. Seite 133.

erst nach einer längeren Belagerung und in Folge einer von Seite der Stadt Wien geleisteten Hilfe bezwungen wurde.

Der Kriegszug der Wiener Soldtruppen gegen die beiden Schlösser Gutenstein und Klingenberg wurde zunächst veranlasst durch den damaligen österreichischen Hubmeister Conrad Holzler, einen herrschsüchtigen und eigenmächtigen Mann. „Her Kunratt der Holtzler was die tzeit Huebmaister in Oesterreich vnd nam Im fuer mer gewalt, den er villeicht hett, Vnd wollt auch den kunig Regieren, darumb er Im vil vngunst gegen dem Gubernator zu Pehem, Herrn Vlrichen Eytzinger, Ettlichen herrn von Osterreich vnd anderm gemainen volkh macht." [1])

Weiter heisst es von ihm: „Er pracht auch in seinem ambt Ze wegen köstliche herschafft vnd Geslosser mit namen, Guetenstain vnd Klingbergk der er sich nicht ein wenig troest." [2])

Holzler befand sich im Gefolge des Königs Ladislaus während der letzten Anwesenheit desselben in Ofen, er scheint ein eifriger Gegner der Corvin'schen Partei gewesen zu sein und zeigt sich überhaupt in dem, gegen die Häupter derselben abgewickelten Drama in einem ganz eigenthümlichen Licht.

In dem Schirmbrief, welchen König Ladislaus unterm 21. März 1457 zum Schutze jener seiner Anhänger erliess, [3]) welche an der Gefangennahme der Hunyaden betheiligt waren, wird unter den acht dieser Parteigenossen auch Conrad Holzler aufgeführt, er war unzweifelhaft eine höchst einflussreiche Persönlichkeit.

Wie bereits oben (Seite 179) erzählt worden ist, hatte König Ladislaus den damals erst fünfzehnjährigen Mathias Corvinus mit sich nach Wien geführt. Der König verliess am „Montag vor Sand Mathcustag" 1457 (19. September) Wien, [4]) um sich nach Prag zu begeben.

Nach der Abreise desselben wurde Mathias Corvin nach Gutenstein gebracht. Höchst wahrscheinlich war bei dieser Mass-

---

[1]) Senkenberg, Selecta jur. et hist. anecdota. V. S. 35. A. Rauch, Rer. Aust. Hist. S. 20.

[2]) Rauch l. c. S. 21.

[3]) E. Birk in den Quellen und Forschungen. S. 254, Urk. 15. Lichnowsky VI. Reg. Nr. 2203 b, im Nacht. S. 212.

[4]) Rauch l. c. S. 20.

regel der Hubmeister Conrad Holzler abermals in erster Linie betheiliget.

Die Wiener Hilfstruppen, welche das Schloss Gutenstein eroberten, hatten die „Rais" dahin „am Suntag vor vnser fraun tag der Schidung 1457", d. i. am 14. August unternommen. Nach dem oben Seite 181 mitgetheilten Rechnungs-Auszug hatte die Belagerung nahe einen vollen Monat in Anspruch genommen.

Zur Zeit als König Ladislaus Wien verliess (19. September), war demnach das Gutensteiner Schloss erst wenige Tage zuvor in die Hände der Wiener Truppen, eigentlich in die Macht des Hubmeisters Holzler gefallen.

Die vorausgegangene lange Belagerung musste es als besonders fest und sicher, und für die Aufbewahrung eines solch wichtigen Gefangenen, wie dieses Mathias Hunyad war, als vorzüglich geeignet erscheinen lassen. Unter den österreichischen Parteihäuptern war Holzler ganz jene Persönlichkeit, der ein solcher Gefangener anvertraut werden konnte, und dass er den jungen Mathias Hunyad zur Ueberwachung übernommen hatte, geht aus der Stelle: „er hett sich auch vnderwunden des gefangen Grafen Mathiaschen von Huniad" [1] hervor.

Dass der Letztere nach Gutenstein in Haft gebracht wurde, wird von den gleichzeitigen Chroniken zunächst erwähnt in der bereits im Jahre 1534 im Druck erschienenen „Chronica der Hungern" von Hanns Haugen von Freistein; die betreffende Stelle lautet: „Vnd als im Vngerischen reych kürtzlich darnach (nach der Enthauptung Ladislaus Corvins) ain grosse aufruhr der sachen halben erwüchs — ward sich der koenig fuerchten, zach mit den seinen herauff gen Wien — vnd fuert graff Mathiam wol verwaret mit jm. Vnd als er ein zeytlang zu Wienn gefengklich gehalten, vnd der könig gen Prag zu zihen sich erhebt hat — do ward graff Mathias auff das Schloss zu Gütenstain — nicht weyt von der Nevstatt gefuert — vnd daselbst gefengklich gehalten." [2]

Haugen stützt die Angaben seiner Chronik vielfach auf die von Thwrocz gegebenen Daten. Dieser Letztere erzählt diesfalls

---

[1] Rauch l. c. S. 21.
[2] Der Hungern Chronica von Hanns Haugen von Freistein. Fol. 57. Schluss des IV. Buches.

wie folgt: „Quapropter omni sue partis gente cito armata; qualibet absque mora Wiennensem se transtulit ad civitatem, comitem quoque Mathiam sine aliquo vinculo, et Paulo Modrar multis ferramentis compeditum (locuples enim erat auro, et se ab eodem ingentes thesauros ex torquere posse sperabat) uno et eodem in curru locatus secum abduxit: tandem modico temporis interuallo Viennae habito in Bohemiam transit, et comitem Mathiam Wiennensi in castro firma sub custodia reliquit." [1])

Hier erscheint das Schloss Gutenstein allerdings nicht genannt, allein da der beinahe gleichzeitige Haugen diese Stelle dadurch ergänzt, dass er ausdrücklich das „Schloss zu Gutenstain nicht weyt von der Nevstatt" als den Ort bezeichnet, wo Graf Mathias nach der Abreise des Königs nach Prag „gefengklich gehalten" wurde, so dürfte diese Thatsache gerade durch die von Haugen beigefügte Vervollständigung der von Thwrocz gegebenen Aufzeichnung ausser allen Zweifel gestellt erscheinen.

Von späteren Chronisten ist mir noch J. J. Fugger [2]) und „der Erzherzogen zu Oesterreich Leben, Regierung etc. etc." von J. C. B. 1695 bekannt, welche ebenfalls erzählen, dass König Ladislaus „des enthaubteten Ladislai Corvini Bruder Mathiam auf das Schloss Gutenstein gefangen setzen, und auf das genaueste verwahren" [3]) liess.

Auch Hanthaler macht dieselbe Angabe, [4]) ein Umstand, der wohl um so wichtiger erscheint, da, wie oben bemerkt worden ist, bei der Belagerung von Gutenstein auch der damalige Abt Peter I. von Lilienfeld betheiliget war, Hanthaler demnach seine Mittheilung aus urkundlichen Belegen entnommen haben dürfte.

Die Haft des Grafen Mathias Hunyad im Schlosse zu Gutenstein dauerte nur einige Wochen.

Der Hubmeister Conrad Holzler, welcher den König Ladislaus nach Prag begleitet hatte, fiel dort in Ungnade, und es wurde nunmehr die Ueberführung des gefangenen Corvin

---

[1]) Joh. de Thwrocz, Chron. Hung. Rerum hung. script. varii. Frankfurt. 1600. Cap. 62, S. 170.
[2]) J. J. Fugger, Spiegel der Ehren. S. 635 und 644.
[3]) L. c. S. 143.
[4]) Chr. Hanthaler, Fasti Camp. II. 2. S. 239 und 243.

nach Prag angeordnet. Von Holzler wird angegeben: „Das guett ward im vnd seinem prueder leopolten zu prag alles genomen, vnd seine gesloesser wuerden Im angewunnen Derselb hoeltzler hett sich auch vnterwunden des gefangen Grafen Mathiaschen von Huniad vnd gefuert auf Lempach, daselbs In Her Sigmund Eytzinger vnd andern herren, nach gescheft des kunigs namen vnd fuertn in gen Prag." [1]

Nach dem Falle Holzlers wurde demnach Mathias Hunyad zu Lempach, wo der Erstere begütert war, [2] von „Sigmund Eytzinger und andern Herren" auf Befehl des Königs übernommen und nach Prag abgeführt. Die Ankunft fand daselbst am Abend des 23. Novembers 1457 statt.

Peter Eschenloer, Stadtschreiber zu Breslau, in den Denkwürdigkeiten seiner Zeit vom Jahre 1440 bis 1479 erzählt:

„Wie Mathias Huniad gen Prage bracht wurd gefangen."

„Als König Lasslaw gestorben was, an demselben Tag uf den Abend ward zu Prage gefangen eingefürt der edel Mathias Huniad, den König Lasslaw zu Ofen in Gefangniss ufgenommen, und gen Wien gesand ward, vnd quam in Girsiks Macht." [3]

Es lässt sich somit die Zeit, innerhalb welcher Mathias Corvin in Gutenstein seinen Aufenthalt hatte, ziemlich genau feststellen.

XII. Kaiser Friedrich III.

Der Ländertheilungsvertrag vom 25. September 1379 enthält am Schlusse desselben folgende Stelle: „Ob auch danor Got sey, vnser dhainer oder nach vns, vnser dhains erben, ane erben abgiengen, So süllent, alle desselben Lande fürstentum vnd Herscheaften auf den andern, vnd auf sein erben, genczeich erben vnd genallen.

Durch das am 23. November 1457 ganz unerwartet erfolgte Ableben Königs Ladislaus war dieser Fall nunmehr eingetreten.

---

[1] A. Rauch l. c. S. 21.
[2] Lichnowsky, VI. Reg. Nr. 2101.
[3] Peter Eschenloer, Geschichte der Stadt Breslau. I. S. 42.

Mit ihm war die Albertinische Linie des Habsburger Regentenhauses ausgestorben.

Dass die genannte Bestimmung des Ländertheilung-Vertrages nur auf die der Albertinischen Linie gebliebenen österreichischen Lande, nämlich auf Oesterreich unter und ob der Enns, bezogen werden konnte, versteht sich wohl von selbst. Ungarn und Böhmen waren später an das Habsburger Regentenhaus gediehen, ihre Neigung zu demselben war derart zweifelhaft, dass sie nach Königs Ladislaus Tod bald wieder gänzlich abfielen.

Die Leopoldinische Linie zählte damals drei Fürsten: Kaiser Friedrich III., als der Aelteste, das Haupt des Hauses — seinen Bruder Erzherzog Albrecht VI., genannt der Verschwender — und ihren Vetter Herzog Sigmund, genannt der Münzreiche, Graf von Tirol.

Für die erledigten österreichischen Länder sammt Zugehör an Allodialbesitz waren diese drei Fürsten unzweifelhaft berechtigte Agnaten. Die Regierung wurde vom Kaiser, als dem Aeltesten des Hauses, angesprochen. Er erliess von Neustadt aus unterm 19. December 1457 ein Patent an die Stände, [1]) sie zum Gehorsam auffordernd. Allein die Abweichungen, welche so vielfach von dem alten Herkommen und den Hausgesetzen stattgefunden hatten, machten die Stände schwierig und vorsichtig.

„Da ward ainhelliklichen durch die vier parthei des lannds beslossen das man khainemtail solt gehorsam sein noch tuen vntz sich die herren frewntlich miteinander verainten Wenn yeder tail wolt haben die Regir des lannds Es pelaib auch nach dem tag das lanndt Osterreich mit Regir vnbesetzt." [2])

Die Regentschaft wurde vorläufig an Ulrich von Eytzing, den Burggrafen von Magdeburg-Hardeck und den Grafen von Schaunberg übertragen. Nach längeren Verhandlungen, durch Gewaltthaten und mehrfache Demüthigungen für die Fürsten unterbrochen, fand endlich zu Wien unterm 27. Juni 1458 eine Ausgleichung statt.

Für den Zweck meiner Erörterungen genügt es, lediglich jenen Theil der Vereinbarungen hervorzuheben, welcher in

---

[1]) Stadt-Archiv zu Wien. Chmel, Regesten II. S. 356. Nr. 3569.
[2]) A. Rauch, Rer. Aust. Hist. S. 24.

Bezug auf die zu Oesterreich unter der Enns gehörigen Allodialgüter, wozu auch Gutenstein gehörte, festgesetzt worden war.

„Item all phleger vnd ambtleut im lannd Oesterreich niderhalb der Enns sullen sein kaiserlichen gnaden zu sein vnd vnsers gnedigen herrn hertzog Sigmunds hannden in sein selbs oder seins anwalts den er dann im lannd haben sol gegenwürttikait geloben. Also daz vnser gnediger herr hertzog Sigmud einreytn habe in die geslos als offt er des begern wirdet, doch sein k. g. an sein zwain tailn an schadn. Auch ir dhainer kain krieg von kaim gesloss noch von dem lannde anfahe an des anndern willn vnd wissen vngeuerlich daz auch demselben vnserm gnedign herrn herczog Sigmundn der drittail der nucz vnd renntt niderhalb vnd ob der Enns geuall als sich dann ir aller dreyr gnaden des vor miteinander betragen haben vnd so sein k. g. ainen oder mer phleger oder ambtleut verkern vnd annder nemen wolt, das sol geschehen mit des benantn herczog Sigmunds oder desselben seins anwalts wissen vnd willn vnd den geloben zu ir baider hanndn als oben stet." [1])

Die niederösterreichischen Allodial-Güter waren somit in das gemeinschaftliche Besitzthum Kaisers Friedrich und Herzogs Sigmund übergegangen, der Ertrag sollte derart getheilt werden, dass zwei Drittheile hiervon an den Kaiser, und ein Drittheil an den Herzog fiel. Gutenstein hatte demnach abermals zwei Herren. Durch Urkunde ddto. Wien, 2. Juli 1458 hatte Herzog Sigmund seinem Rath, Rüdiger von Starhemberg, Vollmacht ertheilt, das ihm zugefallene Drittheil des Landes Oesterreich in seinem Namen als Anwalt zu verwalten. [2])

Das Uebereinkommen vom 27. Juni 1458, welches nur zu sehr alle Zeichen eines Nothbehelfes an sich trägt, um durch dasselbe dem drohenden Ausbruche eines Bruder- und Bürgerkrieges zu begegnen, sollte für die Dauer von drei Jahren Giltigkeit haben.

Der betreffende Theil der Urkunde gestattet einen klaren Einblick in das Allgemeine der Lage, in das anmassende Auf-

---

[1]) Gleichzeitige Abschrift im k. k. H. H. und Staats-Archiv. Chmel, Materialien II. S. 154. Urk. Nr. 125.

[2]) Lichn. VII. Reg. Nr. 64.

treten der Stände und in die den Fürsten bereiteten Demüthigungen. Jene Stelle lautet:

„Vnd solch verschriben ordnung sol gehalten werdn von Datum des briefs die nachstn drew iar nacheinander komend in der zeit müge sich ir gnaden nach rat irer frewndt irer ret vnd vndertan mit einander vnderreden vnd weg vnd loblich ordnung fürnemen nach dem pestn oder die ordnung lennger halten des sulln sy macht haben. Ob aber sich ir aller gnaden in den vorberürtn drein iarn nicht verainten alsdan sol die lanntschaft macht vnd gewalt haben sy darumb in der gutigkeit mit irm wissen vnd willen überainzebringen, ob des aber nicht gesein mocht mit irer rechtlichen erkanntnuss entschaidn vnd was sy also in der gutigkait oder mit dem rechtn machen oder erkennen dabei sol es genuczlich beleiben vngeüerlich."

Alle diese Vereinbarungen waren doch nur im Stande, die drohende Katastrophe des Bürgerkrieges für eine kurze Zeit zu verzögern. Dieser brach endlich aus und wurde eines der grässlichsten Drangsale, von welchen Oesterreich seit Jahrhunderten heimgesucht worden war. König Georg Podiebrad von Böhmen vermittelte endlich den Frieden zwischen den bis zur Raserei erbitterten Brüdern.

Die zu Korneuburg am „Pfineztag vor sand Barbaratag" (2. December) 1462 vereinbarten Friedensartikel [1]) setzten zunächst fest, dass Kaiser Friedrich seinem Bruder Albrecht VI. Oesterreich unter der Enns auf acht Jahre gegen eine jährliche Rente von viertausend Ducaten abzutreten habe, jedoch wurde zugleich bestimmt, dass diese „abrede vnd theyding dem Hochgebornnen fürsten Herczog Sigmunden von Oesterreich an seiner gerechtikeit seins Drittayls so er In dem land Osterreich niderhalb der Enns hat, vnuergriffen sein soll."

Gutenstein fiel, so wie die gesammten niederösterreichischen Allodien, abermals an einen neuen Herrn.

Die Friedensvereinbarungen waren wohl getroffen, allein nur sehr allmälig kamen sie zur Ausführung, in vielen Puncten scheint dieselbe ganz unterblieben zu sein. Verwilderung und

---

[1]) Kurz, Kaiser Friedrich III. II. S. 232. Urk. Nr. 31. Th. Ebendorfer bei Petz. II. S. 961. Lichnowsky VII. Reg. Nr. 716.

Trotz herrschten überall. Viele vom Adel hatten die Verwirrung benützt und landesfürstliche Schlösser besetzt, von Söldner-Häuptlingen wurden an verschiedenen Orten neue „Tabers" (Blockhäuser) errichtet. Von den beiden fürstlichen Brüdern zur Uebergabe aufgefordert, erfolgte an vielen Orten die höhnende Antwort, Herzog Sigmund müsse es als Drittelherr auch befehlen.

Die, fort und fort erneuerte Kriegs- und Fehdeausbrüche drohenden Zustände, änderten sich wesentlich durch das plötzliche Ableben Erzherzogs Albrechts, welcher zu Wien am 2. December 1463, höchst wahrscheinlich an Gift, starb. Der Bruderkrieg war somit zu Ende.

Wegen vollständiger Austragung der verschiedenen Erbschaftsansprüche trat Kaiser Friedrich mit Herzog Sigmund alsbald in Verhandlungen. Letzterer hatte mehrere seiner Räthe zum Kaiser nach Neustadt gesendet, und es wurde dort unterm 3. Mai 1464 ein vorläufiges Abkommen getroffen,[1] welches der Herzog durch Urkunde ddto. „Innspruck an sant Vlrichstag" (4. Juli) 1464 bestätigte[2] und somit auf das ihm zustehende Drittheil von Oesterreich und den dazu gehörigen Allodien verzichtete. Durch Vollmacht von demselben Tage[3] ertheilte er an seinen Rath Martin Neidegker die Weisung, dem Kaiser diesen Drittel-Antheil förmlich abzutreten, und wies durch eine zweite Urkunde desselben Datums die österreichischen Stände gänzlich an Friedrich.

Nachdem schliesslich auch dieser durch seinen Gegenbrief ddto. Neustadt am Sonntag nach Egydi (2. September) 1464[4] und durch eine zweite Urkunde vom 20. September 1464[5] alle wechselseitigen Ansprüche als erloschen erklärt hatte, waren alle Streitigkeiten um Oesterreich und die Allodien zu Ende, Gutenstein blieb somit im Besitze Kaisers Friedrich.

---

[1] Lichnowsky, VII. Reg. Nr. 892. Chmel. Reg. Nr. 4072.

[2] Kurz, K. Friedrich IV. II. S. 240. Urk. Nr. 33. Chmel, Reg. Nr. 4087 und 4089. Lichn. VII. Reg. Nr. 900.

[3] Chmel, Reg Nr. 4090. Lichn. VII. Reg. Nr. 901.

[4] Lichn. VII. Reg. Nr. 914.

[5] Lichn. l. c. Reg. Nr. 924.

Die Administration der Herrschaft scheint damals pflegweise stattgefunden zu haben. Von einer Pfand- oder Leibgedingsgabe finden sich für jene Zeit keine Nachweisungen vor, sowie denn überhaupt aus jener Periode, Gutenstein speciell berührende Daten nur wenige auf uns gekommen sind.

Von Neustadt aus ertheilte Kaiser Friedrich unterm 10. März 1466 an Wiltpolt Palstinger, Pfleger zu Gutenstein Befehl, dem Hanns Awer 20 Gulden ungrisch zu bezahlen, „so man ihm von vergangener zeit vncz auf heutign tag von der schede wegen die er in unsers h. des k. Dinste, genomen hat" schuldig war.[1]

Mehrere mit dem Namen Gutenstein im Zusammenhang stehende Urkunden und Eintragungen beziehen sich ohne Zweifel auf das kärntnerische Schloss Gutenstein; die vorzüglichsten derselben sind:

Eine Quittung des Kaisers für Friedrich Verl, Pfleger zu Gutenstein ddto. Graz 4. October 1466.[2]

Eine Quittung für dessen Bruder Mert Verl, ddto. Wiener Neustadt 19. November 1467.[3]

Eine Quittung des Kaisers für Aegid Schulthawczinger ddto. Völkermarkt 2. Mai 1470.[4]

Ein Pfleg- und Amtsrevers des Sebastian Spangsteiner ddto. Wiener Neustadt 16. Mai 1476[5] über das ihm mit Burghut übergebene Schloss Gutenstein, wie solches Gilg Schulthawtzinger bisher inne gehabt, und ein gleicher Pflegrevers des Christoph Lamberger ddto. Wien 12. November 1479[6] über das Schloss Gutenstein, wie solches Sebastian Spangsteiner bisher besessen.

In den Kriegen, welche zwischen Kaiser Friedrich und dem König Mathias von Ungarn entbrannten, deren Schauplatz vorzüglich Nieder-Oesterreich war, gewann das Schloss Gutenstein jedenfalls, wenn auch nicht in besonders hervortretender Weise an Bedeutung.

---

[1] K. k. geh. Archiv. Codex Nr. 38, Fol. 13. Chmel, Reg. II. S. 455. Nr. 4397.

[2], [3] und [4] geh. Haus-Archiv. Cod. 38, Fol. 25, 54 und 158. Chmel, Reg. II. Nr. 4727, 5228 und 6042.

[5] und [6] Orig. wie oben. Chmel, l. c. Reg. Nr. 7052 und 7338.

Schon im Jahre 1472 hatte König Mathias mehrere Vasallen des Kaisers, welche sich „wegen grosser Bedrückungen" an ihn gewendet hatten, in seinen Schutz genommen; [1]) unter ihnen fand sich auch der trotzige Hanns Herr zu Hohenberg.

Nach dem Frieden, welcher endlich am 1. December 1477 zu Gmunden zwischen dem Kaiser und dem König von Ungarn abgeschlossen wurde, [2]) befahl der Letztere durch Urkunde ddto. „kornnewnburg am Phincztag vor saund Thomanstag des heiligen zwelifboten" (18. December) 1477 allen Oesterreichern, welche sich in seinen Schutz begeben hatten, den Frieden genau zu halten und sich dem Kaiser zu unterwerfen. [3])

Dessenungeachtet scheint Hanns von Hohenberg in seinem Trotz gegen den Kaiser beharrt zu sein, denn als der Krieg mit König Mathias neuerdings ausbrach, öffnete er im Jahre 1481 den Ungarn seine Schlösser Hohenberg, Kreussbach, Araberg, Merkenstein [4]) und wahrscheinlich auch Pottenstein.

XIII. Gutenstein zur Zeit der Kriege mit König Mathias von Ungarn.

Die eben genannten, von den Ungarn besetzten Burgen umgrenzen Gutenstein in einem weiten Kreise; es war nur die Verbindung gegen die in den Händen der Kaiserlichen befindliche Wiener Neustadt offen. Trotz dieser für das Gutensteiner Schloss höchst bedenklichen Lage blieb es dennoch mehrere Jahre von kaiserlichen Söldnern besetzt. König Mathias von Ungarn scheint es unterlassen zu haben, seine Kräfte durch die Belagerung vereinzelter kleiner Orte oder Schlösser zu vertheilen und zu zersplittern.

Während dem Verlaufe seines siegreichen Krieges gegen den Kaiser konnte es für seine Operationen kaum von irgend einem Bedenken sein, wenn einzelne Burgen in seinem Rücken

---

[1]) Lichn. VII. Reg. Nr. 1617
[2]) Kurz, Kaiser Friedrich IV. II. S. 258. Urk. Nr. 43. Lichn. VII. Reg. Nr. 2117.
[3]) Kurz l. c. S. 262, Urk. 44. Lichn. VII. Reg. Nr. 2129.
[4]) B. Link, Ann. Aust. Clara-Vall. II. S. 262.

noch in feindlichem Besitze waren. Sie mussten ihm von selbst zufallen, sobald es ihm gelang, das Land bleibend zu erobern. Es liegen ziemlich bestimmte Nachrichten darüber vor, dass sich die von ihm besetzten Landstriche durch sein strenges Regiment und durch die Ordnung, welche er mit aller Kraft aufrecht erhielt, bald wieder zu einem erhöhten Wohlstande erhoben.

Wien hatte am 1. Juni 1185 dem Könige seine Thore geöffnet; am 13. August 1487 ergab sich nach langem, aufoperndem Widerstande auch Wiener Neustadt; Gutenstein war jedoch immer noch in den Händen der Kaiserlichen. Es scheint sich während dieser Zeit in ziemlichem Wohlstande befunden zu haben, denn die Erbauung des allerdings kleinen Presbyteriums der Marktkirche, fällt in jene Periode, nämlich in das Jahr 1457. Der am Schlussstein der Gewölberippen angebrachte Bindenschild lässt sich wohl auch als ein Belege nehmen, dass damals Gutenstein von kaiserlichen Söldnern besetzt war.

Kaiser Friedrich III. hatte den Herzog Albrecht den Beherzten von Sachsen, als seinen obersten Feldhauptmann eingesetzt und demselben die Leitung des Krieges gegen König Mathias Corvinus übertragen. Des Königs zunehmende Kränklichkeit von der einen, und das Versiegen aller Hilfsquellen des Kaisers von der anderen Seite, liessen endlich friedlichere Gesinnungen zum Durchbruche gelangen.

König Mathias und Herzog Albrecht von Sachsen verabredeten zu Markersdorf am 22. November 1487 für die Dauer von sechs Monaten einen Waffenstillstand, [1]) um für die Friedensverhandlungen Zeit zu gewinnen.

Während dem Verlaufe dieser Waffenruhe liess Mathias, wahrscheinlich durch einen plötzlichen Ueberfall, das Schloss Gutenstein wegnehmen. Die Ursache dieses Vertragsbruches ist nicht bekannt, er mag wohl durch anderweitige Uebergriffe der Kaiserlichen veranlasst worden sein.

Herzog Albrecht von Sachsen richtete von Innsbruck aus unterm 4. Februar 1488 ein eindringliches Schreiben an König

---

[1]) Fugger, Spiegel der Ehren. S. 972.

Mathias, [1]) worin er sich über die nach Abschluss des Vergleiches geschehene Einnahme des Schlosses Gutenstein und auch darüber beschwerte, dass derselbe die Eisenstadt habe berennen lassen, und den König bat, davon abzustehen, „damit solichs Thun als für unbillig in dem heiligen Reiche und andern Enden, dem friedlichen Anstand zum Abbruche, dem Könige zu Schimpf und ihm (Albrecht) zum Schaden, nicht erschalle."

Diese eben erzählte Thatsache dürfte zur Berichtigung eines bei Lichnowsky im 8. Bande der Geschichte des Hauses Habsburg, S. 123, und in dem Regest Nr. 1079 desselben Bandes unterlaufenen Irrthums dienen. Das genannte Regest gibt an, dass das Schreiben Herzogs Albrecht von Sachsen, ddto. Inspruck 4. Februar 1488 an den König Maximilian gerichtet sei, mit der Beschwerde, dass die kaiserlichen Truppen nach dem Waffenstillstande mit Ungarn Gutenstein genommen, wogegen König Mathias Eisenstadt habe berennen lassen. Das Regest beruft sich dabei auf Langenn, Seite 177. Dort findet sich jedoch das von mir oben Dargestellte; des Herzogs Beschwerdeschreiben war nicht an König Maximilian, sondern an den König Mathias gerichtet. Gutenstein wurde während der Dauer der Waffenruhe nicht von den kaiserlichen Truppen, sondern von den Ungarn genommen.

Mathias Corvinus starb in der Burg zu Wien, den 6. April 1490. König Maximilian eilte nach Oesterreich, er hielt am 22. August seinen feierlichen Einzug in die Hauptstadt und suchte nunmehr die übrigen Landestheile mit den von den Ungarn besetzten Städten und Schlössern in seine Gewalt zu bringen. Der alte Kaiser Friedrich blieb in Linz, von dort aus verkündete er unterm 17. Juni 1491 seinen Amtleuten und Unterthanen, besonders aber seinem Hauptmann zu Neustadt „Pernhartn von Westernach", dass er dem Hanns von Hohenberg erlaubt habe, „sein lewt vnd holdn daselbst hin gen Hohenberg gehorend gegen den lewte vnd holdn, so zu dem gsloss Gutnstain gehörn zu befridn, vnd verbietet allen, dieselbn lewte zu stören, huldigung von in zu nehmen oder sie sonst zu bekumbern." [2])

---

[1]) Dr. F. A. v. Langenn: „Herzog Albrecht der Beherzte, Stammvater des königl. Hauses Sachsen." S. 177.

[2]) Chmel, Reg. Kaiser Friedrich III. II. S. 782, Nr. 8673. Ueber „Huldigen" vergl. Kurz Friedrich IV. II. S. 179.

Ich habe oben auf den Umstand hingedeutet, wie sehr Hanns von Hohenberg ein eifriger Parteigänger des Königs Mathias war. Nach der Wiederbesetzung Oesterreichs durch König Maximilian erging ein strenges Strafgericht über mehrere Anhänger des verstorbenen Königs Mathias.[1] Hanns von Hohenberg scheint begnadiget worden zu sein; durch die eben citirte Verordnung vom 17. Juni 1491 suchte nunmehr der Kaiser die zwischen den nach Hohenberg und Gutenstein gehörigen Unterthanen und Leuten bestehenden Feindseligkeiten und Reibungen, wahrscheinlich durch den Abfall des Hohenbergers veranlasst, beizulegen.

Die Gutensteiner Burg, sowie eine ziemlich grosse Anzahl von Schlössern und Vesten, darunter auch Stuchsenstein, Starhemberg und Horn, waren jedoch noch immer von ungarischen Truppen besetzt. Die Uebergabe an die Kaiserlichen fand erst in Folge des zu Pressburg am 7. November 1491 zwischen König Wladislav von Ungarn und Kaiser Friedrich III. abgeschlossenen Friedens statt,[2] in welchem bestimmt wurde, dass die ungarischen Besatzungen in Plätzen der deutschen Erbländer des Kaisers sogleich abzuziehen haben. Der Vertrag zählt 26 niederösterreichische Orte und Schlösser auf, welche nunmehr an den Kaiser zurückfielen, darunter, wie oben bereits erzählt, war auch Gutenstein.[3]

Durch die Verschreibung ddto. 8. December (Donnerstag Mariae Conceptio) 1491 überliess Kaiser Friedrich III. das kärnthnerische Schloss Guetenstein pflegweise an Conrad Auer von Herrnkirchen.[4] Dieser war des Kaisers Kämmerer, Hauptmann auf Liechtenstein bei Mödling und Mitglied des von Friedrich zu Millstadt in Kärnthen gestifteten Sct. Georgen-Ordens. Die eben genannte Verschreibung erscheint unter der Rubrik „Kärnthen" eingetragen auf Seite 857 eines mit Tom. VI bezeichneten Diplomatars Kaisers Friedrich III.

---

[1] Lichnowsky VIII. S. 148.
[2] Lichnowsky VIII. Reg. Nr. 1645.
[3] l. c. S. 188, Note 108.
[4] K. k. H. H. und Staats-Archiv. Archiv für Kunde österr. Geschichts-Quellen. Jahrg. 1849. S. 493, Reg. Nr. 408.

Die in der kirchlichen Topographie, III. Band Seite 15 und V. Band Seite 206, jedoch ohne Quellenbezeichnung aufgenommene Angabe, dass Kaiser Maximilian im Jahre 1494 von Conrad Auer neben andern Burgen auch Gutenstein eingelöset habe, kann demnach nicht auf das österreichische Gutenstein bezogen werden. Ebensowenig lässt sich die in Hormayr, Wien, II. Jahrgang, I. Band, 3. Heft, Seite 32 mitgetheilte, und ebenfalls im V. Bande der kirchlichen Topographie Seite 206 berührte Urkunde, wornach der Hochmeister des Sct. Georgen Ordens zu Millstadt in Kärnthen im Jahre 1522 an Kaiser Carl V. unter mehreren Forderungen zur Aufnahme und Beförderung des bereits sehr gesunkenen Ordens auch den Nachlass des Conrad Auers, Bruders und Marschalls im Orden ansprach, wozu nebst andern Herrschaften auch Gutenstein gehören sollte, auf das österreichische Gutenstein beziehen.

XIV. Maximilian I.

Kaiser Friedrich III. starb zu Linz den 19. August 1493, ihm folgte in der Regierung der österreichischen Länder sein Sohn Maximilian I.

Von demselben wurde Gutenstein im Anfang des Jahres 1498 pflegweise an Sebastian Herrn zu Hohenfeld, auf Wiederruf und mit der Zusicherung von 300 Gulden Rhein. als „Purghut", welche von den Renten der Herrschaft zu bezahlen waren, und falls ein Abgang bestünde, derselbe aus dem Ungeld zu Baden ersetzt werden sollte, verschrieben. Sebastian Herr zu Hohenfeld stellte unterm 21. Februar 1498 dem König den üblichen Pflegrevers aus.[1] Als Zeugen werden genannt Heinrich Prüschink, dessen Siegel der Pergament-Urkunde anhängt, ferner Gotthard von Wolkenstein und Ritter Albrecht von Wolfstain. Gefertigt ist der Revers: Sebastian Her ze Hohenfeld.

Lange scheint dieser Letztere Gutenstein nicht besessen zu haben, es gelangte bald pfandweise an Laurenz Saurer „Rat vnd viczthumb" in Oesterreich.

---

[1] Original im k. k. H. H. und Reichs-Archiv.

Es ist hier der Ort, um einen sowohl in der kirchlichen Topographie, V. Band, Seite 206, als auch bei Schweickhardt vorkommenden Irrthum, dass das österreichische Gutenstein im Jahre 1510 von Kaiser Maximilian an Heinrich Graf von Hardeck pfandweise überlassen worden sei, zu berichtigen.

Die kirchliche Topographie beruft sich bei dieser Angabe auf Wissgrill, IV. Band, Seite 126, dieser wieder auf Wurmbrands Collectaneen. Nun findet sich in diesen letzteren, in den sämmtlichen auf Seite 91, ferner Seite 242 bis 258 mitgetheilten, die Häuser Prüschink und Hardeck betreffenden Urkunden der Name Gutenstein nicht ein einziges Mal genannt. Wissgrill scheint seine Darstellung auf Hoheneck, I. Band, Seite 299 gestützt zu haben, wo allerdings, jedoch ohne alle Quellenangabe erzählt wird, dass im Jahre 1510 Graf Heinrich Hardeck neben anderen Schlössern, worunter Hollenstein, auch „Guettenstein" versatzweise erhalten habe.

Diese Notiz kann sich jedoch nur auf das kärnthnerische Gutenstein beziehen. Schon im Jahre 1479, durch Urkunde ddto. Graz, den 10. November,[1] gibt Kaiser Friedrich III. dem Sigmund Prueschinkh die Aemter in den Herrschaften zu Gutenstein, Windischgrätz und Hallenstein in Bestand, und durch Vertrag ddto. Graz, den 6. December 1479 verkaufen die Brüder Sigmund und Heinrich Prueschinkh an Kaiser Friedrich einen Hof zu Gutenstein.[2] Die Einsichtnahme in die Original-Urkunden lässt keinen Zweifel darüber bestehen, dass es sich in beiden Fällen um das kärnthnerische Gutenstein handelt, mit welchem allein sich die Hoheneck'sche Angabe in Zusammenhang bringen lässt.

Während der Zeit als Laurenz Saurer Gutenstein pflegweise besass, scheint der als grosser Jagdfreund bekannte Kaiser Maximilian dasselbe öfters besucht zu haben. Im Reichs-Registraturbuch Lit. Z. Fol. 29 vers. findet sich ein Schreiben des Kaisers vom 31. Jänner 1516 folgenden Inhalts:

---

[1] Original im k. k. H. H. und Reichs-Archiv. Chmel, Reg. II. 696. Nr. 7336.

[2] Original wie vorstehend. Chmel, l. c. Reg. Nr. 7345.

An Leonharden Rawber
Hofmarschalch daz Er Laurenzen
Sawr das dorff Berniz abtrett,
vnd Im vberantwurtt.

Getreuer lieber, Vnns hat vnns Rat vnd viczthumb Larenz Sawrer zuerkennen geben Wie ain dorff pernicz genant, Nahent bey dem Gschloss Guettenstain, so er Innen hat, lige, vnd in vnser Herrschaft Starchenberg gehöre, so du Phandtweis von Vns Innen hast, dieweil vns aber bemelt dorff zu dem Gsloss Guettenstain gelegen ist, so wir dahin komen, vnser Hofgesind desterpas herberg haben mögen. Auch anudern beweglichen vrsachen, Demnach Emphelchen wir dir mit crust vnd wellen das du den gedachten vnsern Viczthum das bemelt dorf Bernicz vnverzichen abtretest, vnd einantwortest, dich darwm nichts Irren noch verhindern lassest. Wiewol du ainen phandtschilling, auf bemelte herrschaft Starhenberg hast, vnd dir der Zins zu Bernicz an dem einkhomen abgeen möcht Wellen wir dich desselben gnediglich vergnttgen, vnd zufriden stellen, dann wir bemelten Viczthumb solich dorf entlichen einzunemen bewilligt haben. Wollen wir dir nit vorhalten vnd du thuest darumb vnns ernstliche maynung. Geben zu Liebentan den letsten tag January Anno do. im XVI.

Trotz diesem ernstlichen Schreiben des Kaisers blieb der Auftrag desselben unerfüllt, denn Perniz war noch durch eine lange Reihe von Jahren ein Zugehör zur Herrschaft Starhemberg.

Maximilian hatte zu Trient am 10. Februar 1508 den Titel: „erwählter römischer Kaiser" angenommen.[1]) Seine letzten Regierungsjahre waren durch Ereignisse bezeichnet, welche eine tief greifende Aenderung der öffentlichen Verhältnisse, nicht nur Oesterreichs, sondern überhaupt, herbeiführten.

Der schwere Druck, welcher auf der Landbevölkerung lastete, die fort und fort gesteigerten Abgaben und Leistungen, die derselben aufgebürdet wurden, riefen wiederholte, unter dem Namen Bundschuh bekannte Aufstände hervor, welche sich an Umfang und Gefährlichkeit stets ausdehnten. Seine Erbländer vor dergleichen unglücklichen Katastrophen zu bewahren, scheint

---

[1]) Helwig, Zeitrechnung. S. 154.

des Kaisers besondere Sorgfalt in Anspruch genommen zu haben. In Oesterreich wies er Uebergriffe des Adels mit Ernst und Erfolg zurück. Bekannt ist es von ihm, mit welcher Leutseligkeit er sich den untern Gesellschaftsclassen zuwendete und deren Berührung mit Vorliebe suchte.

Um das Verhältniss der Gerichtsherren zu ihren Unterthanen zu ordnen und die Letzteren, so weit es die Umstände gestatteten, gegen Ueberbürdungen zu schützen, durch welche in den übrigen deutschen Ländern jene höchst gefährlichen Aufstände hervorgerufen worden waren, liess er in den Jahren 1511 und 1512 Erhebungen über den Umfang der wechselseitigen Verpflichtungen und Rechte vornehmen.

Die Banntaidingbücher waren es, welche über das Wesen der alten Rechtsgewohnheiten zunächst Aufschluss geben sollten. Ihre Vorlage und eine Vergleichung der in denselben enthaltenen Satzungen mit den damaligen, wahrscheinlich an vielen Orten bereits davon abweichenden Uebungen, scheint stattgefunden zu haben.

Viele Banntaidingbücher Nieder-Oesterreichs tragen aus diesem Grunde die Jahrzahl 1512,¹) so auch das von Gutenstein. Ueber dieses letztere kann kein Zweifel bestehen, dass es viel älter ist, ja wahrscheinlich in den Anfang des vierzehnten Jahrhunderts hinaufreicht, ²) somit unter die ältesten ähnlichen Rechtsbücher Nieder-Oesterreichs gehört.

Der Umstand, dass man damals in Gutenstein dem, unzweifelhaft seit mehr als anderthalb Jahrhunderten im Gebrauche stehenden Banntaidingbuch lediglich die Jahrzahl 1512, nämlich das Jahr der zur Prüfung des Unterthansverhältnisses stattgefundenen Untersuchung vorsetzte, lässt erkennen, dass bisher die Stellung der Unterthanen zum Gerichts- und Herrschaftsherrn, welch Letzteres die Landesfürsten selbst waren, sowie die beiderseitigen Rechte und Verpflichtungen entweder keine, oder nur sehr unwesentliche Aenderungen erlitten hatten.

Dieser durch Kaiser Maximilian der Landbevölkerung zugewendete Schutz scheint eine der Hauptursachen gewesen zu

---

¹) Vergl. Meiller, Bannt.-Buch von Ebersdorf. Archiv für Kunde österr. Gesch.-Quellen. XII. Band.
²) Vergl. Karajan, Ueber Banntaidinge. Chmel. Oesterr. Gesch.-Forscher. II. S. 117.

sein, warum Nieder-Oesterreich von den unheilvollen Bauernaufständen, damals wenigstens, beinahe ganz verschont geblieben ist.

In den letzten Lebensjahren musste der alte Kaiser den Boden des Herkömmlichen mehr und mehr erschüttern und wanken sehen. Die Bauernkriege und die Bekämpfung der kirchlichen Autorität, welche von Wittenberg ausging, waren gewaltige Momente, unter deren Einfluss Rechte und Gewohnheiten einer eben zum Abschlusse neigenden culturhistorischen Zeitperiode, wenngleich bereits vielfach geschwächt, zusammenbrachen und neue Ansichten und Grundsätze zur Herrschaft gelangen liessen.

Kaiser Maximilian starb zu Wels, den 12. Jänner 1519.

III. Abschnitt.

Verpfändung der Herrschaft Gutenstein bis zum Ankaufe derselben durch Ludwig Gomez Freiherr von Hoyos.

I. Ferdinand I.

Ich habe im Verlaufe meiner Darstellungen auf jene Uebergriffe hinweisen müssen, welche von Seite der Stände Nieder-Oesterreichs, bei Gelegenheit eingetretener Wechsel in der Person des Landesfürsten, mehrfach stattgefunden hatten. Eine ähnliche Katastrophe kam bald nach dem Tode des Kaisers Maximilian zum Ausbruche.

Die Enkeln desselben, die beiden jungen Erzherzoge Carl und Ferdinand, befanden sich in Spanien. Sie waren die einzigen Fürsten, welche damals das habsburgische Regentenhaus zählte, und somit die unbestreitbaren Nachfolger in der Regierung der Erbländer.

Der verstorbene Kaiser hatte in seinem Testamente die Anordnung getroffen, dass unter der Leitung des Landeshauptmanns Georg von Rottal und des Kanzlers Hanns Schneidböck sämmtliche Beamte der österreichischen Provinzen auf ihren Plätzen zu bleiben und die Landesverwaltung bis zur Ankunft eines der beiden Erzherzoge fortzuführen haben werden.

Im Monat Februar 1519 traten die Stände des Landes unter der Enns in Wien zusammen. Eine Partei derselben, durch Herrschsucht, Eigennutz und Neid angetrieben, und geleitet durch den Freiherrn Michael Eytzinger, den Landmarschall Hanns von Puchheim und den Doctor Martin Capin von Hermannstadt, seiner Leidenschaftlichkeit wegen im Jahre 1517 vom Wiener

Stadtrichteramte abgesetzt, stürzte durch Meuterei die von Maximilian hinterlassene Regierung und setzte schnell eine neue Landesverwaltung ein. Vierundsechzig Ausschüsse — aus jedem der vier Stände sechzehn — massten sich die gesetzgebende, und ein Directorium von sechzehn Gliedern — aus jedem Stande vier — die ausübende Gewalt an.

Die Absicht dieser Erhebung war unzweifelhaft dahin gerichtet, den jungen Erzherzogen, welche überdies durch Aufstände in Spanien bedrängt waren, Capitulationen abzuzwingen, wodurch den Ständen ein vermehrter Einfluss bei der Regierung, und eine gesteigerte Macht und Selbstständigkeit der Landbevölkerung und den Unterthanen gegenüber, verliehen werden sollte.

Erzherzog Carl, welcher am 28. Juni 1519 zum römischen König gewählt worden war, ordnete am 10. September 1520 den Kammerrichter Sigmund Grafen von Haag, den Landmarschall Caspar von Volkersdorf und den Hauptmann zu Hainburg, Wilhelm von Zelking nach Wien ab, um dort Ordnung herzustellen, welche jedoch keinen Erfolg erzielten. In Oesterreich bestanden somit zwei Regierungen, jene der meuterischen Stände zu Wien, und die landesfürstliche zu Wiener Neustadt.

Carls Krönung fand am 23. October 1520 statt.[1]) Durch eine Reihe von Verträgen wurde zwischen den beiden Brüdern eine Ländertheilung vereinbart — zu Worms, 28. April 1521, zu Brüssel am 30. Jänner, 1. und 18. März 1522 — durch welche die deutschen Erbländer schliesslich an den jüngern Bruder, Erzherzog Ferdinand, gelangten.

Dieser verfügte sich nunmehr nach Oesterreich, und langte am 12. Juni 1522 in Wiener Neustadt an,[2]) wo unter seinem Vorsitz eine Untersuchung gegen die Aufrührer erfolgte, und der Aufstand selbst durch die Verurtheilung seiner vorzüglichsten Häupter unterdrückt wurde. An die Ueberwältigung dieser Erhebung schliesst sich für Oesterreich eine vollständige Aenderung in der Regierungs- und Landesverwaltungsform an. Missbräuche und vielfache Beschwerden liessen Reformen dringend nothwendig erscheinen.

---

[1]) Helwig, Zeitrechnung S. 155.
[2]) Böheim, Chron. von Wr. Neustadt, 2. Ausg. I. S. 178.

Erzherzog Ferdinand setzte eine Commission nieder, deren Aufgabe es war, im Lande herumzureisen, um sich an Ort und Stelle über die Lage der Dinge zu unterrichten. Das Volk nannte die Mitglieder dieser Commission allgemein die Reformirer, es erschienen zahlreiche Mandate und Verordnungen, beinahe alle Zweige der öffentlichen Verwaltung berührend. Bureaukratische Regierungsformen und eine organische Gesetzgebung begannen sich zu entfalten, um Einheit und die Herrschaft eines obersten Willens zu begründen.

Indem durch diese Reformen die Selbstständigkeit und Unabhängigkeit der Land- und Gerichtsherren in so mancher Beziehung beschränkt wurden, mussten sie vielfach der Landbevölkerung und den Herrschaftsunterthanen zur Wohlthat gereichen. Sollte in diesem Umstande nicht eine der Ursachen zu suchen sein, dass durch die grossen Bauernaufstände, welche in den Jahren 1524 und 1525 beinahe ganz Deutschland wie mit einem elektrischen Schlage in Flammen setzten, das Land unter der Enns so wenig berührt worden ist? [1]

Dem Erzherzog Ferdinand scheinen namentlich die süddeutschen Bauern ein grosses Vertrauen zugewendet zu haben, indem sie ihn und den Kurfürsten von Sachsen, dessen Land vom Bauernaufstande ganz verschont blieb, als Schiedsrichter für ihre Gegenpartei, die einzigen deutschen Fürsten, auf welche eine solche Wahl fiel, in Vorschlag brachten. [2]

Erzherzog Ferdinand, der nunmehrige Landesfürst von Oesterreich und somit der Herr von Gutenstein, kam bald nach seinem Regierungsantritte in die Lage, über das letztere Verfügungen treffen zu müssen.

Laurenz Saurer, der letzte Pfandinhaber von Gutenstein, welcher noch im Jahre 1523 der „Reformations-Commission" zugetheilt war, war gestorben und hatte in seinem Testamente den auf dieser Herrschaft gelegenen Pfandschilling von 2000 Gulden Rhein. an den erzherzoglichen Rath Felician von Petschach übertragen. Dieser Letztere war Mitglied der Stände Krains [3] und

---

[1] Haselbach, nieder-österr. Bauernkrieg. S. 9.
[2] C. Welker, Bauernkriege. Staats-Lexicon. II. Band. S. 235.
[3] A. Janitsch. Gesch. der österr. Monarchie. IV. S. 248.

einer der Abgeordneten, welche aus diesem Lande, nach dem Tode des Kaisers Maximilian, zugleich mit einer aus Oesterreich und Steiermark, von der den Landesfürsten treu gebliebenen Stände-Partei abgeordneten Deputation, nach Spanien zogen, um den Erzherzogen Carl und Ferdinand ihre Unterwerfung zu melden.

Mittelst Urkunde ddto. Wien, 5. November 1523,[1]) genehmigte Erzherzog Ferdinand die von Laurenz Saurer getroffene letztwillige Anordnung und überliess Gutenstein somit pfand- und pflegweise an Felician von Petschach. Nachdem diese Verschreibung für die Beurtheilung und Aufklärung späterer Verhandlungen von wesentlicher Wichtigkeit ist, möge sie ihrem vollen Inhalte nach hier einen Platz finden. Sie lautet:

„Wir Ferdinand c. c. Bekhennen für vnns vnnd vnnser Erben, vnnd thuen chundt offenlich mit diesen Brief, Allermeniglich, Als weilenndt vnnser lieber herr vnnd Anherr Kayser Maximilian Hochlöblicher gedechtnus, weilenndt Larenczen Saurer, vnnserm Rath, Viczdomb in Oesterreich vnnd Einnehmer General vnnser Herrschafft vnnd Schloss Guetenstain in vnnsrn Erzherzogthumb Oesterreich vnnder der Enns gelegen mit allen Seinen Rennten Zinse, guilten, Teüchten, Vischwaiden vnnd allen anndern seinen Nüczen vnnd Zuegehörungen, nichts dauon aussgenomen vmb Zway Tausendt gulden Reinisch Haubtguets vnnd dann Sechshundert gulden Reinisch, so Er daran verpauen sollen Pfanndts vnnd Pflegweiss Sein leben lanng verschriben hat, alles Vngeuerlichen der Mainung, wie Seiner Mst. brief darüber aussganngen in sich halten vnd begreiffen, Vnnd aber der gemelt Larennz Saurer in Seinem Testament vnnd letsten Willen, Vnnsrm getreuen lieben Felician von Petschach vnnsrm Rathe, die bemelt vnnser Herrschafft vnnd Schloss Guettenstain, mit aller Ir Zuegehörung wie Vorsteet, Vmb die Zway Tausendt gulden Reinisch Haubtguets von Seinen Erben abzulesen vergonnt, vnnd das Paugelt so Er laut Seiner Kay. Mt. Beuelch, vnnd was Er mer dann derselb Beuelch vermag nach Inhalt Seins Particularauffschreiben vnnd Quittungen, daran verpaut hett, vmb Seiner Mue willen, frey ledig zuegestelt vnnd geschafft

---

[1]) K. k. Hofkammer-Archiv.

hat, wie dann solchs Sein aufgericht Testament aussweist, Das
wir in ansehen vnnd sonnderm gnedigem bedennkhen der getreuen redlichen vnnd nützlichen Diennst, so der gemelt vnnser
Rath Felician von Petschach, Weilennd vnnserm lieben Herrn
vnnd anherrn Keyser Maxmilian, Hochlöblicher gedechtnus in
manigfeltig Weeg, des wir dann glaubwirdig wissen haben, Das
Er auch nachuolgendt vnns in Eingang vnser Regierung vnser
Niderösterreichischen Erblande zu guetter ordnung vnnd frucht-
perlichen aufnemen vnnsers Camerguets erspriesslichen gedienntt
hat, vnnd noch täglichen vnnd williglichen thuet, Dergleichen
Dienst wir vnns auch khünfftiglichen Zu Im versehen, In solch
des obgedachten Larennzen Saurers Verginnung der ablösung
des Pfanndtschillings vnnd Zuestellung des Paugelts, Inmassen
wie vorgemelt ist, vnnsern gnedigen willen gegeben, vnnd denselben Vnnserm Rathe Felician von Petschach, vnnd Seinen
Erben, die gemelt vnnser Herrschafft vnnd Schloss Guettenstain
mit allen Rennten, gülten, Zinsen, Lanndgerichteinkummen, Visch-
wassern Teichten vnnd allen anndern nützen Ein vnd Zugehörung, wie die namen haben, vnnd solches alles der obgemelt,
Larennz Saurer Ingehabt vnnd pesessen hat, nichts dauon aussgenomen, vmb die bestimbten Zway Tausendt gulden Reinisch,
Haubtguets, vnnd dann vmb das Paugelt, so gemelter Larennz
Saurer, auf obgemelts vnnsers lieben Herrn vnnd anherrn Beuelch, vnnd darzue was Er noch über solchen Beuelch daran
verpaut hat, Sovil dann Sein Particular Aufschreiben Quittung,
Certification vnnd guet Raittung pringen wirdt, vnuerrait Pfanndt
vnnd Pflegweiss verschriben haben, vergunnen vnnd bewilligen
Ime auch solch ablösung des Pfanndtschillings vnnd Zuestellung
des Paugelts Inmassen wie vorbegriffen ist, vnnd verschreiben
Ime vnnd Seinen Erben darumben die berüert vnnser Herrschafft
vnnd Schloss Guettenstain Pflegweiss hiemit wissentlich in crafft
dits Brieffs. Also das der gedacht vnnser Rath Felician von
Petschach vnnd Sein Erben die bemelt vnnser Herrschafft vnnd
Schloss Guettenstain mit aller ein vnd zuegehörung vmb die
Zway Tausendt gulden Reinisch, Hauptguets, vnnd des Paugelt
so gemelter Saurer darann verpaut hat, vnnd sich mit guetter
Raittung befinden wirdt, alles wie vorgemelt ist, vnuerrait von
Vnns vnnd vnnsern Erben in Pfanndts vnnd Pflegweisse Inn
haben nüczen vnnd nüessen. Sy sollen auch vnns, vnnd ob wir

nit wärn, alssdann vnnsern negsten Erben zu allen Zeitten damit getrew gehorsamb vnnd gewertig sein, Vnns vund die vnnsern, so wie yezuzeiten darczueschaffen, darein daraus, vnnd darinnen enthalten lassen, zu allen vnnsern notdurfften, wider meniglich niemand aussgenomen, doch auf vnnsern kosst vnnd an Irn merkklichen schaden, Auch sollen Sy vnnser Holden, vnnderthanen vnnd Vogtleüth darein vnnd darzue gehörig vber die gewondlichen Zinss Dienst, Wanndl vnnd Robat, noch in annder weeg wider Pilligkheit vnnd alts herrkhumen nit beschwern sonnder sich an den gewöndlichen Renten, Zinsen, Wänndlen Robaten vnnd anndern So Sy zuthuen schuldig sein benügen, vnnd von vnnsern herrlichkaiten obrigkhaiten vnnd gerechtigkhaiten nichts encziehen lassen, vnnd selbst auch nit thuen, gleichs gericht fiiern Armen vnnd Reichen, vnnd aus dem berüerten Schloss khain Khrieg Vehd noch angriff anfahen thuen noch treiben, Auch auf vnnsern Cossten nichts daran verpauen, an vnnser sonder erlauben vnnd Beuelch, sonnder dasselb auf Iren Cossten wesenlich vnnd vnwüestlich halten, Wir haben auch dem gemelten vnnserm Rathe Felician von Petschach, In genedigen bedenkhen der obgemelten Seiner getreuen Diennst, dise sonnder gnad gethan, das wir bey Seinem leben niemandts vergunnen sollen noch wellen, Ime von der gedachten vnnser Herrschafft vnnd Schloss Guettenstain abzulösen in khainerlay schein noch weeg, Er auch derselben abzutretten nit schuldig Sein, es seye dann sach, das wir vorgedachte vnnser Herrschafft vnnd Schloss zu vnnser Camer selbss ablösen, vnnd behalten wellen, alss dann soll Er vnns vnnd vnnsern Erben solcher ablösung auf vnnser erfordern auch stat thuen, vnnd nit wider sein, vnnd wann obgemelter Felician von Petschach mit Todt abgeen wurde, Ee das wir solch Herrschafft vnnd Schloss in vnnser Camer ablöseten, vnnd wir oder vnnser Erben, alss dann dieselben an Sein Erben brieflich oder vnder augen erfordern wurden, So sollen Sy dasselb sambt dem Zeug Vrbarn, Registern vnnd anndern, so Ime damit oder darnach eingeantwurt wirdet, vnns vnnsern Erben oder wenn wir das beuelchen, gegen bezallung der Zway Tausendt gulden Reinisch, Pfandtschillings, Auch des Paugelz so vill sich mit guetter Raittung befinden wirdet, darumben wir Sy nach gethanner Raittung mit genugsamen brieffen, versichern wellen, doch nit vor oder Ee dann Sy desselben Pfandtschillinges, vnnd Paugelz, gennzlichen bezalt oder vergnttegt werden, an all Waigerung vnnd widerred abtretten vnnd einantwurtten, wie Er Vnns dann solchs zuegesagt sich auch des für sich vnnd Sein Erben, insonderhait gegen Vnns verschriben hat, doch behalten wir Vnns hier Innen beuor, vnnser Lanndsfürstliche oberkhait, Alss Schäz Perkhwerch Schwarz vnnd Rotwild, Lanndtraisen, Steurn, Auch Geistlich vnnd Weltlich Lehenschafften mit Vrkhundt Geben in vnnser Statt Wienn den fünften tag Nouembris Anno im drey vnnd Zwainzigisten."

An diese Verschreibung schloss sich schon unterm 15. December 1523 eine zweite Urkunde an, [1]) in welcher der Erzherzog die Richtigkeit der vorgelegten Rechnung, nach welcher Laurenz Saurer „an das Schloss Guettenstein vnd die Teichtsteedt so darzue gehören 836 Gulden 6 Schill. 13 dr. verpaud hat" bestätigt, und dem Felician von Petschach den Zuschlag dieses „Paugelldt" zu seinem Pfandschilling von 2000 Gulden Rhein. genehmigte.

Durch eine weitere Resolution des Erzherzogs, ddto. Breslau den 4. Mai 1527, [2]) wurde die Pfandgabe von Gutenstein, welche vorläufig für die Lebensdauer Felicians von Petschach bestimmt war, gleichzeitig mit jener von Starhemberg, für seine Erben um die Zeit von zehn Jahren nach dem Tode desselben verlängert, und diese Verlängerung durch Urkunde ddto. Linz, 1. December 1529, [3]) noch auf weitere zehn Jahre ausgedehnt.

Bei der Belagerung Wiens durch die Türken im Jahre 1529 befand sich Felician von Petschach als Regimentsrath unter den Vertheidigern der Stadt; [4]) die zweite Verlängerung der Pfandgabe war eine Anerkennung der bei dieser Gelegenheit geleisteten Dienste, denn die Urkunde erwähnt ausdrücklich der Verdienste, welche Felician von Petschach „besonders yezo in des graussamen veindt, gemainer Cristenhait des Türckhen belegerung vnnd erhalldtung vnnserer Stat wienn guetwillig vnuerdrossen vngesspardt seines Leibs vnd Lebens" erworben hatte.

Die Drangsale jener Zeit hatten sich auch auf das Gutensteiner Thalgebiet ausgedehnt, und eine tiefgreifende Verwüstung

---

[1]), [2]) und [3]) K. k. Hofk.-Archiv.
[4]) Notizenblatt der k. k. Akademie der Wissensch. Jahrg. 1851, Nr. 14, S. 216. Hormayr, Arch. für Geogr. c. c. Jahrg. 1821. S. 182.

der Herrschaften Starhemberg und Gutenstein zur Folge gehabt „Die Vrbarguetter zu bemelldten baiden herrschafften gehörig, durch Prandt nahendt gar verderbt, die vrbarssleudt daruon verfüret vnnd also verödt, das dieselben gtletter in ainer gueten Zeit, hardt wiederumb erpaudt, besetzt vnnd die gewöndlichen Rendt, Geld vnnd Diennstparkhaiten, darum nit gefallen noch eingebracht werden mügen." Der Erzherzog verordnete demnach, dass von jenen „vrbarguedter so allso verderbt vnnd geödt sein" für die Zeit von vier Jahren keine Steuern und Leistungen anzusprechen sind.

Das Schloss Gutenstein wurde weder während der Invasion des Jahres 1529 noch beim Einfalle im Jahre 1532 überwältiget. Dass das Gutensteiner Thal beide Male verwüstet worden ist, und dass viele Häuser durch Jahre verödet blieben, ergibt sich auch aus einer Eingabe Felicians von Petschach an König Ferdinand vom 10. April 1537,[1]) womit er um einen Bestallbrief über den Schallhof, „von welchem man seit Alters her nit mer gedient hat, dann das der besitzer jährlich das Vederspiel in der Herrschaft abgefangen, vnnd gen Guetenstain geantwort, Auch von wegen des zehendt, jährlich einen Sperber nach Stuchssenstain gedient, und welcher durch die Turgkhen abgeprannddt worden" — für seinen Pfleger zu Gutenstein Hanns Sagstetter bat, — „der sich in beiden Turgkhen zuegen woll vnd redlich benommen hatte." Es lag somit selbst der Schallhof, obwohl er eines der bestbestifteten Wirthschaftsgüter des Thalgebietes war, durch mehrere Jahre öde.

König Ferdinand genehmigte die von Felician von Petschach gestellte Bitte erst im Jahre 1538[2]) gegen dem, dass die frühern Dienstgaben wieder zu leisten sein werden. Wie sich aus einem am Wohngebäude des Hofes eingemauerten Denkstein ergibt, hat Hanns Sagstetter dasselbe im Jahre 1539 wieder hergestellt.

Felician von Petschach starb im Jahre 1537, seine Gemalin Magdalena, geborne von der Dürr, war ihm schon im Jahre 1532 im Tode vorausgegangen. Beide wurden in der Marktkirche zu Gutenstein beigesetzt. Schöne grosse Grabsteine

---

[1]) und [2]) K. k. Hofk.-Archiv.

bezeichnen ihre Ruhestätte. Die Umschrift des ersten Steines lautet: „Hie ligt Begrabn der Edlgestreng Herr Felician von Petschach zu Lanndpreis Ritter. Ro. Ku. Mst. Rath und Camerer, Inhaber der paiden Herrschafft Starhenberg vnd Gutenstain dem gott gnädig sei 1537 jar.", jene des zweiten: „Anno dm. 1532 Jar ist gestorben die Edell tugentreich frav madlen geborn von der Dürr Herrn Felician von Petschach Gemahel vnd ligt ta begraben der gott genädig sei."

Durch Testament ddto. Wien, 1. Juni 1534 ¹) hatte Felician von Petschach bezüglich der beiden Herrschaften Starhemberg und Gutenstein mit sammt dem Ungeld zu Baden, welche Objecte er pfandweise im Besitze hatte, seine Kinder Christoph, Felician, Elena, Margaretha, Anna, Julianna nnd Katharina zu Erben eingesetzt, und die Testaments-Vollstreckung dem Hanns Hofmann zum Grünpüchl, Hauptmann zu Neustadt, Melchior von Lamberg zu Schneeperg und Jacob von der Dürr, Hauptmann zu Forchtenstein, übertragen.

Christoph von Petschach starb unverehlicht, Felician der Jüngere, welcher im Jahre 1539 die Helena von Urschenböck ehelichte, starb am 29. September 1551. Die älteste Tochter Helena, Gattin des bereits im Jahre 1543 gestorbenen Georg Andreas, Freiherrn von Herberstein, starb ebenfalls frühzeitig.

Die zweite Tochter Margaretha verehelichte sich mit Georg Sigmund Freiherr von Herberstein, sie war die zweite Gemalin desselben und brachte ihm durch Erbschaftstheilung nach dem Tode ihres Bruders Felician die Pfandherrschaft Gutenstein im Jahre 1553 zu.

Unter der vormundschaftlichen Verwaltung während der Minderjährigkeit der Kinder Felicians von Petschach dürfte der wirthschaftliche Zustand von Gutenstein, sammt seinem Zugehör sehr zurückgegangen sein. Durch die Eingabe ddto. Wien, 24. Juli 1544 ²) hatten die Gerhaben der genannten Kinder, Melchior von Lamberg, Freiherr von Ortenegg und Ottenstein, und Jacob von der Dürr, um die landesfürstliche Genehmigung zur Eindeckung des Schlosses zu Gutenstein und Ausbesserung einiger Baugebrechen angesucht, und zugleich gebeten, dass die Baukosten dem Pfandschillinge zugeschlagen würden.

---

¹) und ²) K. k. Hofk.-Archiv.

Mittelst Erledigung ddto. Wien, 18. August 1544 wurde die Vornahme der erforderlichen Reparaturen angeordnet, jedoch verfügt, dass die Kosten der Pfandinhaber zu tragen habe, welcher das Schloss in dem ihm übergebenen guten Baustande zu erhalten hat.

Der Protestantismus scheint sich sehr bald auch im Gutensteiner Thalgebiet ausgebreitet zu haben; in Gutenstein selbst befand sich jedoch noch im Jahre 1544 ein katholischer Pfarrer. Er hiess Balthasar Ertl, und gab in Folge einer Untersuchung, welche die Regierung im Jahre 1544 in Bezug auf die kirchlichen Zustände in Nieder Oesterreich vornehmen liess, an, dass, weil überall Mangel an Priestern sei, er bis Pisting müsse, um dort Messe zu lesen. [1]

Durch die Resolution ddto. 1. December 1529 war an Felician von Petschach die Genehmigung ertheilt worden, dass seine Erben für die Zeit von zwanzig Jahren nach seinem Tode, im Pfandbesitze der Herrschaft Gutenstein verbleiben können. Die Pfandgabe hätte somit im Jahre 1557 abzulaufen gehabt.

Georg Sigmund von Herberstein brachte jedoch, und zwar gleichzeitig mit der Bitte um die Uebertragung der Pfandgabe von Gutenstein [2] von dem am 29. September 1551 verstorbenen Felician von Petschach dem Jüngern auf seine Gattin, auf welche, wie oben bereits erwähnt, Gutenstein im Wege der Erbschaftstheilung gefallen war, auch das Ansuchen um abermalige Verlängerung der Pfandinhabung ein, worüber König Ferdinand mittelst Willbrief ddto. 6. Juli 1553 genehmigte, dass demselben „an stat vnnd in Namen seiner Hausfrauen Margaretha vnnd derselben Erben" gegen Erlag eines Darlehens von 1000 Gulden Rhein. Gutenstein noch weitere zehn Jahre im Pfandbesitz verbleiben könne.

Mit Rücksicht auf die persönlichen Verdienste Felicians von Petschach, war demselben die Herrschaft Gutenstein um einen verhältnissmässig geringen Pfandschilling pfleg- und pfandweise überlassen worden. Das Einkommen der Herrschaft sollte die Zinsen des darauf haftenden Pfandcapitales decken.

---

[1] Urbar des Gutensteiner Serviten-Klosters.
[2] K. k. Hofkammer-Archiv.

Ferdinand hatte in allen seinen Verschreibungen über Gutenstein den ausdrücklichen Vorbehalt angeschlossen, dass, falls er oder seine Erben die Herrschaft auch innerhalb der Pfanddauer rücklösen wollten, die Pfandinhaber jederzeit verpflichtet seien, selbe gegen Empfang des darauf haftenden Pfand-Capitales unweigerlich abzutreten.

Obwohl die Nachtheile, welche das landesfürstliche Einkommen dadurch erlitt, dass viele Herrschaften um unverhältnissmässig geringe Pfand-Capitalien pfleg- und pfandweise vergeben waren, klar zu Tage lagen, war eine gründliche Abhilfe gegen diese Uebelstände durch Rücknahme der verpfändeten Herrschaften dennoch nicht durchführbar, es mangelte an Geld, um die Wiedereinlösung vornehmen zu können. Ein Aushilfsmittel ergab sich dadurch, dass die auf den Herrschaften haftenden Pfand-Capitalien von Zeit zu Zeit, häufig in der Form von Darlehen seitens der Pfandinhaber, gesteigert wurden.

Bei Gutenstein fand derselbe Vorgang statt. Mittelst Urkunde ddto. Prag, 1. Jänner 1558 [1]) bestätigte König Ferdinand I., dass ihm Georg Sigmund Freiherr von Herberstein, Neyperg und Guetenhaag 3000 Gulden Rhein. gegen Acht von Hundert Interessen vorgestreckt habe, und ordnet an, dass dieser Betrag zu dem bereits auf Gutenstein haftenden Pfandschillinge zugeschlagen werde.

Die Zeit der für Georg Sigmund von Herberstein genehmigten Pfandgabe von Gutenstein für die Dauer von zehn Jahren nach dem Ableben Felicians von Petschach des Jüngern, lief gegen den Schluss des Jahres 1561 ab. Neue Verhandlungen wurden eröffnet.

Aufgefordert sich zu äussern, trug Herberstein bezüglich seiner beiden Pfandschaften Gonovitz in Steiermark und Gutenstein in Oesterreich, u. z. für jede dieser Herrschaften eine Erhöhung des Pfandschillings um 1000 Gulden unter der Bedingung einer Verlängerung der Pfandgabe für die Dauer von zwanzig Jahren, an. Laut kaiserl. Resolution ddto. 13. September 1561 [2]) wurde dieser Antrag zurückgewiesen. Herberstein brachte nun eine neue Eingabe ein, in welcher er nach einer Klage über das

---

[1]) und [2]) K. k. Hofkammer-Archiv.

geringe Ertrügniss der Herrschaften sagt: „aber vnangesehen dessen alles, damit Er. k. Mt. Hierin mein gehorsamisst Erbar gemuett spuren muge, So will ich vber obberuert erbitten, noch auf ein Jeden Pfandschillinge Tausendt gulden schlagen, allein darumben damit mein Erben, nach meinem Todt, auch wissen mechten, wo sie hausen sollten, Also dass Jeder Phanndtschilling, vmb zway Tausendt gulden gesteigert wirdt."

Laut kais. Erledigung ddto. Prag, 16. März 1562 [1]) wurde dieser Antrag angenommen und dem Georg Sigmund Freiherrn von Herberstein die beiden Pfandschaften Gonovitz und Gutenstein für weitere zehn Jahre verschrieben, jedoch mit dem Vorbehalte einer neuerlichen Steigerung, falls im Laufe dieser Zeit sich das Erträgniss der Herrschaften erhöhen sollte.

Dass Kaiser Ferdinand nur ungerne und wahrscheinlich aus Mangel anderer Bewerber, Gutenstein an den dem Protestantismus zugethanen Herberstein überlassen hatte, ergibt sich aus dem Umstande, dass er schon nach Verlauf von zwei Jahren, und zwar mittelst Willbrief ddto. Wien, den 13. Mai 1564 [2]) dem Spanier Franzisco Lasso de Castilia die Zusicherung ertheilte, dass er Starhemberg und Gutenstein nach Ausgang der Herberstein'schen Pfandzeit übernehmen könne.

Ferdinand I., welcher nach der feierlichen Abdankung Kaiser Carl's V., den 14. Mai 1558 von den Kurfürsten als Kaiser proclamirt worden war, starb den 25. Juli 1564.

Die Reformen, welche sich während der Dauer seiner Regierung in Oesterreich vollzogen hatten und alle Zweige der öffentlichen Verwaltung berührten, hatten unbemerkt eine wesentliche Veränderung in den Eigenthums-Verhältnissen der landesfürstlichen Allodien eingeleitet.

Es kann wohl keinem Zweifel unterliegen, dass ihrer ersten Verleihung, oder der Art ihrer Erwerbung nach die alten Babenberger Allodien ein freies Eigen dieses Regentenhauses waren. Das Land als solches hatte an dieses Besitzthum keine Rechtsansprüche, es bestand in jener Zeit überhaupt noch kein Landes- oder Staats-Eigenthum.

---

[1]) und [2]) K. k. Hofkammer-Archiv.

Ich habe oben nachgewiesen, mit welcher Sorgfalt einst Rudolph von Habsburg diese Güter an sich brachte und seinem Sohne Albrecht I. überliess. Mag man immerhin Rudolphs Krieg gegen Przemysl Ottokar eine Reichsangelegenheit nennen, ausgetragen wurde derselbe ohne eigentliche Reichshilfe durch Rudolph und seiner Freunde und Anhänger Beistand. Ottokars österreichische Allodien erwarb er durch seine eigenen Goldmittel, die österreichischen Länder haben hiezu keine wie immer geartete Beiträge geleistet. Das Rechtsverhältniss derselben wurde demnach durch den Uebergang an das Habsburger Regentenhaus nicht geändert. Die Sentenz des Fürstentages ddto. Basel, 12. April 1288 [1]) behebt diesfalls jeden Zweifel.

Rudolphs Nachfolger verfügten mit diesem Privat-Eigenthume frei und nach ihrem persönlichen Bedarfe und Ermessen; ich habe im Laufe meiner Darstellungen vielfach Gelegenheit gehabt, auf Verpfändungen und Belastungen desselben hinzudeuten. Selbst die Stände hatten in der Zeit ihres weitgehenden Uebergreifens das Privat-Eigenthum der Fürsten niemals als solches in Frage gestellt.

Die Schiedssprüche, welche sie mehrfach fällten, betrafen jedesmal die Zuweisung streitiger Allodial-Güter an die einzelnen Mitglieder des Regentenhauses; dass sie jemals eines oder das andere der Güter als Zugehör oder Eigenthum eines Landes in Anspruch nahmen, lässt sich nicht nachweisen.

Seit Ferdinands I. Reformen ging die Administration der landesfürstlichen Besitzungen und Allodien an die von ihm eingerichtete Hofkammer über. Allerdings war diese Hofkammer ursprünglich die Finanzverwaltung des Landesfürsten, allein sie wurde mehr und mehr eine Landesbehörde, und die ihr zur Verwaltung übergebenen Besitzungen und Allodien der Landesfürsten nahmen unbemerkt die Eigenschaft von Landesbesitzthum an.

---

[1]) Siehe oben Seite 104.

II. Maximilian II.

Durch die Steigerung, welche für Georg Sigmund von Herberstein im Jahre 1562 bemessen wurde, belief sich der auf Gutenstein haftende Pfandschilling auf den Betrag von 5836 Gulden 6 Schillinge 13 Pfennige. Da nunmehr der Pfandbesitz für weitere zehn Jahre gesichert war, überliess Herberstein die Herrschaft noch in demselben Jahre um den jährlichen Pachtzins von 420 Pfunde Pfennige an Adam Geyer von Osterburg in Bestand. Nachdem dieser Letztere sicher nur dahin gestrebt haben wird, aus der Pachtnahme möglichst viele Vortheile zu ziehen, war ein weiteres Zurückgehen im wirthschaftlichen Zustande der Herrschaft unvermeidlich. Beschwerden über Vernachlässigung des Schlosses, der Grenzen, Duldung von Uebergriffen seitens der Nachbarn u. s. w. fangen nunmehr an hervorzutreten.

Solche Zustände mögen auch für Ferdinands I. Nachfolger, Kaiser Maximilian II. Veranlassung gegeben haben, nach Thunlichkeit einen Wechsel in der Person des Pfandinhabers von Gutenstein anzubahnen. Durch die Resolution ddto. Wien, 14. September 1569 [1]) ertheilte Maximilian II. dem Don Lasso de Castilia, nunmehr Obersthofmeister der Kaiserin Maria, die Genehmigung, dass derselbe die ihm von Kaiser Ferdinand mittelst Willbrief ddto. 13. Mai 1564 gemachte Zusage, er könne die Herrschaft Gutenstein nach Ausgang der Herberstein'schen Pfandzeit: „vmb den Pfanndtschillinge vnnd das Jenige, so Ir Mst. Ime von Herberstain daran verschrieben, mit aller ein vnnd Zuegehörung, wie er von Herberstain die Jetzt Pfanndtweis Innen hat, ablösen, mit angehängter Vertröstung, wann die ablösung beschiecht, das Ir Mst. Ine Don Frantzisko allsdann sein Lebenlang dabei bleiben lassen wellen," auf die Brüder Martin und Ferdinand von Taxis „auch auf Ir beder lebenlange" übertrage, dergestalt „das vorgenanndte Martin vnnd Ferdinand von Taxis angezaigte Herrschaft Guettenstain von gedachten

---

[1]) K. k. Hofkammer-Archiv.

Georg Sigmunden von Herberstain, nach ausgang seiner verschriebenen Jahr, vmb den darauf ligunden Pfandschillinge an sich lesen mügen. Vnd wann das beschieht sy inmassen dem Donn Franzisko zugesagt vnd verschrieben worden, Bey solcher Herrschafft Guetenstain vnd allen denselben rechtmessigen inkhumben nutzungen, Rechten vnd gerechtigkhaitten, Ir baider lebenlange vnentsetzt ruebig bleiben mügen."

Die vielen Kriege, in welche die österreichischen Landesfürsten sowohl in Deutschland, namentlich aber gegen die Türken verwickelt wurden, steigerten die öffentlichen Auslagen in ausserordentlicher Weise. Das Einkommen stand damit in keinem Verhältniss; eine Abhilfe war dringend nothwendig.

Ein besonderes Augenmerk wurde zunächst den landesfürstlichen Herrschaften zugewendet, von denen viele pfand- und pflegweise an Gläubiger verschrieben waren, und in Bezug auf ihr Erträgniss nur zu oft durch unverhältnissmässig kleine Pfandschillinge gleichsam gesperrt erschienen.

Um für weitere Massnahmen eine Basis zu gewinnen, wurden Commissionen abgeordnet, deren Aufgabe es war, das Erträgniss der verpfändeten Herrschaften an Ort und Stelle zu ermitteln, um sohin Anträge über entsprechende Steigerung der Pfandbeträge stellen zu können.

Auch nach Gutenstein wurde gegen den Schluss des Jahres 1569 eine solche Erhebungs-Commission abgeordnet. Sie scheint so manche Uebelstände vorgefunden zu haben. Herberstein war bei den Verhandlungen durch seinen Bestandinhaber Adam Gayer von Osterburg den Aeltern, vertreten.

Schon von Gutenstein aus wendete sich die Untersuchungs-Commission unterm 18. December 1569 [1]) an den Abt zu Neuberg, indem fünf Neuberger Unterthanen, durch Viehübertrieb über die Grenzen am Ameisbügel gegen den Nasswald zu, sich Uebergriffe erlaubten, und von Neuberg aus ein unbefugter Jagdbetrieb auf Gutensteiner Grund stattfand. Auch die Herrschafts-Unterthanen wurden von der Commission u. z. gegen unberechtigte Anforderungen des Stadtrichters von Wiener Neustadt in Schutz genommen, der das Begehren stellte, dass die Ersteren

---

[1]) K. k. Hofkammer-Archiv.

den Hausbedarf an Salz von Neustadt aus decken sollten, welcher Bezug jedoch stets aus Wien stattgefunden hatte. Durch Erlass ddto. Wien, 13. Jänner 1570 [1]) trug die Commission dem Bestandinhaber der Herrschaft Adam Gayer von Osterburg jedoch auf, darüber zu wachen, dass die Unterthanen mit dem von Wien bezogenen Salze keinen Handel treiben.

Ueber Antrag der Erhebungs-Commission richtete die niederösterreichische Kammer unterm 17 Jänner 1570 [2]) an Georg Sigmund von Herberstein die Aufforderung, dass er seinem Versprechen gemäss das Schloss Gutenstein, „so am Tachwerch etwas Paufölig seye", baldigst wiederherstelle, besonders darum, „weil diss Schloss ain Perghauss, vnnd an einem Rauchen wilden Gepurg ligt, darzue dann die Unnderthanen in aines vnversehenes Turkhenstraiffs, Ir Zueflucht haben mögen." Auch wurde Herberstein beauftragt, dass er oder sein Bestandpfleger „des Abbt zu Neuperg Unterthanen", so „sich neuerlicher Zeit aines Plumbbesnechs halb vber den Amass-Khogel, dergleichen das Reissgejaidts annassen wollen", zurückweisen lasse.

Die nach Wien zurückgekehrte Erhebungs-Commission berechnete in ihrer Relation ddto. 13. Jänner 1570 [3]) „die gannz Phanndt, Genadengab, vnd Paw-Summa Auf der herrschafft Guettenstain" auf 5836 Gulden 6 Schillinge 13 Pfennige. Die Commission hatte das Erträgniss von Gutenstein auf Grundlage eines vom Bestandinhaber Adam Gayer von Osterburg unterm 9. December 1567 [4]) verfassten Urbars, nach Abzug aller Unkosten mit 682 Gulden 6 Schillinge 10 Pfennige ermittelt, und nachdem Kaiser Ferdinand in seiner Verschreibung vom 16. März 1562 die allfällige Steigerung der Pfandsumme vorbehalten hatte, wurde von der Commission, bei „6 Per Cento Nuzung" über die bestehende Pfandsumme von 5836 Gulden 6 Schillinge 13 Pfennige eine Erhöhung von 5543 Gulden 13 Pfennige beantragt.

Ueber diesen Vorschlag wurde von der Hofkammer für den 4. April 1570 [5]) eine Verhandlung angeordnet und Georg Sigmund von Herberstein hiezu vorgeladen. Durch Schreiben ddto. Graz, 2. April 1570 entschuldiget sich derselbe, er könne Podagra halber bei der Verhandlung nicht erscheinen. Er

---

[1]), [2]), [3]), [4]) und [5]) K. k. Hofkammer-Archiv.

beschwert sich über die zu hoch beantragte Steigerung der Pfandsumme von Gutenstein und weiset darauf hin, dass er nicht 11½ Percent Nutzung beziehe, indem er nur 420 Pfunde Pfennige an Bestand einnehme. Herberstein erklärt schliesslich, dass er sich die Steigerung wohl gefallen lassen würde, wenn ihm Gutenstein für sich und seine Leibeserben verschrieben würde, und bemerkt zugleich, dass, falls dieses nicht stattfinden sollte, er den im Jahre 72 erfolgenden Ausgang seiner Pfandinhabung abwarten, und dann die Rückzahlung des Pfandgeldes gewärtigen wolle.

Herberstein scheint bei der von ihm ertheilten Antwort die Ansicht festgehalten zu haben, dass der Kaiser nicht in der Lage, oder überhaupt nicht geneigt sein werde, die Auslösung von Gutenstein zu realisiren; die Hofkammer stellte jedoch unterm 17. April 1570 den Antrag, dass in Betreff der Uebernahme dieser Herrschaft mit den Gebrüdern Taxis, als gleichzeitige Pfandinhaber von Starhemberg, Verhandlungen zu eröffnen wären; sie wiederholte diesen ihren Vorschlag unterm 15. September 1570, [1]) nachdem Georg Sigmund von Herberstein durch Schreiben ddto. Graz, 23. August 1570 neuerdings erklärt hatte, er werde die beantragte Steigerung des Gutensteiner Pfandschillinges nach Ausgang der Pfandzeit nur in dem Falle erlegen, wenn ihm diese Herrschaft noch „auff sein oder Seines Sohnes lebenlang verschrieben wurde", und zugleich beifügte, dass er sich, falls sein Antrag nicht angenommen würde, nach Ablauf der „bevorstehenden Jar der Pfandschafft gestrachs vnd Alssbaldt begeben wolle."

Die Antwort, welche die Brüder Martin und Ferdinand von Taxis auf die an sie gerichtete Anfrage unterm 8. October 1570 [2]) ertheilten, enthielt zunächst eine Einrede gegen den Gutensteiner Ertrags-Anschlag vom 9. December 1567, sie erhoben ferner Beschwerden, dass sie bei Starhemberg Schaden leiden, und bitten schliesslich, es möge ihnen Gutenstein als Ersatz um jenen Pfandschilling überlassen werden, wie solches bisher der von Herberstein benützt und genossen hat.

---

[1]) und [2]) K. k. Hofkammer-Archiv.

Erzherzog Carl forderte nunmehr von Neustadt aus unterm 30. October 1570 ¹) die Hofkammer zur Aufklärung auf, welche in ihrem schon unterm 3. November 1570 von Klosterneuburg aus erstatteten Berichte, unter Widerlegung der gegen den Gutensteiner Ertrags-Anschlag erhobenen Einwürfe, den Antrag stellte, dass in die von den Gebrüdern Taxis gestellten Forderungen nicht einzugehen sei. Ueber die ihnen diesfalls zugekommene Erledigung brachten die Letzteren im März 1571 ²) (ohne Tagesangabe) an den Kaiser Maximilian eine Immediat-Eingabe ein, worin sie unter Vorlage des kaiserlichen Willbriefes ddto. 14. September 1569 lebhafte Beschwerde gegen die ihnen zugemuthete Steigerung des Pfandschillings von Gutenstein erheben, und den Kaiser bitten, er möge befehlen, dass ihnen die Herrschaft Gutenstein ohne Steigerung, „In massen Sy der von Herberstein gehabt", ausgefolgt werde.

Diese Eingabe zeichnet sich durch einen überaus erregten Ton aus und streift in ihren Ausdrücken hart an jene Grenze, welche dem Monarchen gegenüber überhaupt gestattet sein kann.

Die darauf unterm 28. März 1571 ertheilte Erledigung lautet: „Die Kais. Mt. haben den Suplicanten unlängst verschiner Zeit, hierum ermelter steigerung halber, schrifftlich beuelch Zuekhommen lassen, bei demselben lassens Ir. Kay. Mt nochmallen allerdings genediglich bleiben."

Diese abschlägige kaiserliche Resolution gab zunächst zu einem neuen Antrage der Brüder Taxis Veranlassung, welchen sie unterm 27. April 1571 ³) in der Art einbrachten, dass sie eine Pfandschillings-Steigerung im Betrage von 3000 Gulden anboten. Die kaiserliche Erledigung erfolgte von Prag aus schon am 1. Mai 1571. ⁴) In derselben wird unter Hinweisung auf den Umstand, dass auch bei anderen Herrschaften Steigerungen stattfinden und eine vereinzelte Ausnahme nicht gemacht werden kann, dieser Antrag abgelehnt.

Nachdem die Brüder Taxis die kaiserliche Zusicherung für sich hatten, dass es ihnen nach Ausgang der Herberstein'schen Pfandzeit gestattet werden wird, Gutenstein in Pfandbesitz zu übernehmen, scheinen sie nunmehr die weiteren Beschlussfassungen

---

¹), ²), ³) und ⁴) K. k. Hofkammer-Archiv.

der Hofkammer abgewartet zu haben. Diese Letztere richtete auch bereits unterm 21. Mai 1571 ¹) an dieselben die Aufforderung, sich zu erklären, ob sie die mit 5543 Gulden 13 Kreuzern bemessene Gutensteiner Pfandschillings-Steigerung am 11. Juni zu Handen des kaiserlichen „Vitzdom in Wien Hanns Georg Kufstainer" erlegen wollen, indem sonst mit dem Freiherrn von Herberstein, welcher sich zum Erlage dieser Summe bereit zeigte, in Verhandlung getreten würde.

Nunmehr erfolgte mittelst Eingabe ddto. Wien, 24. Mai 1571 ²) von Seite der Brüder Martin und Ferdinand von Taxis die Erklärung, dass sie die beantragte Steigerung leisten werden, bitten jedoch wegen Krankheit des ältern Bruders um einen Aufschub von drei bis vier Wochen, und weisen schliesslich auf den Umstand hin, dass ihnen der Kaiser den Betrag von 13,558 Gulden 50 Kreuzern, sammt zweijährigen Zinsen hievon, schuldig sei.

Die Hofkammer entsprach diesem Ansuchen durch Erlass ddto. 29. Mai 1571, ³) bewilligte einen zweimonatlichen Termin, ordnete an, dass die Uebergabe der Herrschaft am 21. Juli stattzufinden habe, und bestellte als Commissäre hiezu den Balthasar Christoph Thonrädl und den Wolf Khellner. Gegen den Tag der Uebergabe wurde von Georg Sigmund von Herberstein durch zwei Schreiben ddto. Graz, 2. und 12. Juni 1571 ⁴) aus dem Grunde Einsprache erhoben, weil sein Schwager Felician von Petschach der Jüngere, von dem er Gutenstein übernommen habe, zu Michaeli (1551) gestorben sei, und daher auch erst an diesem Tage die ihm verschriebene Pfandzeit von zwanzig Jahren ablaufen könne, er einer Uebergabe am 21. Juli umsoweniger zustimmen kann, indem ihm dadurch die diesjährige Fechsung verloren gehen würde. Dieser Einsprache wurde jedoch keine Berücksichtigung zu Theil; es verfügten sich somit die beiden Commissäre Balthasar Thourädl zu Ternberg und Wolf Khellner am 21. Juli 1571 nach Gutenstein, um dort die Brüder Taxis mit dem zu erlegenden Ablösungsbetrage zu erwarten. Letztere fanden sich jedoch nicht ein; die Commissäre verliessen Gutenstein am 22. und machten durch Bericht ddto. Neustadt, 23. Juli

---

¹), ²), ³) und ⁴) K. k. Hofkammer-Archiv.

1571 ¹) an die Hofkammer die Anzeige, dass sie Gutenstein, ohne eine Amtshandlung vorgenommen zu haben, wieder verlassen mussten.

Georg Sigmund von Herberstein scheint nun den Zeitpunct als geeignet erkannt zu haben, um mit neuen Anträgen hervorzutreten, von denen er ein günstiges Resultat erwarten durfte. Er wiederholte unterm 24. Juli 1571 ²) die früher abgegebene Erklärung, dass er die für Gutenstein berechnete Pfandschillings-Steigerung erlegen wolle, wenn ihm diese Herrschaft auf zwei Leiber, oder aber statt dessen seinen Erben noch für zwanzig Jahre nach seinem Ableben verschrieben werde. Unterm 26. Juli 1571 trug die Hofkammer auf die Genehmigung dieses Antrages an.

Nachdem sich die eben dargestellten Verhandlungen nur über die Dauer von wenigen Tagen erstreckten, scheint Kaiser Maximilian II. zunächst eine definitive Entscheidung abgelehnt zu haben, um Zeit für eine bessere Beurtheilung der ganzen Angelegenheit zu gewinnen. Schon unterm 2. August 1571 ³) erfolgte eine kaiserliche Resolution, mittelst welcher Maximilian II. anordnete, dass, nachdem die Brüder Taxis nicht in der Lage waren, am festgesetzten Uebergabstage die auf Gutenstein lastende Pfandsumme sammt deren Steigerung zu erlegen, er selbst auch nicht im Stande ist, an Georg Sigmund von Herberstein das Pfandcapital zurückzuerstatten, Gutenstein dem Letzteren noch für ein weiteres Jahr im Pfandbesitze verbleiben könne.

An diese Verordnung schloss sich jedoch schon unterm 15. November 1571 ⁴) ein neuer kaiserlicher Willbrief an, durch welchen Maximilian II. verfügte, dass, weil Georg Sigmund von Herberstein sich zum Erlage der Steigerungssumme per 5543 Gulden 13 Kreuzer bereit erklärte, demselben Gutenstein noch auf sein Leben lang, und überdies nach seinem Ableben seinen Erben auf weitere fünfzehn Jahre pfandweise verschrieben werden könne.

Die Uebergabe stiess abermals auf Schwierigkeiten. Die Hofkammer-Commissäre wollten die Hoch- und Schwarzwälder, die geistlichen Lehenschaften, endlich auch das Roth- und Schwarzwild als landesfürstliche Reservate vorbehalten wissen,

---

¹), ²), ³) und ⁴) K. k. Hofkammer-Archiv.

wogegen jedoch der Herberstein'sche Bevollmächtigte, der Landes-Untermarschall Christoph von Oberhaim, Einsprache erhob.

In Bezug auf die geistlichen Lehenschaften, sowie auf das Roth- und Schwarzwild war der Vorbehalt vollkommen, u. z. durch die Schlusssätze der Pfandverschreibung ddto. 5. November 1523 (siehe oben Seite 206) begründet; der Kaiser gestattete jedoch unterm 28. November 1571,[1]) dass in die neue Pfandverschreibung die geistlichen Lehenschaften, sowie die Hoch- und Schwarzwälder aufzunehmen seien.

Unter Hoch- und Schwarzwäldern waren die an den oberen Lagen der Bergwände vorkommenden, der Nadelholzbestockung wegen eine dunkle Färbung tragenden Forste zu verstehen, welche für die damalige Zeit als landesfürstliches Reservat schwerlich eine wesentliche Bedeutung haben konnten. Anders war es mit den geistlichen Lehenschaften. Im Jahre 1571 dürfte auf der Herrschaft Gutenstein kaum ein katholischer Pfarrer bestanden haben; die bedeutenden Zehentbezüge mögen daher dem Pfandinhaber zugefallen sein. Ihr Entgang hätte einen erheblichen Ertragsausfall für denselben zur Folge gehabt; daher Herbersteins Einsprache gegen ihre Ausscheidung aus der Pfandgabe.

Auf Grundlage der verschiedenen kaiserlichen Resolutionen wurde nunmehr von Seite der Hofkammer unterm 4. December 1571 [2]) die neue Pfandverschreibung über Gutenstein, welche eine gedrängte Recapitulation der ganzen Verhandlungen enthält, ausgefertiget.

Die Zeit der Verhandlungen zwischen der Hofkammer, den Brüdern Martin und Ferdinand von Taxis, endlich mit Georg Sigmund Freiherrn von Herberstein, und die nur zu leicht erklärbare Unklarheit, welche durch dieselben in die Verhältnisse von Gutenstein gebracht wurde, wollte des Letzteren Bestand-Inhaber, Adam Gayer von Osterburg der Aeltere, benützen, um sich in Gutenstein einen Freihof zu erwerben. Er brachte unterm 15. Juni 1571 [3]) das Ansuchen ein, dass ein von ihm erkauftes Haus in Gutenstein von dem Unterthansbande befreit und ihm auch der dort befindliche öde Teich entweder gegen Her-

---

[1]) K. k. Hofkammer-Archiv.
[2]) Gräflich Hoyos'sches Archiv zu Horn.
[3]) K. k. Hofkammer-Archiv.

stellung desselben für die Zeit von zwanzig Jahren oder gänzlich kaufsweise überlassen werden wolle.

Nachdem die beiden Hofkammer - Commissäre Balthasar Thourädl und Wolf Khelluer zum Zwecke der Herrschafts-Uebergabe an die Brüder Taxis ohnehin für den 21. Juli 1571 nach Gutenstein abgeordnet waren, wurde ihnen die Berichterstattung über das eingebrachte Ansuchen aufgetragen. Durch die Eingabe ddto. Neustadt, 23. Juli 1571 [1]) trugen dieselben auf die kaiserliche Genehmigung der von Adam Gayer von Osterburg gestellten Bitte an.

Ein durch Helmhart Jörger und Blasius Spiller unterm 8. August 1571 [2]) eingebrachter Hofkammer-Bericht machte jedoch auf den Umstand aufmerksam, dass das fragliche Haus dem Schlosse zu nahe liege, im Falle einer Befreiung desselben Streitigkeiten mit dem Herrschaftsbesitzer entstehen könnten, somit der Werth der Herrschaft vermindert würde. Durch die vom Kaiser selbst gefertigte Erledigung ddto. Wien, 30. August 1571 [3]) wurden beide von Adam Gayer von Osterburg eingebrachten Bitten abgewiesen, und somit der Versuch zur Bildung einer kleinen Herrschaft im Gutensteiner Thale, welche dem Letztern bei der obwaltenden Unklarheit in vielen Verhältnissen Gelegenheit gegeben hätte, so manches an sich zu reissen, vereitelt. Das Haus, welches die Grundlage für dieses Unternehmen abgeben sollte, war ohne Zweifel der sogenannte Biegelhof. Eine erst vor wenigen Jahren von demselben entfernte Jahrzahl zeigte, dass es gerade in jener Zeit ganz neu aufgebaut worden war.

Herberstein scheint kein Mittel unversucht gelassen zu haben, um seine auf Gutenstein haftenden Pfandcapitalien durch Zuschläge zu erhöhen. Er brachte, bald nachdem ihm die Herrschaft neuerdings verschrieben worden war, das Ansuchen ein, es möge ihm gestattet werden, das Schloss als Wohnung für einen seiner Söhne herzustellen, und bat, dass zu diesem Ende der Pfandsumme ein Baugeld von 1500 Gulden zugeschlagen werde. Mittelst Erledigung ddto. Wien, 18. September 1572 [4]) wurde diese Eingabe vom Kaiser abgewiesen und Herberstein

---

[1]), [2]), [3]) und [4]) K. k. Hofkammer-Archiv.

darauf aufmerksam gemacht, dass die Erhaltung des Schlosses im guten Baustande eine Obliegenheit des Pfandinhabers sei.

Von der Mitte des Jahres 1574 beginnend, fängt die Hofkammer an, den gänzlichen Vorkauf der Herrschaft Gutenstein in den Kreis ihrer Erörterungen zu ziehen.

Felician Freiherr von Herberstein, ein jüngerer Vetter des Georg Sigmund von Herberstein, brachte unterm 7. August 1574, [1]) sei es aus eigenem Ermessen oder über Aufforderung der Hofkammer, einen dahin zielenden Antrag ein, welcher von dieser letztern unterm 30. August 1574 und zwar mit dem beistimmenden Gutachten versehen, an den Kaiser geleitet wurde. Durch die Resolution ddto. 3. September 1574 [2]) trug Maximilian der Hofkammer auf, dass sie die Herrschaft Gutenstein „was dieselbig dem Landgebrauch nach treulich werth (sei) beraiten vnnd schätzen lasse."

Es wurden nunmehr der Waldmeister in Oesterreich unter der Enns, Urban Maisinger, der Kastner und Steuerhandler Vitalis Khulmair und der Baumeister Hanns Sophoy (derselbe, welcher den kleinen Aufsatz auf dem unausgebauten Thurme der Stephanskirche in Wien herstellte) als Schätzungs-Commissäre abgeordnet, zugleich aber durch einen kaiserlichen Erlass ddto. Wien, 9. September 1574 [3]) Georg Sigmund von Herberstein von dem Erscheinen dieser Commission in Gutenstein und der ihr übertragenen Aufgabe verständiget.

Der Schätzungs-Commission wurde eine umständliche und für die damalige Zeit mit vieler Klarheit verfasste Instruction ertheilt, aus der zu entnehmen ist, dass sich der Kaiser laut §. 5 derselben „den Wildtpan Auf Rot vnd Schwarzwild", und nach §. 8 auch die geistlichen und weltlichen Lehenschaften und andere landesfürstliche Regalien, falls daraus ein besonderer Vortheil zu gewärtigen wäre, vorbehalten wollte.

Der Werth der Herrschaft wurde mit 42,802 Gulden 24 Pfennige ermittelt, wovon ein Theilbetrag von 17,597 Gulden 2 Schillinge auf die Wälder entfiel.

In der unterm 18. November 1574 an den Kaiser erstatteten Relation trug die Hofkammer auf die gänzliche Ueberlassung

---

[1]), [2]) und [3]) K. k. Hofkammer-Archiv.

der Herrschaft an Felician Freiherrn von Herberstein an, nach dem mehrere Herrschaften zum Verkaufe bestimmt waren, und Gutenstein „weder Zu Seiner Mst. lustwohnung sondern in ainen Wilden vnd rauchen gepürg gelegen" ist. Nachdem die Wälder allein auf 17,597 Gulden 2 Schillinge geschätzt waren und die Hofkammer besorgte, dass der Käufer diesen Betrag nicht werde zahlen wollen, wurde von ihr der Vorschlag gemacht, dieselben mit Rücksicht auf die damals vielfach sich erhebenden Bergwerke vorzubehalten, mit Ausnahme dessen, „was ain Innhaber der Herrschaft für sich vnnd die Vnnderthanen für Pau Zimer vnnd Prennholz bedörfft."

Die Erledigung, welche Kaiser Maximilian ddto. Wien, 21. December 1574 [1]) ertheilte, lässt einige Zweifel bezüglich der Verhandlungen durchblicken, und gab der Hofkammer „mit gnaden Zuvernemen, das Er die Erblich verkhauffung solicher Herrschafft aus sondern habenden Bedenkhen der Zeit mit gnaden eingestellt habe". Eine gleiche abweisliche Erledigung erhielt in derselben kaiserlichen Resolution ein anderes Ansuchen Felicians von Herberstein, welches dahin ging, dass der Kaiser die Pfandgabe von Gutenstein, welche Ersterer von seinem Vetter Georg Sigmund gegen Ersatz der auf der Herrschaft haftenden Pfandsumme übernommen hatte, für die Lebenszeit des Bittstellers, und nach dessen Tode für seine Erben auf die Zeit von fünfzehn Jahren genehmigen und verschreiben wolle.

Mit dieser letztgenannten kaiserlichen Resolution erscheinen die Verhandlungen über Gutenstein für einige Jahre abgeschlossen. Felician Freiherr von Herberstein war in Folge der stattgefundenen Ablösung der Pfandbesitzer der Herrschaft, der Bestandinhaber war noch immer Adam Gayer von Osterburg der Aeltere.

Die öffentlichen Zustände hatten in Oesterreich mittlerweile eine sehr bedenkliche Wendung genommen. Von Aussen durch die steigende Türkengefahr bedroht, durch wiederholten Ausbruch der Pest bedrängt, wurde gleichzeitig durch die Spal-

---

[1]) K. k. Hofkammer-Archiv.

tungen, welche der Protestantismus herbeiführte, im Innern eine Zersetzung des gesammten staatlichen und kirchlichen Organismus herbeigeführt. Allerorts und beinahe in allen Richtungen waren es unlautere Beweggründe, welche der neuen Lehre Vorschub leisteten und schliesslich unsägliches Elend über Oesterreich brachten.

Ferdinands I. für die Herrschafts-Unterthanen so wohlwollenden Mandate fanden gerade an den protestantischen Landherren heftige Gegner. Das Los der Erstern findet man in Verhandlungen aus jener Zeit höchst selten einer Erwähnung gewürdiget. Auf dass keine Erinnerung bleibe von den alten Gerechtsamen und jede Nachweisung über das Althergebrachte ausgelöscht werde, begann ein förmlicher Vertilgungskrieg gegen alle geschriebenen Besitzestitel. Bis an die Linien Wiens bestehen auf dem Lande nur wenige Pfarren, welche aus jener Periode ein Archiv, ein Tauf- oder Trauungsbuch oder andere Matrikeln auf unsere Zeit gebracht hätten. Es war leichter, alle diese Aufschreibungen vor den Türken zu sichern, als mitten im Frieden vor den protestantischen Herrschaftsherren.

Derart hatten sich die Verhältnisse binnen dem Verlaufe weniger Jahrzehnde umgewandelt. Beinahe die ganze Wiener Universität bekannte sich um jene Zeit zum Lutherthum. Im Kreise der niederösterreichischen Stände zählte der Herrenstand nur noch fünf katholische Mitglieder. Prälaten und Pröbste verschleuderten das Gut ihrer Klöster und Stifter; viele derselben hatten Weib und Kind. Von Wiener Neustadt wird erzählt, dass sich vom Bürgermeister bis zum Schulknaben herab nur Wenige fanden, welche dem Protestantismus nicht zugethan waren. [1])

Jeder Unduldsamkeit ferne, und mit wahrhaft landesväterlicher Sorgfalt für das Wohl seiner Länder bedacht, musste Kaiser Maximilian II. das, was sein vortrefflicher Vater in dessen Abschiedsbrief an seine Söhne erwähnte „wie leider seithero im heiligen reich und teutscher Nation, wo Religion und Glauben gefallen, Gottesdienst, stifft, khirchen und khloster zerstort, alle ketzereyen überhand genommen, die Krucifixbilder gestürmt, die sacrament und heiligen veracht, dessgleichen die guten werkh

---

[1]) Gleich, Geschichte von Wiener Neustadt. Seite 89.

und gueten sitten und aller gehorsam von sich gethan worden", nunmehr im vollen Umfange sich erfüllen sehen.

Voll ahnungsvoller Sorge über die Drangsale, welche bevorstehen, starb der Kaiser zu Regensburg, den 12. October 1576.

III. Rudolph II.

Unter Kaiser Rudolph II. ruhten die Verhandlungen über den Verkauf von Gutenstein für eine geraume Zeit. Erst gegen den Schluss des Jahres 1582 wurden dieselben zunächst dadurch wieder aufgenommen, dass eine neue Abschätzung der Herrschaft gleichzeitig mit Pernstein und Kranichberg angeordnet wurde. Zur „Beraitung und Taxirung" dieser Herrschaft wurden als Schätzungs-Commissäre abgeordnet: Georg Seyfried von Khollonits, Hauptmann in Forchtenstein; Johann Philipp Brassian, Rentmeister in Neustadt und Caspar Pichler. Die denselben unterm 22. Jänner 1583 [1]) ertheilte Instruction stimmt vollkommen mit jener überein, welche den mit der früheren Schätzung betrauten Commissären ertheilt worden war.

Die Durchführung dieser Herrschaftsschätzungen scheint sich für längere Zeit verzögert zu haben, denn die Hofkammer erstattete über das Resultat der Erhebungen erst unterm 18. Juli 1586 [2]) an den Erzherzog Mathias Bericht und zeigte demselben an, dass die Commission, bei welcher an die Stelle des Georg Seyfried von Khollonits, Carl Pacheleb eingetreten war, den Werth von Gutenstein mit 42,699 Gulden 6 Schillinge 29 dr. ermittelt habe.

Es begann nunmehr eine über mehrere Jahre sich erstreckende Verhandlung, aus welcher sich das bis auf unwesentliche Gegenstände ausgedehnte, ängstliche Misstrauen Kaiser Rudolphs erkennen lässt.

Gutenstein wurde dem Felician von Herberstein zum Kaufe als freies Eigen angetragen. Dieser wollte zunächst die Geldverlegenheiten des Kaisers für seinen Vortheil benützen und machte den Vorschlag, dass er das auf Gutenstein anlie-

---

[1]) und [2]) K. k. Hofk.-Archiv.

gende Pfandcapital pr. 10,898 Gulden 4 Schillinge 26 dr. binnen Jahresfrist neuerdings erlegen, somit für die Herrschaft im Ganzen 21,797 Gulden 1 Schilling 22 dr. als Kaufschilling abstatten wolle. Dieser Antrag wurde über Vorschlag der Hofkammer abgewiesen.

Herberstein brachte nunmehr unterm 19. December 1586 [1]), ein neues Anbot ein, in welchem er erklärte, dass er für Gutenstein 23,000 Gulden Rhein. bezahlen wolle, wenn ihm die Herrschaft „mit Aller ein vnd Zuegehörung An ainigen Vorbehalt frei Verkhauft werde."

Auf die Vorlage dieser Erklärung an den Kaiser, welche unterm 31. December 1586 durch den Erzherzog Ernst stattfand, erfolgte durch Erlass ddto. Prag, 10. Jänner 1587 [2]) der Auftrag, dass über den Werth von Gutenstein neue Erhebungen zu veranlassen kommen.

In einem durch die Hofkammer unterm 16 Februar 1587 an den Erzherzog Ernst erstatteten Bericht wird zunächst der von der Schätzungs-Commission ermittelte Werth als zu hoch dargestellt; ein neuer Anschlag berechnet denselben auf 28,434 Gulden 6 Schillinge 27 dr. und mit Ausscheidung des Ungeldes und der Kirchenlehen auf 24,234 Gulden 6 Schillinge 27 dr., welchem Anschlage die Bemerkung beigefügt erscheint, dass von demselben nicht abzugehen wäre. Die Hofkammer machte ferner auf den Umstand aufmerksam, dass, nachdem Georg Sigmund Freiherr von Herberstein im Jahre 79 gestorben ist, die Pfandgabe von Gutenstein an Felician von Herberstein im Jahre 94 zu erlöschen habe. Der Erzherzog liess diesen Bericht schon unterm 17. Februar an den Kaiser abgehen.

Ein Schreiben des Letztern ddto. Prag, 10. März 1587, theilt dem Erzherzog nunmehr mit, dass dem Felician von Herberstein Gutenstein als freies Eigen um 28,434 Gulden angetragen wurde, „doch ausser der Gaistlichen Lehen, die wir Vnus dissorts auss sondern bedenkhen vorbehalten, und des Vngelts halber, ob' derselb nicht anderst wohin gehörig sei." Nachdem jedoch Herberstein diesen Kauf nicht eingehen wolle, so fordert er nun den Erzherzog auf, einen andern Käufer auf-

---

[1]) und [2]) K. k. Hofk.-Archiv.

zusuchen, welcher sich zur Bezahlung des genannten Preises herbeilässt, und dem sodann Gutenstein nach Ausgang der Herberstein'schen Pfandzeit zu übergeben, der Kaufschilling bis dahin jedoch zu verzinsen wäre.

Die Ursache, warum Kaiser Rudolph auf der Ausscheidung der geistlichen Lehenschaften aus dem Verkaufe bestand, liegt nahe. Herberstein war ein protestantischer Herr, und nachdem die Gegenreformation bereits begonnen hatte, war es wohl nicht thunlich, geistliche Lehen als freies Eigen an einen Protestanten zu verkaufen.

Herberstein scheint noch immer auf Mittel bedacht gewesen zu sein, um Gutenstein in den Besitz seines Hauses zu bringen. Ein neuer Antrag desselben ddto. 1. August 1587 [1]) erklärt, dass er für die Herrschaft den Betrag von 24,234 Gulden 6 Schillinge 27 dr. bezahlen wolle, „weyll mir mit meinem allergnedigisten Herrn vnd Khayser lang zu Markhen nicht geziemen will", er bittet jedoch, dass ihm das Ungeld und die Kirchlehen noch bis zum Ausgange seiner Pfandinhabung verschriebener Massen verbleiben, und dass die verschiedenen, mit benachbarten Herrschaften bestehenden Streitigkeiten geschlichtet werden.

Ueber Vorschlag der Hofkammer vom 13. August 1587 trägt Erzherzog Ernst durch Bericht an den Kaiser ddto. 10. September 1587 [2]) auf den Verkauf unter den von Herberstein gestellten Bedingungen gegen dem an, dass Letzterer den Kaufschilling innerhalb der Zeit von drei Monaten nach Erlass der kaiserlichen Ratification zu erlegen habe. Der Ausgang der Herberstein'schen Pfandzeit wird in diesem Berichte abermals mit dem Monat Februar 1594 angegeben.

Schon unterm 22. September 1587 [3]) erfolgte von Prag aus die kaiserliche Resolution über diese Anträge. Der Kaiser ging in dieselben nicht ein, er erhob neue Bedenken bezüglich des Werthes von Gutenstein, er stellte die Frage, ob Herberstein unter den Worten: „nindert noch nichts aussgenomben" auch „den Wiltpan auf Rodt vnd schwarz Wildt" verstanden haben will, und trug schliesslich eine neue „Beraitung vnnd

---

[1]), [2]) und [3]) K. k. Hofk.-Archiv.

Schätzung" der Herrschaft, und die Austragung der von Herberstein berührten Irrungen mit Grenznachbarn auf.

Dieser Erlass des Kaisers ist ad mandatum von Ludwig von Hoyos mitgefertiget. Es ist dieses das erste auf Gutenstein bezügliche Hofkammer-Actenstück, auf welchem der Name dieses Herrn vorkommt.

Durch eine neuerliche kaiserliche Verordnung (ddto. Prag, 28. November 1587) [1] wurden als Schätzleute nach Gutenstein abgeordnet: Hieronymus von Wurmprand, Carl Pacheleb, Johann Philipp Brassian und Caspar Pichler. Die Vornahme der Schätzung verschob sich jedoch bis in den Monat August 1588. Die Relation der Schätzungs-Commission ddto. 31. August 1588 sagt über den Werth der Herrschaft, dass dieselbe „mit 28,434 Gulden, oder aufs maist 30,000 Gulden, auf erblichen freys Aigen Khauff, Treulichen bezalt sein solle."

Die Grenzanstände anbelangend, wurden von der Commission zwei Erhebungen vorgenommen. Die erste am Schneeberg, wo es sich um die Austragung eines Streites mit Stixenstein handeln sollte. Der Pfleger dieser Herrschaft hatte jedoch zur Verhandlung „niemandt anders dan Zwen Jager" abgesendet; allein weder diese noch die anwesenden Unterthanen wussten von einem Streite zwischen den beiden Herrschaften etwas anzugeben.

Die zweite Verhandlung fand zu Schwarzau statt, wo es sich um Anstände handelte, welche zwischen dortigen und Hohenberger Unterthanen wegen Benützung einer Viehweide, die Grossau genannt, ausgebrochen war. Die Commission sagt in ihrem Berichte selbst, dass „die Strittigkhaiten vnnd Irrungen Zwischen guetenstain vnd denen benachparten, nit sonders wichtig" seien. Bei dem bekannten Misstrauen des Kaisers scheint somit Herberstein absichtlich dadurch, dass er um die Austragung von angeblich bestehenden Grenzanständen bat, eine Verschleppung der Verkaufsverhandlungen beabsichtiget zu haben.

Von den geistlichen Lehen bemerkt die Schätzungs-Relation: „das es gar schlechte Nuzungen vnd einkhumen sein", ebenso schildert sie auch das Ungeld als wenig Ertrag gebend, und

---

[1] K. k. Hofkammer-Archiv.

sagt schliesslich über den Wildbann: „das sich in diesen Rauchen Stainechten vnd velsigen Pergen, Khain Rot vnd schwarzwylt aufhalten thue, das mayst wyld, das sich in dieser gegent befindt sein Peren, Gämbsen vnd Rech."

Auf den diesfalls von der Hofkammer unterm 15. October 1588 [1]) erstatteten Bericht an den Kaiser erlediget derselbe ddto. Prag, 29. November 1588, dass er kein Bedenken habe, wenn das Ungeld mitverkauft werde, bezüglich der Wildbahn ordnet er an, dass der Landjägermeister vernommen werde, beharrt jedoch bei der von ihm bereits ausgesprochenen Verfügung, dass die geistlichen Lehenschaften aus dem Verkaufe ausgeschlossen bleiben.

Diese Erledigung, welche das Misstrauen des Kaisers in die ganzen Verkaufsverhandlungen so klar zu Tage legt, machte neue Erhebungen nothwendig. Es wurde zunächst der Landjägermeister Wolf Sigmund Freiherr von Aurssperg nach Gutenstein abgeordnet, dieser meldete schon unterm 3. Jänner 1589 [2]), dass er in Gutenstein zur „Hayung des Wild Pans keine Forstknechte gefunden, dass das Wild durch die Nachbarschaft der Oerter ausgeödet sei, und nachdem der Kaiser ohnedies keine Lust an der Jagd habe, der Wildbann mitverkauft werden möge."

Auf alle diese Erhebungen und Relationen gibt endlich Felician Freiherr von Herberstein in einer von Nagybania, 30. April 1590 [3]) datirten Zuschrift nach vorausgeschickter Klage über das geringe Erträgniss der Herrschaft die Erklärung ab, dass er für Gutenstein 27,000 Gulden bezahlen wolle, wobei jedoch nichts als die geistlichen Lehenschaften auszunehmen kommen, und dass sein Schwager Christoph von Königsberg die Verschreibung über diesen Betrag gegen Ausfolgung des Kaufbriefes einreichen werde.

Ueber diesen Antrag stellte der Erzherzog Ernst ddto. Wien, 5. Juni 1590 [4]) an den Kaiser die Anfrage, ob an Herberstein Gutenstein um die angetragenen 27,000 Gulden verkauft werden könne, oder ob auf dem Betrage von 29,000 Gulden, nämlich 30,000 Gulden Schätzungswerth, weniger den auf 1000 Gulden veranschlagten geistlichen Lehenschaften, bestanden

---

[1]), [2]), [3]) und [4]) K. k. Hofkammer-Archiv.

werden solle. Wie dieses von vornherein zu erwarten war, kam der Kaiser abermals zu keinem Entschlusse. Ueber besondere Verordnung des Erzherzogs Mathias machte die Hofkammer unterm 7. October 1590 [1]) an Felician von Herberstein die Anzeige, dass wegen Besichtigung „der Herrschafft Guetenstain gewaldten vnd Gehülz" eine neue Commission abgeordnet wurde.

Die ganzen Verhandlungen erlitten durch den Tod Felicians von Herberstein eine abermalige Unterbrechung, indem die Gerhaben der sechs Kinder des Letzteren, Jacob Franz Freiherr von Herberstein und Wolfgang Hofkirchner, mit neuen Anträgen hervortraten. Sie stellten nämlich durch die Eingabe ddto. 11. Juli 1591 [2]) die Bitte, dass Gutenstein den genannten Kindern, der Verdienste des Vaters wegen, nach Ausgang der verschriebenen Pfandzeit noch für weitere 15 oder 20 Jahre pfand- und pflegweise verschrieben werden möge.

Diese an den Kaiser unmittelbar eingebrachte Eingabe wurde von demselben durch Erlass ddto. Prag, 22. Juli 1591 [3]) an den Erzherzog Ernst mit der Weisung zur Untersuchung und Berichterstattung abgegeben.

Sonderbarer Weise waren seit einer Reihe von Jahren Verhandlungen über den Verkauf von Gutenstein geführt worden, ohne dass der Zeitpunct näher bestimmt wurde, bei dessen Eintritt die Uebergabe der Herrschaft an den Käufer erfolgen konnte. Die Verschreibung an die Herbersteine sollte 15 Jahre nach dem Ableben des Georg Sigmund Freiherrn von Herberstein ihr Ende erreichen, mithin war es nothwendig, den Todestag dieses Letzteren zu kennen. Erzherzog Ernst machte die Hofkammer auf diesen Umstand aufmerksam, denn diese hatte sich mehrmals lediglich dahin geäussert, dass Herberstein im Jahre 1579 gestorben sei, mithin die Pfandgabe von Gutenstein im Jahre 1594 zu erlöschen habe.

Ueber eine specielle Anfrage der Hofkammer meldete Jacob Franz Freiherr von Herberstein ddto. Klement, 2. September 1591, [4]) dass sein Vater Georg Sigmund von Herberstein am 9. Februar 1578 gestorben ist.

---

[1]), [2]), [3]) und [4]) K. k. Hofkammer-Archiv.

Die stets sich erneuernden Zweifel des Kaisers besorgend, stellte Erzherzog Ernst durch Bericht ddto. 2. October 1591 [1]) an denselben die Anfrage, ob bezüglich Gutenstein mit den Herberstein'schen Erben die begonnenen Verkaufs-Verhandlungen fortzusetzen sind, oder ob der Kaiser eine Verlängerung der Pfandgabe, deren Ablauf nunmehr genau bestimmt erscheint, genehmige. Schon unterm 11. November 1591 [2]) erfolgte die Erledigung dieser Anfrage, mit der Weisung, dass der Kaiser die Verkaufsverhandlung fortgesetzt wissen will, und sich die Herberstein'schen Gerhaben diesfalls zu äussern und ihre Anträge zu stellen haben. In einer Eingabe vom April 1592 [3]) (ohne Tagesangabe) schildern diese zunächst den sehr geringen Ertrag von Gutenstein, und bitten, dass diese Herrschaft ihren Pupillen um 24,000 Gulden, Nichts ausgenommen, sammt den geistlichen Lehenschaften überlassen werden wolle. Ueber Antrag der Hofkammer ddto. 6. Mai 1592 [4]) rieth der Erzherzog Ernst in seinem Berichte an den Kaiser von demselben Tage von der Genehmigung dieses Ansuchens ab. Die Verkaufsverhandlungen über Gutenstein mit den Herbersteinen waren somit abgebrochen.

Während dem Verlaufe der geschilderten, über mehrere Jahre sich hinziehenden Verhandlungen wurde Gutenstein niemals von den eigentlichen Pfandinhabern bewirthschaftet oder benützt, sondern diese Herrschaft war fort und fort verpachtet. Adam Gayer von Osterburg, der erste Bestandinhaber, starb im Jahre 1586, es trat nunmehr dessen Bruder Christoph in die Pachtnahme ein.

Weder die Pfandinhaber noch deren Pächter konnten an der Erhaltung eines guten wirthschaftlichen Zustandes der Herrschaft ein besonderes Interesse haben; für Beide lag ja stets die Möglichkeit nahe, aus dem Besitze und der Benützung derselben gänzlich austreten zu müssen; Beider Bestreben war naturgemäss dahin gerichtet, mit Vermeidung eines jeden Aufwandes daraus möglichst viele Vortheile zu ziehen. Aus diesen Verhältnissen erklärt sich auch die grosse Verschiedenheit jener Werthansätze, welche von den nach Gutenstein abgeordneten Schätzungs-Commissionen ermittelt wurden.

---

[1]), [2]), [3]) und [4]) K. k. Hofkammer-Archiv.

Auf die Entwerthung der Herrschaft Gutenstein mussten auch die allgemeinen Verhältnisse jener Zeit einen sehr fühlbaren Einfluss ausüben. Die unglücklichen Kriege gegen die Türken brachten die Gefahr einer Invasion Oesterreichs immer näher. Noch mögen jene Greuel in lebhafter Erinnerung gewesen sein, welche durch die beiden Türkeneinbrüche in den Jahren 1529 und 1532 verursacht worden waren. Die Furcht vor der Wiederholung ähnlicher Zustände in Verbindung mit den unseligen Religionswirren hemmten jeden Gewerbs- und Verkehrsbetrieb in hohem Grade. Eine Verarmung und damit in Verbindung eine Verwilderung der Gemüther war die unvermeidliche Folge solcher Zustände. Schon machten sich die ersten Zuckungen jener Bauernaufstände bemerkbar, welche wenige Jahre später Oesterreich in grosse Gefahr brachten.

Die beiden Kaiser Ferdinand I. und Maximilian II. hatten zum Schutze der Herrschafts-Unterthanen gegen Ueberbürdungen in wohlwollender Weise Sorge getragen. In dem Masse jedoch, als in Folge der mannigfaltigen Wirren die landesfürstliche Gewalt gelähmt wurde, und durch die drückenden Geldverlegenheiten die Landesfürsten gegenüber den Herrschaftsherren, von denen viele ihre Gläubiger waren, zu manchen Rücksichten genöthiget wurden, verschlimmerte sich die sociale Lage des Bauernstandes wesentlich.

Wem Gelegenheit geboten war, in Urbarien des sechzehnten Jahrhunderts Einsicht zu nehmen, dem wird es nicht entgangen sein, wie die Lasten der Unterthanen durch Abgaben von der mannigfaltigsten Form und Bezeichnung allmälig vermehrt und schliesslich zu einer bedenklichen Ueberbürdung gesteigert worden sind.

Gutenstein speciell betreffende Ereignisse sind aus jener Zeit nur wenige aufgezeichnet zu finden. Die Lage der Thalbevölkerung dürfte kaum eine besonders günstige gewesen sein. Die Herrschaft war in den Händen von Herren, welche sich nur als Fremdlinge in derselben betrachten konnten, die kein anderes Interesse an der Entwicklung des wirthschaftlichen Zustandes hatten, als das ihres augenblicklichen Vortheils.

Welche Verwirrungen musste der Religionswechsel herbeigeführt haben, der sich gegen die Mitte und in der zweiten Hälfte des sechzehnten Jahrhunderts hier allmälig vollzog. Im

Laufe des vorletzten Jahrzehntes desselben hatte der katholische Gottesdienst in Gutenstein sicher ganz aufgehört, denn das Zugehör der geistlichen Lehenschaften musste ja als Einkommen für die Pfand- und Pachtinhaber dienen.

Kann wohl ein Zweifel darüber bestehen, dass viele katholische Herrschafts-Insassen entweder durch directen Zwang, oder auch durch die Entziehung aller Religionsübungen, des kirchlichen Gottesdienstes und der geordneten Seelsorge zum Protestantismus gedrängt wurden? So gibt es denn kaum eine Richtung, in welcher sich die damals bestandenen Zustände nicht in einem sehr trüben Lichte darstellen.

IV. Verkauf von Gutenstein an Ludwig Gomez Freiherrn von Hoyos.

Die Unterbrechung in den Verkaufsverhandlungen über Gutenstein, welche durch das Fallenlassen der von den Herberstein'schen Gerhaben eingebrachten Vorschläge herbeigeführt wurde, scheint zunächst Veranlassung gewesen zu sein zu Anträgen, welche von Ludwig Gomez Freiherr von Hoyos, dem damaligen Besitzer der an Gutenstein angrenzenden vereinten Herrschaften Stixenstein, Rothengrub und Vöstenhof, durch eine an Kaiser Rudolph II. unterm 15. Juni 1592 [1]) gerichtete Eingabe eingebracht wurden.

Ludwig von Hoyos schildert zunächst die grossen Einbussen, welche er im Dienste des Kaisers und seiner Vorfahren während einer langen Reihe von Jahren erlitten, bittet den Kaiser, dass er ihm die Sicherstellung eines Gnadengeldes im Betrage von 10,000 Thalern auf die Herrschaft Gutenstein genehmigen wolle, und schloss endlich das Ansuchen an, dass ihm die Ablösung des Herberstein'schen Pfandschillings gestattet und sohin die Herrschaft Gutenstein käuflich überlassen werden möge.

In Bezug auf die Abstattung des Kaufschillingsrestes bittet Ludwig von Hoyos um einen Termin von fünf Jahren, während

---

[1]) K. k. Hofkammer-Archiv.

welcher Zeit ihm die Herrschaft Gutenstein pfandweise in der Art überlassen bleiben möge, in der sie bisher Herberstein besessen hatte.

Durch die kaiserliche Resolution ddto. 21. Juli 1592 ¹) war an den Bittsteller allerdings die Genehmigung ertheilt worden, dass er den auf Gutenstein haftenden Herberstein'schen Pfandschilling von 10,898 Gulden 4 Schillinge 26½ dr. ablösen könne; allein das von Ludwig von Hoyos als Ersatz für seine im Dienste des Kaisers erlittenen Verluste erbetene Gnadengeld von 10,000 Thalern wurde auf 8000 Thaler reducirt, und überdies in die Fortsetzung der Pfandgabe für weitere fünf Jahre nicht eingegangen.

Ludwig Freiherr von Hoyos war vom Kaiser als Gesandter nach Jülich bestimmt, wo nach dem Tode des blödsinnigen Herzogs Johann Wilhelm eine Erledigung des schönen Landes bevorstand und von Seite der verschiedenen Religionsparteien die mannigfaltigsten, und nach dem Charakter jener Zeit mit Gewaltthätigkeiten verbundenen Umtriebe stattfanden, um das wahrscheinlich bald erledigte Erbe an sich zu bringen.

Durch diese Sendung, welche ein längeres Fernbleiben aus Oesterreich in Aussicht gab, gedrängt, brachte Ludwig von Hoyos schon unterm 1. August 1592 ²) eine zweite Eingabe an Rudolph II. ein, in welcher er für Gutenstein 28,000 Gulden antrug, falls die Pfarr- und Kirchenlehen, wie dieses vom Kaiser bestimmt worden war, ausgeschlossen blieben, sollten jedoch „gegen einen genugsamen Revers, auch die Pharr- vnd Khirchlehen" dabei belassen werden, so wolle er 29,000 Gulden für die Herrschaft abstatten, er bat ferner, dass von dem ihm bewilligten Gnadengelde von 8000 Thalern der Betrag von 5000 Thalern als eine Abschlagszahlung auf Gutenstein geschrieben, der Rest ihm jedoch baar angewiesen werden wolle, indem er denselben zu den Reisevorbereitungen benöthige.

Kaiser Rudolph II. gab nunmehr mittelst Resolution ddto. Prag, 11. September 1592 ³) der Hofkammer bekannt, dass er beschlossen habe, Gutenstein an Ludwig Freiherrn von Hoyos um 29,000 Gulden freieigenthümlich zu überlassen, und obwohl

---

¹), ²) und ³) K. k. Hofkammer-Archiv.

er befohlen hatte, geistliche Lehenschaften bei keinem Herrschaftsverkaufe mit zu veräussern, doch in dem vorliegenden Falle eine Ausnahme zu machen sei, jedoch gegen einen Revers, welchen der Käufer diesfalls auszustellen haben werde. An die Hofkammer wurde ferner der Auftrag ertheilt, den Herberstein'schen Erben die Pfandschaft zu künden, und wurde dieselbe zugleich angewiesen, von dem Käufer den, nach Abschlag des von ihm an die Letztern zu bezahlenden Pfandschillings von 10,898 Gulden 4 Schilling 26½ dr. noch verbleibenden Rest von 18,101 Gulden 3 Schillinge 3½ dr. in Empfang zu nehmen, und sohin an Ludwig von Hoyos das Nothwendige auszufertigen.

Der Verkauf der Herrschaft Gutenstein an Ludwig Gomez Freiherrn von Hoyos war somit vom Kaiser angeordnet, allein die Ausfertigung der diesfälligen Verschreibungen erlitt eine Unterbrechung durch die mehrerwähnte Jülich'sche Gesandtschaftsreise, welche der Käufer nunmehr antreten musste. Es war dieses eine bedenkliche, mit vielen Schwierigkeiten verbundene Mission, durch welche Ludwig von Hoyos bis zum Anfange des Jahres 1594 aus Oesterreich ferne gehalten wurde.

Nach seiner Rückkunft brachte derselbe unterm 15. März 1594 [1]) die Bitte ein, der Kaiser wolle das für die Jülich'sche Reise nunmehr im Betrage von 10,000 Thalern genehmigte Gnadengeld sammt 5 Percent Verzinsung bis zum Erlagstage, sowie die vom Bittsteller bei dieser Reise aus Eigenem bestrittenen Auslagen von 4000 Gulden an dem für Gutenstein zu bezahlenden Kaufschillinge abrechnen, und den Rest „so ein geringes sein wierdet, auss Kayserlich milde zu einer Zuepuess vnd gnade Allergnädigst erfolgen vnd in handen lassen."

Ueber Antrag der Hofkammer erfolgte unterm 29. August 1594 [2]) die kaiserliche Genehmigung dieser Bitten. Auf dem diesfälligen Hofkammerberichte befindet sich das von Rudolph II. eigenhändig beigesetzte „Placet". Es ist dieses somit jenes Actenstück, durch welches der Verkauf der Herrschaft Gutenstein an Ludwig Gomez von Hoyos, Freiherr von Stüchsenstein etc. etc. die kaiserliche Ratification erhielt.

---

[1]) und [2]) K. k. Hofkammer-Archiv.

Nachdem die bisher zu Gutenstein gehörigen geistlichen Lehenschaften nur in Folge einer besonderen kaiserlichen Entschliessung an Ludwig von Hoyos überlassen wurden, musste dieser Letztere nunmehr den vom Kaiser bedungenen diesfälligen Revers einbringen. Durch diesen verpflichtete sich Ludwig von Hoyos Freiherr etc. etc., auf die ihm und seinen männlichen Nachkommen, so lange dieselben im Besitze der Herrschaft Gutenstein sein werden, aus besonderer kaiserlicher Gnade überlassenen Pfarr- und Kirchenlehen nur Personen, welche der römisch-katholischen Religion zugethan sind, zu bestellen und demnach er und seine Nachkommen „khezerische oder der Römischen Khirchen Verdächtige Prister daselben orts nit gedulden wollen", widrigens diese geistlichen Lehenschaften dem Kaiser oder dessen Nachkommen ganz und gar ohne alle Widerred wieder zufallen sollen.[1])

Nunmehr erfolgten zwei kaiserliche Resolutionen und zwar die erste ddto. Prag, 25. April 1595,[2]) womit dem Ludwig Hoyos Freiherr etc. etc. gemäss der unterm 29. August 1594 erfolgten kaiserlichen Genehmigung die Herrschaft Gutenstein „mindert noch nichts ausgenommen Ausser der Gaistlichen Lehenschafften, darüber mit gewissen Conditionen, ain sonderbare Concession" aufgerichtet werden wird, um 29,000 Gulden käuflich überlassen, die 10,000 Thaler Gnadengeld, sowie seine Auslagen bei der Jülich'schen Reise als Abschlagszahlung angenommen und der Rest in Gnaden nachgesehen wird.

Ueber diese kaiserliche Resolution wurde von der Hofkammer unterm 28. April 1595[3]) an Ludwig Gomez Freiherr von Hoyos etc. etc. die übliche Verschreibung ausgefertigt, welche Urkunde wohl nur theilweise mit Recht, als der Kaufbrief über Gutenstein betrachtet wird. Durch eine zweite kaiserliche Verordnung (ddto. Prag, 4. Mai 1595)[4]) wurde an den Reichs-Vice-Kanzler Johann Wolf Freymann der Befehl ertheilt, dass dem Hofkammerrath Ludwig von Hoyos etc. etc. über die demselben mit der Herrschaft Gutenstein verkauften geistlichen

---

[1]) und [2]) K. k. Hofkammer-Archiv.

[3]) Archiv zu Horn.

[4]) K. k. Hofkammer-Archiv.

Lehenschaften, „jedoch nur auf sein und seiner männlichen Leibeserben Lebenlang", die nothwendige Verschreibung ausgefertiget werde.

Gutenstein war somit „nindert noch nichts aussgenommen" in das Eigenthum des Hauses Hoyos übergegangen. Es möge nunmehr gestattet sein, einen Blick zurückzuwenden auf die Reihenfolge jener Geschlechter, zu deren Eigen das Gutensteiner Thalgebiet im Laufe der Zeiten gehörte.

Soweit urkundliche Behelfe und Belege zurückreichen, sehen wir diesen Boden zuerst im Besitze des einst mächtigen Dynasten-Hauses der Herren von Traisma oder von der Traisen. An den Namen dieses Geschlechtes knüpft sich die Colonisation unseres Gebietes nach dem Aufhören des magyarischen Greuels der Verwüstungen an. Das sehr umfangreiche Herrschaftsgebiet dieses Hauses war ein reichsunmittelbares, von jedem Lehen- oder Dienstverbande freies Eigen desselben.

Durch eines der hervorragendsten Mitglieder des Geschlechtes der Herren von Traisma, Adalram von Waldeck-Feustriz, gelangte das Gutensteiner Thalgebiet im Jahre 1147 an die Traungauischen Markgrafen und Herzoge von Steyer. Es hörte auf ein reichsunmittelbarer Boden zu sein, und wurde nunmehr ein Allodial-Zugehör zur Steiermark.

Durch das mit Otaker VI. schon am 8. Mai 1192 erfolgende Aussterben der Traungauischen Herzoge gelangte Gutenstein mit der Steiermark an die Babenberge, somit in den Besitz des dritten Hauses.

Nur über einen kurzen Zeitraum erstreckte sich die Herrschaft desselben, sie erlosch am 15. Juni 1246 mit dem Tode des letzten Babenbergers Friedrichs II. des Streitbaren.

Die nunmehr folgenden Kämpfe und Verhandlungen liessen schliesslich Przemisl Ottokar II. als den Herrn von Oesterreich und Steiermark und des mit diesen Ländern verbundenen Babenberger Allodial-Eigens zurück. Das Haus der Przemisliden muss daher als das vierte Geschlecht, in dessen Besitz Gutenstein war, genannt werden.

Abermals sollte dieser Besitz nur eine mässige Reihe von Jahren umfassen, denn Przemisl Ottokar musste durch den Frieden vom 21. November 1276 Oesterreich, Steiermark etc. mit den ehemaligen Babenberger Allodien an Rudolph von

Habsburg abtreten, welcher diese Länder mit den genannten Allodien bleibend an sein Haus gab.

Im Besitze desselben, somit des fünften Geschlechtes, blieb Gutenstein durch mehr als dreihundert Jahre, bis es endlich durch die zuletzt geschilderten Verhandlungen an das sechste Haus, an das der Hoyos gelangte.

Nachdem für Ludwig Gomez Freiherr von Hoyos die Verschreibungen sowohl bezüglich der Herrschaft Gutenstein, als auch in Betreff der damit in Verbindung gebliebenen geistlichen Lehenschaften ausgefertiget waren, wurde von der Hofkammer unterm 19. Mai 1595 [1]) an die Herberstein'schen Gerhaben die Aufforderung gerichtet, Gutenstein sammt den dazu gehörigen Inventarien und Urbarien an die bereits unterm 17. Mai 1595 zu diesem Zwecke abgeordnete Commission, bestehend aus Christoph Rosspach zu Prunn, Georg Christoph zu Hornberg und Hieronymus Wurmprandt zu Stuppach, zu übergeben. Diese Uebergabe wurde jedoch unter dem Vorwande, es müsse eine halbjährige Aufkündigung vorausgehen, verweigert, wogegen Ludwig von Hoyos eine lebhafte Beschwerde erhob, und namentlich auf die, durch die Herberstein'schen Pfleger durch Ueberbürdungen verursachten Beschädigungen vieler Unterthanen, auf die Abödung der Wälder und Fischwässer, „so die Pössten Stuekh bey der Herrschafft sein", auf den ganz vernachlässigten Baustand des Schlosses, auf den eben so schlechten Zustand der Pfarrkirchen, der Kirchen-Ornate u. s. w. hinwies, um eine Untersuchung dieser Angelegenheiten bat, und auf Ersatzleistung durch die Herberstein'schen Erben antrug.

Ueber diese Beschwerde ertheilte Kaiser Rudolph ddto. Prag, 30. August 1595 [2]) an den Erzherzog Mathias den Befehl dass eine Commission nach Gutenstein abgeordnet werde, um die von Ludwig von Hoyos vorgebrachte Klage, es sei die Herrschaft Gutenstein „durch verderb und Abödung der Underthanen, Holzer und Vischwasser, sonderlich aber prophanir vnd spolirung der dahin gehörigen Pfahrkirchen" sehr beschädiget, zu untersuchen, damit der Beschwerdeführer zufriedengestellt werden könne.

---

[1]) Archiv zu Horn.
[2]) K. k. Hofkammer-Archiv.

Durch den Hofkammer-Erlass ddto. 19. September 1595 [1]) wurden der Landschreiber Ludwig Haberstock und Wolff Fazy zu Abstorff als Untersuchungs-Commissäre nach Gutenstein abgeordnet, welche auf Grundlage von sehr umständlichen Erhebungen unterm 19. December 1595 den schlechten Baustand des Schlosses, das Verderben der Kirchen-Ornate, die Abödung der Wälder und Fischwässer schildern, und hervorheben, dass zur Herstellung des Schlosses allein, um es nur nothdürftig bewohnbar zu machen, wenigstens 2000 Gulden erforderlich sein würden. Von letzterem bemerken sie, „dass ain Thaill durch etliche Undterthanen so vnlenngst aus Forcht des Faindts, ihre Zueflucht dorthin gesucht haben", ausgebessert worden ist.

Der ganze Streit wurde endlich durch einen zwischen dem Vormund der Kinder Felicians von Herberstein, Wolf von Hofkircher Freiherr zu Kollmiz und Ludwig Gomez von Hoyos unterm 3. April 1596 abgeschlossenen Vergleich [2]) derart beigelegt, dass Letzterer gegen den Betrag von 1500 Gulden und unentgeltlicher Ueberlassung des in Gutenstein befindlichen Viehstandes und anderer Fahrnisse auf jeden weitern Ersatzanspruch an die Herberstein'schen Erben verzichtete.

Gutenstein war somit auch thatsächlich an Ludwig Gomez Freiherrn von Hoyos übergegangen.

---

[1]) und [2]) Archiv zu Horn.

Druckfehler.

Seite 12 Zeile 4 von oben: Pippin statt Pipin.
" 13 " 15 " " desgleichen.
" 14 " 11 " unten: darauf statt derauf.
" 14 " 7 " " Wienerwald-Gebirge statt Wiener Waldgebirge.
" 15 " 4 " oben: desgleichen.
" 20 " 10 " unten: unzulänglich statt unzugänglich.
" 50 " 5 " oben: seinem statt seicmn.
" 50 " 6 " " der statt per.
" 106 " 11 " " Reichslehen statt Reichsehen.
" 107 " 19 " " 1276 statt 1275.
" 121 " 7 " unten: Austriae statt Auctriae.
" 144 " 12 " " Stuchson statt Suchsen.
" 185 " 6 " " genczleich statt gonczeich.

www.ingramcontent.com/pod-product-compliance
Lightning Source LLC
Chambersburg PA
CBHW031729230426
43669CB00007B/293